四川省社会科学院重大项目
四川省社会科学院 2018—2021 年"立法与行政法学"
学科建设成果(批准号:18XK006)

四川省社会科学院
学术文库

立法模式构建视阈下
银行重整法律制度研究

方芸 ◎ 著

中国社会科学出版社

图书在版编目（CIP）数据

立法模式构建视阈下银行重整法律制度研究／方芸著. —北京：
中国社会科学出版社，2018.10
（四川省社会科学院学术文库）
ISBN 978 - 7 - 5203 - 3467 - 9

Ⅰ.①立…　Ⅱ.①方…　Ⅲ.①银行法—立法—研究—中国
Ⅳ.①D922.281.4

中国版本图书馆 CIP 数据核字（2018）第 249868 号

出 版 人	赵剑英
责任编辑	喻　苗
责任校对	胡新芳
责任印制	王　超

出　　　版	中国社会科学出版社
社　　　址	北京鼓楼西大街甲 158 号
邮　　　编	100720
网　　　址	http://www.csspw.cn
发 行 部	010 - 84083685
门 市 部	010 - 84029450
经　　　销	新华书店及其他书店

印刷装订	北京明恒达印务有限公司
版　　次	2018 年 10 月第 1 版
印　　次	2018 年 10 月第 1 次印刷

开　　本	710×1000　1/16
印　　张	18
插　　页	2
字　　数	294 千字
定　　价	79.00 元

凡购买中国社会科学出版社图书，如有质量问题请与本社营销中心联系调换
电话:010 - 84083683

序

党的十九大以来，整顿金融秩序、防范金融风险已成为我国中心任务之一。金融秩序的监管也从原来的多头监管变为由中国人民银行为主的监管模式。监管模式的改变反映了中央加强金融管理的决心，也表明了减少金融企业破产倒闭的决心。

但是，市场有市场的规律，市场的规律就在于竞争。竞争的法则就是优胜劣汰，金融企业的淘汰又是不可避免的。如何来解决这一矛盾呢？由于金融业，尤其是银行业这一矛盾的特殊性，它涉及千千万万的储户，涉及广大老百姓的切身利益，因此它不能简单走破产清算的道路。1994年《金融机构管理规定》首次对接管做出规定，但银行接管与银行破产重整有着本质的差异。银行接管是行政行为，具有行政强制性，而破产重整是司法行为，是司法权为主导的行为。

本书《立法模式构建视阈下银行重整法律制度研究》对这个问题有深入的研究。本书的视野很广阔，尤其是对欧美的银行重整法律制度的专著和论文，未经翻译为中文的，作者阅读和引用的数量过百。正是其视野的广阔，才有其比较研究的优势。

本书的作者方芸女士从本科到硕士研究生，直到博士研究生都在中国政法大学，总共达十一年之久，可谓备受中政大精神熏陶的才女。博士生她考入我的门下，其间她以优异的成绩与外语水平到美国得州大学法学院作为访问学者，有一年时间。利用这个机会，她为自己的博士论文写作奠定了基础。这本书就是她在博士论文基础上加工完成的。我真诚地将它推荐给读者。

　　是为序。

2018 年 7 月 28 日

目　录

绪　　论

一　本书写作背景及研究目的

银行破产，既是金融市场发展过程中必然存在的经济现象，也是对市场竞争一般规则——优胜劣汰的真实反映；但是考虑到银行对整个国家经济发展和民众切身利益的重要影响，以及其应对风险的脆弱性和破产倒闭所产生的巨大负外部效应，各个国家和地区均对濒临破产的问题银行采取了十分慎重的态度，处置方式通常不是直接进行破产清算，而是着眼于通过一系列救助措施来挽救其可持续经营价值。因此，旨在预防破产清算的重整制度占据了银行破产法律体系中的核心地位，破产清算往往只是作为兜底性手段在对问题银行拯救无望时才发挥作用。

作为一项政策性、法律性和外部性很强的准市场行为，问题银行重整涉及众多利益主体，对存款人、其他债权人、问题银行及其股东，乃至整个金融市场的稳定都将产生重大影响，在客观上要求必须有一套缜密的法律制度给予支撑。我国现行的法律、行政法规和行政规章虽然对问题银行重整做出了一些初步性的制度安排，但并没有对其中诸多特殊法律问题进行规范和调整，导致目前问题银行重整的法律制度依然建筑在零散、杂乱、缺乏统一性的法律规范之上。这些由不同部门制定，在不同时间颁布，归属于不同效力层级的法律规范不仅失之简陋，相互之间还存在各种矛盾和冲突，难以正确地指导法律实践，更容易在具体个案中引发无所适从的混乱局面。由于立法严重滞后，我国问题银行的重整实践长期以来只能依靠政策文件调整，行政干预色彩浓厚，缺少市场化机制的运作：不仅处置效率低下，重整手段单一；而且，损失分担机制极为不合理,"银行倒闭,政府埋单"的情况十分普遍,严重影响了银行业的健康发展。

相较而言,国外问题银行重整法律制度的构建和发展远远走在了我国的前面。在2007年金融危机发生之前,各个国家和地区关于问题银行重整的立法主要有两种模式安排:一种是以美国、加拿大等国家为代表的监管型重整模式,将问题银行重整排除在普通破产法的适用范围之外,单独进行立法,并由监管机关主导银行重整程序;另一种是以英国、法国和德国等欧洲大陆法系国家为代表的司法型重整模式,不针对问题银行重整进行特别立法,而是统一适用普通破产法中的相关规定,并由法院主导银行重整进程。在2007年金融危机发生之后,许多西方国家为了重塑本国以银行为规范重点的金融机构破产法律体系,纷纷展开了大规模的金融修法活动,完善银行重整制度成为本轮法律改革浪潮中的一个焦点。特别值得注意的是,作为两种立法模式的代表性国家——美国和英国,在金融危机爆发后,分别对本国的金融机构破产立法进行了重大改革:英国改变了将普通破产法适用于银行破产的历史传统,通过制定2009年《银行法》,在1986年《破产法》之外构建起专门适用于银行破产的特别处理机制;而美国则通过《多德—弗兰克华尔街改革与消费者保护法案》(Dodd-Frank Wall Street Reform and Consumer Protective Act,以下简称《多德—弗兰克法案》)建立起有序清算制度,作为对陷入困境的非银行金融机构进行救助的制度安排。

金融危机已经过去10年,危机的影响仍未平息,后危机时代对于金融衍生品的"再认识"以及防控金融风险的反思仍在继续。特别是在近年来我国经济增速放缓的背景下,随着金融体制改革的深入和金融转型的加速,过去多年积累的体制机制矛盾、资源错配风险正在不断叠加,银行业则因其自身的脆弱性而成为风险凸显的区域。2016年伊始,时任中国银监会主席尚福林在《中国金融》发表署名文章,详述"十三五"时期银行业改革发展的方向之一是要完善金融机构市场化退出机制,建立适合我国国情的银行业金融机构处置和破产法律体系,推进金融市场退出机制常态化、规范化。① 习近平总书记在2017年7

---

① 尚福林:《"十三五"银行业改革发展方向》,《中国金融》2016年第1期。

月 14 日召开的第五次全国金融工作会议上强调指出，"防止发生系统性金融风险是金融工作的永恒主题"，"要把主动防范化解系统性金融风险放在更加重要的位置，科学防范，早识别、早预警、早发现、早处置，着力防范化解重点领域风险，着力完善金融安全防线和风险应急处置机制"。本书针对我国问题银行重整立法缺乏体系化设计、法律规则供给不足以及实践与立法严重脱节等现状，从我国的实际国情出发，通过学习、借鉴其他国家和地区金融立法的经验，尝试以立法模式构建为中心制定一套充分考虑我国转轨时期经济与法治特点的银行重整法律规则，希望能够借此研究为我国银行破产风险处置立法起到抛砖引玉之功用。

二　研究文献综述

银行对经济发展的重要作用，使其市场退出问题一直为世界范围内包括经济学、法学、政治学等多个领域的学者所共同关注，世界银行（World Bank）、国际清算银行（the Bank for International Settlements）和国际货币基金组织（International Monetary Fund，简称 IMF）等国际金融组织也都对这一问题进行了持续而广泛的研究。特别是在 2007 年金融危机爆发以后，如何合理处置陷入困境的问题银行成为颇受瞩目的话题和各国金融修法活动关注的重点，联邦存款保险公司（Federal Deposit Insurance Corporation，简称 FDIC）、英格兰银行（the Bank of England）和中国人民银行等许多国家政府部门也多次发表各种形式的研究报告，就银行重整中存在的问题进行探讨。具体而言，国内外的相关文献资料可以划归为以下五个方面。

（一）法律传统与金融发展研究

关于法律传统与金融发展的理论研究，学者的观点主要分为两派。1998 年，来自美国哈佛大学、芝加哥大学的四位学者拉斐尔·拉·波塔（Rafael La Porta）、弗洛伦西奥·洛佩兹－德－西拉内斯（Florencio Lopez-de-Silanes）、安德烈·施莱弗（Andrei Shleifer）和罗伯特·W. 维什尼（Robert W. Vishny）在法律金融理论的奠基性文献《法与金融》中首次提出，法律的起源很有可能会影响到一个国家金融发展程度的高低，不同的法律传统对私有财产和政府权力的侧重不同，而对私有财产的保护恰恰是金融发展的基础。① 爱德华·格莱泽（Edward Glaeser）和安德烈·施莱弗合写的《法律制度起源》一文则通过对两大法系法律传统的差异性分析，进一步指出：由于大陆法系倾向于保护政府权力而非私有财产，会给金融发展带来消极影响；普通法系则正好相反，其更加注重对合同自由和私有财产的保护，因而能够更有效地促进金融发展。② 前述观点近年来受到了很多学者的质疑，约翰·阿穆尔（John Armour）、西蒙·迪肯（Simon Deakin）、维维安娜·莫莉卡（Viviana Mollica）和马赛厄斯·赛姆斯（Mathias Siems）四位学者通过研究法国、德国、印度、英国和美国5个国家的公司法与破产法于1970—2005年间发生的变化，在《法律与金融发展：从时间序列的证据中我们可以学到什么》一文中总结了自己的观点，认为虽然由于历史原因形成的法律传统差异会对金融市场的发展造成一定影响，但并不是决定性的因素。法律变革与金融发展之间是一个相互影响、互为因果的关系。③

处于经济转轨时期的国家，其法律与金融发展的关系，也受到了很多学者的关注。卡塔琳娜·皮斯托（Katharina Pistor）和许成钢提出的"不完备法律理论"（Incomplete Law Theory），为考察经济转轨国家的金融监管体制和金融法律制定提供了一个崭新的视角。该理论认为，法律具有内在的不完备性，剩余立法权及执法权的分配方式会影响执法的有效性。④ 两位学者在《执法之外的机制：中俄金融市场的治理》这篇文章中进一步指出，鉴于金融市场对经济增长和发展的重要性，为促进金融市场发展所做的努力已成为俄罗斯和中国这样的转型经济国家法制建设的重心；但是这些国家目前所面临的基本困境是：它们需要发展金融市场，然而又缺乏有效的法律支撑。由于这些国家法律不完备问题和信息

① Rafael La Porta, Florencio Lopez-de-Silanes, Andrei Shleifer, Robert W. Vishny, "Law and Finance", *Journal of Political Economy*, No. 106, 1998, pp. 1113 – 1155.

② Edward Glaeser, Andrei Shleifer, "Legal Origins", *Quarterly Journal of Economics*, Vol. 17, No. 4, 2002, pp. 1193 – 1229.

③ John Armour, Simon Deakin, Viviana Mollica, Mathias Siems, "Law and Financial Development: What We Are Learning from Time-Series Evidence", *European Corporate Governance Institute Working Paper*, No. 148/2010, http: //ssrn. com/abstract = 1580120, last visit at 2018. 07. 15.

④ ［美］皮斯托、许成钢：《不完备法律：一种概念性分析框架及其在金融市场监管发展中的应用》（上），《比较》2002年第3期。

不对称问题均较之发达市场经济更为严重，皮天雷和汪燕在《转型经济中法律与金融的发展》一文中特别强调，"依靠模仿发达经济国家法律制度中出现的任何'最佳做法'，在特点迥异的其他环境中都可能失灵，即使中长期目标是这些做法的趋同"①。

（二）后金融危机时代对金融监管的反思

在我国银行业改革开放走过 30 年之际，金融市场最为发达的美国爆发了自经济大萧条以来最为严重的次贷危机，并迅速蔓延至其他国家和地区，导致了全球性的经济衰退。目前，国内外已有大量的文献从经济学、金融学、法学等各个角度对此次金融危机的根源及其对金融监管体制的影响展开研究。虽然研究方向和角度有所不同，但几乎所有的学者都同意金融危机调查委员会在《美国金融危机调查报告》中的结论，即此次危机是"人祸"而非"天灾"，危机产生的根源在很大程度上源自西方社会对金融自由化理念的盲目推崇和极端迷信。金融自由化也称"金融深化理论"（Theory of Financial Deepening），是由爱德华·肖（Edward S. Shaw）和罗纳德·麦金农（Ronald I. McKinnon）两位学者于 1973 年分别在《经济发展中的货币和资本》和《经济发展中的金融深化》两部著作中同时提出的。该理论特别强调政府应当减少对金融市场的干预，放松对金融体系的监管，以加强银行之间的竞争，并提高金融业的效率。正是在金融自由化理念和金融全球化趋势的共同影响下，许多国家和地区不断放松或解除对银行等金融机构的法律规制，金融监管部门则将"最少的监管就是最好的监管"奉为圭臬长期执行。中国社会科学院"国际金融危机与经济学理论反思课题组"在《国际金融危机与凯恩斯主义》一文中指出，凯恩斯主义与新自由主义经济学对当前国际金融危机的爆发都负有不可推卸的责任。② 在由埃迪·威米尔希（Eddy Wymeersch）、克劳斯·J. 霍普特（Klaus J. Hopt）和吉多·费拉里尼（Guido Ferrarini）共同编著的《金融监管——危机后的分析》一书中，来自欧美各国的学者分别围绕欧盟如何应对金融危机、欧盟金融监管法律框架的重构、危

---

① 皮天雷、汪燕：《转型经济中法律与金融的发展》，《财经科学》2007 年第 7 期。
② 中国社会科学院"国际金融危机与经济学理论反思课题组"：《国际金融危机与凯恩斯主义》，《经济研究》2009 年第 11 期。

机后银行的公司治理结构以及金融机构跨境破产等问题展开了广泛而深入的探讨。① 罗培新的论文《美国新自由主义金融监管路径失败的背后——以美国证券监管失利的法律与政治成因分析为视角》通过对美国证券监管部门（Securities and Exchange Commission，SEC）在此次金融危机中监管失败的原因进行分析，指出"在市场主体的认知局限、过度贪婪、自欺以及恐慌会迅速造就市场失灵的情况下，金融监管部门必须发挥作用"②。苏洁澈的《危机与变革：英国银行监管体系的历史变迁》一文对英国银行监管体系在 2008 年金融危机后所发生的变化进行了深入分析。

（三）银行破产的基础理论研究

银行破产的基础理论研究是随着银行破产实践的发展而不断变化和调整的。在现有的文献中，关于商业银行破产的基础理论研究成果明显多于其他的银行类型，相关研究内容可以大致划分为以下几个方面。

首先，关于破产法律制度在问题银行处置中的适用性研究。具有代表性的成果包括迈克尔·舍曼（Michael Schemmann）的《货币的崩溃与突破——金融危机与银行破产的历史及其救助》，该书从罗马帝国的三世纪危机（the Crisis of the Third Century）③ 开始，对世界范围内爆发的历次金融危机以及政府在危机中救助问题银行的政策、措施进行了全面的梳理和总结。让—夏尔·罗歇（Jean-Charles Rochet）的《为什么会有这么多的银行业危机——银行监管背后的政治学与政策研究》一书，从银行应对风险的脆弱性入手，深入分析了问题银行产生并演变为银行业危机的原因，指出政府对银行业市场的不当干预是导致危机蔓延的一个重要原因，只有建立起银行市场退出的法律机制，才能有效遏制危机蔓延，发挥市场优胜劣汰的资源配置作用。近年来，越来越多的学者从法经济

---

① Richard Spillenkothen, *Notes on the Performance of Prudential Supervision in the Years Preceding the Financial Crisis by a Former Director of Banking Supervision and Regulation at the Federal Reserve Board* (1991 to 2006), May 31, 2010, p. 28.

② 罗培新：《美国新自由主义金融监管路径失败的背后——以美国证券监管失利的法律与政治成因分析为视角》，《法学评论》（双月刊）2011 年第 2 期（总第 166 期）。

③ 公元235—284 年，罗马帝国因农业萎缩、商业萧条、财源枯萎、政治混乱和内战连绵等陷入严重的危机之中，帝国政府全面瘫痪，历史上称作"三世纪危机"。

学的角度来研究问题银行的风险处置。例如，马泰·马林克（Matej
Marinč）和拉兹万·沃拉夫（Razvann Vlahu）合著的《银行破产的法经
济学》从银行的特殊性出发，着重讨论了银行破产与普通企业破产的差
异、对银行破产进行单独立法的必要性及银行重整相对于银行破产清算
的制度优越性。阙方平的《有问题银行处置制度安排研究》是国内最早
系统研究问题银行的学术著作，该书运用制度经济学的外部性理论，深
入分析了问题银行的危害，反思了我国问题银行处置实践中存在的问题
并提出了改革设想。乐宜仁的博士学位论文《银行危机的社会学解释》
从科尔曼对信任的研究出发，通过构建以银行为中心的信任链条并借助
AGIL 模式解释银行危机，丰富和完善了传统的银行危机理论。何畅和黎
四奇两位学者将商业银行破产理论的变迁总结为两个发展阶段：第一个
阶段是从一般破产到对存款人特殊保护，第二个阶段是从对存款人的特
殊保护到破产预防。何畅在《现行商业银行破产法律制度存在的缺陷及
完善对策》一文中提出，出于对社会效应的考虑，政府应尽早发现并解
决银行经营中存在的问题，同时竭力通过各种有效途径使面临倒闭的银
行起死回生。① 黎四奇则在《我国商业银行破产法律制度的现状及其矫
正》这篇文章中提出，以存款保险为核心的银行破产法律制度仅仅是政
府安全网的一个环节，银行破产法的定位不应在于银行的破产，相反应
在于破产的预防。② 李曙光在《新〈企业破产法〉与金融机构破产的制度
设计》一文中通过对《中华人民共和国企业破产法》（以下简称《企业
破产法》）条文的梳理，从银行的界定和范围、银行破产的申请主体、破
产前置程序、破产管理人、债权申报和资产变现等方面，着重分析了银
行相较于普通企业在破产制度上的特殊性。③

其次，在银行破产的基础理论研究中，另一个颇受关注的问题就是
对权力结构的分析。银行破产是一个多方介入的过程，也是各种权力博
弈的平台。吴敏在《论法律视角下的银行破产》一书中对银行破产中的

① 何畅：《现行商业银行破产法律制度存在的缺陷及完善对策》，《金融论坛》2003 年第
12 期。
② 黎四奇：《我国商业银行破产法律制度的现状及其矫正》，《上海金融》2005 年第 9 期。
③ 李曙光：《新〈企业破产法〉与金融机构破产的制度设计》，《中国金融》2007 年第
3 期。

权力形态进行研究后指出，银行监管当局的监管权以及法院在破产程序启动后的司法权是权力结构的主要组成部分，但是由于行政权和司法权在价值判断与取舍上存在分歧，导致两者经常发生冲突。① 黄韬的《我国金融机构市场退出法律机制中的"权力版图"：司法权与行政权关系的视角》通过分析我国金融机构市场退出法律制度中的权力结构，指出"法律制度对于系统性金融风险控制和债权人利益维护这两个在短期内互相矛盾和冲突的价值取向如何进行权衡，是行政部门和司法部门在'权力版图'上空间划分的直接决定因素"②。艾娃·H. G. 胡普凯斯（Eva H. G. Hüpkes）在其所著的《比较视野中的银行破产法律制度》一书中提出法院在银行破产中扮演着三重角色：一是司法职能，协助执行银行监管机构的命令；二是主管破产程序；三是为各方当事人提供独立审查银行监管机构决定的途径。③ 但是主张"单一行政主管"（sole administration）的学者，如罗莎·玛利亚·拉斯特拉（Rosa Maria Lastra）和亨利·M. 谢夫曼（Henry M. Schiffman）却坚持认为，法院缺乏必要的处理金融事务所需的专业技术和能力，而且司法程序冗长，在信息公开不可避免的情况下，公众会抢先做出反应，导致相应的处理措施无法取得其应有的效果。因此，应当由监管部门来决定是否接管某一银行，决定某项重整计划能否通过，更为合适。④ 陈咏晖和王晟在《政府救助与银行破产：政府救助政策的动态不一致分析》一文中通过对政府与银行动态博弈的模型研究，认为从长期来看，单纯的政府救助并不能降低银行破产的概率，为了减轻政策动态不一致带来的效率损失，弱化政府与银行在产权上的联系以及对政府"相机抉择"的权力进行适当限制是必要的。⑤ 刘华和许可的《不完备法律理论框架下的金融机构破产立法模式》则指出：转

---

① 吴敏：《论法律视角下的银行破产》，法律出版社 2010 年版，第 221 页。

② 黄韬：《我国金融机构市场退出法律机制中的"权力版图"：司法权与行政权关系的视角》，《中外法学》2009 年第 6 期。

③ ［瑞士］艾娃·胡普凯斯：《比较视野中的银行破产法律制度》，季立刚译，法律出版社 2006 年版，第 29 页。

④ Rosa Maria Lastra, Henry M. Schiffman, *Bank Failures and Bank Insolvency Law in Economies in Transition*, London: Kluwer Law International, 1999, p. 93.

⑤ 陈咏晖、王晟：《政府救助与银行破产：政府救助政策的动态不一致分析》，《武汉金融》2007 年第 9 期。

轨制国家银行破产法律体系的不完备性、分散性，需要将剩余执法权分配给监管者；与此同时，金融监管当局行政权的运行必须有一个适度的界限，如果过分强制性地配置资源会扼杀经济主体的自觉性，扭曲市场规律。①

（四）银行破产的基本原则研究

1992 年，J. 范德·福森（J. Van der Vossen）在《监管标准与处罚》一文中提出，监管机构的早期介入原则对抑制银行业务中存在的问题十分重要："第一，它可以强化审慎监管的实施，阻止银行从事不稳健的业务；第二，它能够确保游戏规则在银行业内得到公平的贯彻；第三，它可以避免发生更大的损失和风险的传播。"② 乔纳森·R. 梅西（Jonathan R. Macey）在《银行风险监管的政治科学》这篇论文中进一步指出，如果监管机构因未能及时介入而导致问题银行丧失了被矫正的可能性时，就必须允许该银行像其他陷入财务困境，无法继续生存的非银行企业一样破产。因为如果一家已经资不抵债的银行继续营业，其股东就会产生再赌一把的强烈愿望，冒着更大的风险试图捞回老本。③ 顾敏康在《试论我国商业银行破产法的基本原则》一文中提出，中国未来的商业银行立法应当遵循破产预防、最小成本、合理分担损失和风险、快速处置和优先保护个人储蓄存款人五项基本原则。最小成本原则有一个被称为"太大而不能倒"的重要例外，即当那些规模较大以至于其破产倒闭容易引发系统性风险的银行面临财务困境时，无论其是否已经错失被挽救的最佳时机，政府都应该予以救助以避免其被破产清算。对该例外的权威性表述最早可追溯至沃尔特·白哲特（Walt Bagehot）于 1873 年发表的文章《伦巴第街》，他的名言是："援助一家现存的坏银行就是阻止建立一家未来的好银行，但是在一家银行倒下去就会连累一片大的疯狂年代里，阻止银行发生连锁性倒闭的最好办法就是阻止第一家银行倒下去。"④ 诺贝

---

① 刘华、许可：《不完备法律理论框架下的金融机构破产立法模式》，《金融与法》2007 年第 10 期。

② J. Van der Vossen, "Supervisory Standards and Sanctions", *Banking and EC Law Commertary*, 1992, 32,（Martijn van Empeled.）.

③ Jonathan R. Macey, "The Political Science of Regulating Bank Risk", *Ohio State Law Journal*, Vol. 49, 1989, pp. 1277, 1249.

④ Walter Bagehot, *Lombard Street: A Description of Money Market*, London: Henry S. King and Co., 1873, p. 51.

尔经济学奖获得者罗伯特·M. 索诺（Robert M. Solow）则进一步强调，即使是对那些已失去偿付能力的银行也应该予以救助，以防止主要银行倒闭引起的信心的损失传播到整个银行体系。① 由于在 2007 年金融危机期间，各国政府在没有法律明确授权的情况下，为挽救那些大型、高杠杆化和实质上相互关联的问题银行而投入了巨额的公共资金，导致"太大而不能倒"政策被推至舆论的风口浪尖，理论界和实务界也对这一政策的正当性和合理性进行了深刻的反思。英国金融服务局（Financial Services Authority，简称 FSA）在其发布的《对全球银行危机监管的回应：具有系统重要性银行及其影响的评价》报告中指出，"太大而不能倒"规则的实行产生了三大问题："一是道德风险；二是因潜在的财政成本和银行损失社会化所产生的不公；三是银行母国当局由于救助行为可能会使他国受益而不愿意或难以实施救助。"② 我国学者黎四奇在《后危机时代"太大而不能倒"金融机构监管法律问题研究》一文中指出，公平竞争是金融市场活力有序的根本保障，当政府因顾虑太多而没有让一家已经濒临绝境的大型银行倒闭时，公众就会更愿意将自己的资金以低利率投给有政府撑腰的大银行，而不是处于弱势地位的小银行，由此使得竞争环境恶化。③ 学界对此也有不同的声音，例如罗伯特·波曾（Robert Pozen）在其所著的《太大而不能倒？——如何修复美国的金融体系》一书中，对金融危机期间美国政府救助的银行进行类型化实证研究后，提出美国财政部的救助行为不能完全用"太大而不能倒"的例外性规则来解释，原因是政府救助的大多数银行并不是因为它们濒临破产或者付款机制流程恶化，而是出于防患于未然的重整性考虑或者政府刻意而为的优惠政策。④ 肯尼斯·E. 斯科特（Kenneth E. Scott）和约翰·B. 泰勒（John B. Taylor）等人合著的《破产而非纾困：破产法第 14 章》对如何

① 刘宇飞：《中央银行的两难选择：救助或不救助》，《当代金融家》2005 年第 3 期。

② FSA，"A Regulatory Response to the Global Banking Crisis: Systemically Important Banks and Assessing the Cumulative Impact"，*Discussion Paper*，No. 09/04，http：//www. fsa. gov. uk/pubs/discussion/dp09_04. pdf. ，last visit at 2018. 07. 15.

③ 黎四奇：《后危机时代"太大而不能倒"金融机构监管法律问题研究》，《中国法学》2012 年第 5 期。

④ Robert Pozen，*Too Big to Save? How to Fix the U. S. Financial System*，Hoboken，New Jersey：John Wiley & Sons，Inc. ，2010，pp. 169 – 190.

处置那些濒临破产而又具有系统重要性的金融机构（systemically important financial institution）发表了各自的看法。

（五）银行重整法律制度研究

目前，国内外关于银行重整的专门学术著作很少，相关研究成果多散见于金融体系介绍、金融监管、银行风险处置和银行破产等文献中。由于我国银行重整法律制度尚处于构建初期，与国外较为成熟的银行重整机制相比差距较大，所以国内外关于银行重整问题的研究方向和重点亦有所不同，以下分而述之。

国内关于银行重整的研究主要遵循的是两条相对独立的路径：一条路径是从行政法的视角研究银行监管部门对银行的接管制度，通过分析银行接管的法律性质，论证其合法性与合理性，并围绕接管组织的选任、接管程序的启动条件，以及接管组织的权力规范化行使等问题展开探讨；另一条路径是从破产法的视角探讨银行的破产重整制度，大部分学者的研究思路基本沿袭了普通企业破产重整的研究重点，较多地关注银行破产重整程序的启动条件、破产重整管理人的选任、重整债权的确认以及重整计划的制订、通过、执行和监督等问题。

关于银行接管制度，凌敢的《中央银行对商业银行的接管》是国内较早公开发表的关于银行接管的学术论文，对接管的概念、目的、条件、终止、接管组织以及接管后银行的债权债务划分等实践中出现的法律问题进行了探讨；何畅和李倩在《银行接管法律问题研究》一文中，针对我国现行银行接管制度存在的缺陷提出了相应的法律完善对策；张磊的硕士学位论文《行政接管制度研究——以金融机构接管为视角》通过对国外接管制度的比较研究，对金融机构实施行政接管的必要性和合法性进行了论证；闫海在《论我国问题金融机构接管制度的重新定位》一文中对我国问题金融机构接管的法律性质、目的、效力和定位等问题进行了深入分析；章于芳的博士学位论文《后危机时代我国银行接管法律制度研究》通过对金融危机中银行接管实践的考察，从理论基础、权责主体、实施程序、救助措施和监督审查机制等多个角度，系统性地分析、探讨了我国银行接管法律制度的构建问题；李玫和刘涛在《我国银行行政接管的法律诠释与制度完善》一文中提出应当制定专门针对银行接管的行政规章；张继红在《论银行接管法律的域外经验及我国的制度构建——兼析 2010 年〈华尔街改革和消费者保护法案〉有序清算机制》中，对美国的银行接管制度进行了较为全面的介绍。

关于银行破产重整制度，吴敏在《论法律视角下的银行破产》一书中从破产预防的角度对银行破产重整的内涵、特征和基本原则进行了探讨；张继红在其所著的《银行破产法律制度研究》一书中明确提出银行重整根据主导机关不同可以划分为监管型重整和司法型重整，并对公共资金援助、合并收购等相关救助措施在银行重整中的应用，从比较法的角度进行了研究。吴林涛所著的《涅槃抑或坠落——论商业银行破产重整制度》则以专著的形式系统地讨论了商业银行破产重整制度构建中存在的法律问题，包括程序的启动标准、公权力与私权利的冲突和平衡、重整方案的具体内容和法律程序的流程设计等。

除了这两条基本的研究路径，国内法学界还常常选取银行重整过程中某个具体的法律问题进行研究，比较具有代表性的成果包括：王勇的博士学位论文《问题银行公共资金救助法律制度研究》，从比较法的角度，就如何完善我国问题银行的公共资金救助提出了改革建议；周泽新的《存款保险制度在银行重整中的适用及其制度价值》，提出存款保险机构应当积极参与银行破产重整程序，除传统的保险理赔方式以外，还可以通过为被重整银行提供贷款、收购银行资产等多种形式发挥作用；尹亭的《商业银行自救债的法律问题：理念、原则和要素》对银行自救机制的概念、类型、设计理念和触发条件等问题做出了较为全面的介绍；姜立文的《金融控股公司监管制度探讨——美国金融控股公司加重责任制度研究与借鉴》从法律移植的角度，对美国银行破产法中的金融控股公司加重责任的主要内容、产生根源、存在问题和解决措施进行了介绍和研究。特别值得注意的是，2007 年金融危机爆发后，欧美各国均对本国的银行破产立法进行了重大改革，国内学者围绕这些新的法案展开了广泛研究。杨松和宋怡林在《英国 2009 年银行法的发展与评价》一文中对英国 2009 年《银行法》的制定背景及其所构建的问题银行特别解决机制进行了较为全面的介绍；何平和李静婷在《论美国联邦存款保险公司的功能和作用——以 2008 年金融危机前后的政策转换为中心》中对《多德—弗兰克法案》出台后，FDIC 在金融危机中不同阶段的政策职能转换进行了全面论述和深入分析。

总体而言，国内关于银行重整制度的研究仍然较为薄弱，突出表现在以下两个方面。首先，研究视野过于狭隘。银行重整本身是一个跨学科的选题，需要打破法学学科的樊篱，综合运用包括法理学、民商法学、经济法学和行政法学等多个法学学科的理论，并借助经济学、金融学和社会学等非法学学科的研究成果，来共同探讨银行重整的理论基础、基本原则、模式选择和规则构建等问题。从学界的研究现状来看，跨学科的综合性研究仍然十分匮乏，研究银行接管的基本不谈银行破产重整，研究银行破产重整的大多不关心银行接管，即或有所论及，也常常是一语带过，对由银行监管机构主导的银行接管与法院主导的银行破产重整之间的关系，鲜有深入的研究和探讨。其次，研究的深度和广度有待进一步提高。国内很多学者对银行重整的研究，并没有充分考虑到银行重整所具有的特殊性，许多规则设计受到普通破产法中破产重整制度的影响和束缚，忽略了制度构建在法律实践中的可操作性。对银行重整所涉及的一些特殊问题，例如怎样安排司法机关与以银行监管机构为代表的行政机关在银行重整中的职责和权限，存款保险机构在银行重整中的地位和作用，应当对问题银行采取何种重整措施，政府是否应当动用公共资金对银行重整提供援助，以及银行重整的损失分担机制等问题，国内的相关研究要么尚停留在初始阶段，要么几近空白。

2009 年 4 月 17 日，世界银行和 IMF 联合发表了名为《关于银行破产的法律、制度和监管框架》的研究报告，对银行破产制度的立法目的、类型及其法律制度框架中的各个构成要素进行了广泛探讨，希望能够为那些志在构建或者改进本国银行破产法律、制度和监管体系的国家提供指导与帮助。[①] 从总体来看，国外关于银行重整的研究成果主要集中在以下两个方面。

一是有关银行重整制度与普通企业破产重整制度的比较。美国联邦储备委员会（Board of Governors of the Federal Reserve System，以下简称美联储）在向国会提交的《银行破产研究报告》中，指出相较于普通企业

---

① IMF, the World Bank, "An Overview of the Legal, Institutional, and Regulatory Framework for Bank Insolvency", http：//info. worldbank. org, last visit at 2018. 07. 15.

重整制度，银行重整在制度目标、运行机制和外部融资渠道等方面具有显著的特殊性。① 罗伯特·R. 布里斯（Robert R. Bliss）和乔治·G. 考夫曼（George G. Kaufman）两位学者在《美国公司与银行的破产机制比较：从经济学的视角》一文中通过比较和分析美国法中有关公司破产与银行破产的法律条文，认为就重整制度而言，银行法中的特别规则与现行《破产法典》的规定在重整程序的启动条件、冻结条款的法律效力、管理人的选任及其职责范围、重整期间债务企业的经营管理方式，以及重整措施的实施等方面都存在根本性的差异。②

二是研究不同的银行重整立法模式在处置问题银行时的有效性问题，特别是关于银行监管部门主导下的银行接管与法院主导下的银行破产重整的比较分析，一直是国外学界关注的焦点。托马斯·H. 杰克森（Thomas H. Jackson）和戴维·A. 斯基尔（David A. Skeel）在《破产、银行与非银行金融机构》一文中提出，适用破产法上的破产重整程序处置问题银行将有助于减少市场的不确定性，抑制银行的过度冒险行为，提高债权人的风险监督意识，有利于问题银行的稳定和恢复。③ 但威廉·F. 克雷诺（William F. Kroener）对此持有不同看法，他在所著的《扩展FDIC 的处置模式：为了结束政府对金融机构的纾困》一书中提出，普通破产法的程序冗长，会导致债权人对银行的信心消耗殆尽，破产财产的价值不断贬损，而监管机构接管问题金融企业后可以迅速采取包括像设立过桥公司（Bridge Company）在内的一切措施来恢复企业的经营能力，这些恰恰是破产法中的重整制度所缺乏的。④

---

① Board of Governors of the Federal Reserve System, "Study on the Resolution of Financial Companies under the Bankruptcy Code", www. federalreserve. gov/boarddocs/rptcongress/default. htm, last visit at 2018. 07. 15.

② Robert R. Bliss, George G. Kaufman, "U. S. Corporate and Bank Insolvency Regimes: An Economic Comparison and Evaluation", *FRB of Chicago Working Paper*, No. 2006 – 01, http://papers. ssrn. com/sol3/papers. cfm? abstract_id = 878355. , last visit at 2018. 07. 15.

③ Thomas H. Jackson, David A. Skeel, "Bankruptcy, Banks, and Nonbank Financial Institutions", *Wharton Fin. Inst. Cent. Workshop*, Feb. 8, 2010, pp. 56, 64.

④ William F. Kroener, *Expanding FDIC-Style Resolution Authority*, in Ending Government Bailouts As We Know Them, Kansas: Hoover Institution Press Publication, 2010, p. 182.

三　研究方法

科学的理论必须建立在科学的研究方法之上。本书通过综合运用实证分析与规范分析、归纳分析与演绎分析相结合，以及比较法和法经济学等多种研究方法，以经济学、社会学、法理学的相关理论为研究基础，以金融市场法制成熟国家的银行重整立法为学习和借鉴的对象，充分结合中国的实际情况，在理论中寻求银行重整法律制度的生发土壤，在实践中研究银行重整法律制度的设计安排。

（一）实证分析与规范分析相结合的方法

在研究社会现象时，马克思主义经济学和制度经济学均推崇实证分析与规范分析相结合的研究方法。本书在研究过程中，一方面，运用实证分析的方法，对银行破产的特殊性、银行重整立法的基本原则和我国中小银行风险处置实践中存在的问题等进行了深入研究；另一方面，在对我国的银行重整法律制度进行重构时，规范分析的方法被广泛用于探讨反思我国银行重整的立法现状、银行重整的模式选择、银行重整的程序安排、救助措施在银行重整程序中的应用以及银行重整的损失分担机制等问题。

（二）归纳与演绎相结合的方法

所谓归纳分析法，就是从若干个别事例中总结分析出一般性的规律；所谓演绎分析法，则是从一般性的规律中推演出个别性的结论。归纳和演绎两者可以相互补充，相互渗透。本书在写作过程中采用了先归纳后演绎的方法，通过对以其他国家和地区银行重整法律制度的立法例考察，归纳总结出三种不同的立法模式及其各自的特点，在此基础上，反思中国银行重整的立法和实践，结合中国的实际情况，运用演绎的方法，为我国银行重整立法的模式选择与制度构建提出改革建议和具体方案。

（三）比较法的研究方法

根据研究视角和目的不同，比较法的研究大致包括宏观比较与微观比较、规范比较与功能比较，以及法律文化的比较等范式。前述研究方法在本书中主要体现在以下几个方面：首先，银行重整的立法模式在普通法系国家和大陆法系国家之间的比较；其次，银行重整的具体概念、制度、规则在不同国家和地区银行破产法律体系中的比较。例如，银行重整与其他相关法律制度的辨析，银行重整程序的启动条件，购买与承接交易、过渡银行和营业援助等重整措施的实施，存款保险机构的角色和功能定位等。为了说明制度和规范在前述比较中呈现出来的差异性，本书对我国和其他国家、地区银行重整立法的经济、政治和文化背景进行了考察和分析。

（四）法经济学的研究方法

法经济学是运用有关经济学的理论和方法来研究法学理论，分析各种法律现象，正如波斯纳所言："经济学的考察能使法学研究重新致力于对法律作为社会工具的理解，并使法律在这方面起到更有效率的作用。"①在研究银行重整法律制度的构建时，本书多次运用经济学的方法探讨相关法律问题，例如运用制度经济学的外部性理论分析银行破产的特殊性，通过成本—效益的分析方法论证最小成本原则的合理性并考察银行重整措施的有效性，以及从逆向选择和道德风险的角度研究公权力干预银行重整的合法性与局限性等。

---

① ［美］理查德·A. 波斯纳：《法律的经济分析》，蒋兆康译，中国大百科全书出版社1997 年版，前言。

第 一 章

银行破产与银行重整

对研究对象的准确界定，是理论分析和制度设计的前提。正如博登海默所言："法律概念乃是解决法律问题所必需的和必不可少的工具。没有限定严格的专门概念，我们就不能清楚地和理性地思考法律问题。没有概念，我们便无法将我们对法律问题的思考转变为语言，也无法以一种可理解的方式把这些思考传达给他人。"① 因此，界定银行重整的法律含义，成为本书开篇所必须解决的问题。

第一节　银行与银行破产

一　银行的概念与范围

从语言学和词源学上追溯，西语中"银行"一词源于古法语"Banque"和意大利语"Banco"或者"Banca"，其含义是指最早从事货币兑换业务或者票据贴现业务的商人们所使用的长凳或者交易桌②；后在英语中转化为"Bank"，原意是存钱的柜子；在中国，过去曾以银为通用货币，经商的店铺也称"行"，故将英语"bank"一词译为银行。③ 尽管银行对于整个国民经济的运行至关重要，但是想要在法律上对银行的概念和范围做出一个清晰的界定，却并非易事。

---

① ［美］E. 博登海默：《法理学：法律哲学与法律方法》，邓正来译，中国政法大学出版社1999年版，第486页。
② ［美］彼得·S. 罗斯、西尔维娅·C. 赫金斯：《商业银行管理》第7版，机械工业出版社2007年版，第6页。
③ 黄达、刘鸿儒、张肖：《中国金融百科全书》，经济管理出版社1990年版，第199页。

（一）银行的概念探析

1. 从经济职能的角度定义银行

在经济活动中，由于各类行为主体购买与出售、收入与支出在时间和数量上的不一致，储蓄与投资逐渐成为两个相对分离的范畴。如果由资金需求者直接到市场上进行融资，往往面临着由信息不对称而引发的逆向选择（adverse selection）和道德风险（moral hazard）[1] 等一系列问题。因此，利用银行等金融中介（financial intermediaries）[2] 实现储蓄向投资的转化，就成为提高经济社会运行效率的关键。理查德·斯科特·卡内尔（Richard Scott Carnell）等教授认为，银行应当被定义为提供支付服务的金融中介，其在经济活动中发挥的作用主要表现在两个方面：一是作为金融中介实现资金在借贷双方之间的转移；二是利用交易账户为客户提供货币结算、收付和转账、存款等服务。[3] 美国明尼阿波利斯联邦储备银行（Federal Reserve Bank of Minneapolis）在 1982 年的年度报告中进一步指出，与其他金融中介相比较，银行具有以下三个方面的本质特征：（1）提供交易账户；（2）为其他所有金融或非金融机构提供流动资

---

[1] 逆向选择和道德风险是西方经济学家提出的概念。在金融市场上，因信息不对称而引发的问题存在于两个阶段：交易之前的问题是逆向选择，即那些最可能造成不利（逆向）后果即制造信贷风险的潜在借款人，往往可能是那些最积极寻求贷款，并且最可能获取贷款的人；交易之后的问题是道德风险，即借款人从事不利于贷款人的（不道德）活动的风险（危险）。因为这些活动增大了贷款无法清偿的概率，贷款人可能决定不发放贷款，即使金融市场上存在信贷风险很小的选择，参见［美］弗雷德里克·S. 米什金《货币金融学》第 9 版，郑艳文、荆国勇译，中国人民大学出版社 2011 年版，第 40—41 页。

[2] 在西方国家的学术著作中，"financial intermediaries" 和 "financial institutions" 这两个概念常交替出现并作为同义语使用；国内通常将前者译为"金融中介"或者"金融中介机构"，将后者译为"金融机构"。此外，西方学者还经常使用 "financial intermediation" 的概念来指代"一个机构单位为获得金融资产，在市场上进行金融交易而发生负债的一种生产活动"，直译应为"金融中介化"。国内很多著作也将其译为"金融中介"，从而使得国内对"金融中介"这一概念本身的界定，存在名词性和动词性的两种解释：最广义的金融中介涵盖金融机构、金融市场、金融活动的整个过程安排和机制；最狭隘的诠释则将金融中介仅限于间接融资领域的金融机构；介于两者之间还有两种中间口径的定义，一种把金融中介界定为金融市场和金融机构；另一种则认为金融中介就是指金融机构。本书所称金融中介，除特别说明外，仅指金融机构。

[3] Richard Scott Carnell, Jonathan R. Macey, Geoffrey P. Miller, *The Law of Financial Institutions*, 5th Edition, New York: Wolters Kluwer Law & Business, 2013, pp. 39 –43.

金支持；（3）货币政策的传送纽带。[①]

2. 从业务活动的角度定义银行

银行是金融市场的主要参与者，对其所从事的金融业务进行归纳和总结，是界定银行概念的一种传统方式；但是关于哪些金融业务应当归属于银行业务，不同国家和地区的法律在理解上存在分歧。英国的判例法在判断一家金融机构是否属于银行时，丹宁勋爵（Lord Denning MR）1966 年于联合信托公司诉柯克伍德一案中所确立的三项业务标准仍然具有相当广泛的影响力：（1）吸收客户的存款和支票；（2）承兑客户签发的支票并借记在客户的账户上；（3）维护客户的流动账户。[②] 如果一个机构没有从事前述任何一项业务，就不能被认定为普通法意义上的银行。[③] 根据德国 2011 年修订的《银行法》的定义，银行是指从事银行业务并且这种业务的规模已经达到商业化、有组织水平的企业。该法通过长达 12 个条款的篇幅详细列举了"银行业务"所涉及的具体内容，除了吸收存款与发放贷款，还包括票据贴现、证券承销、信托投资以及财产担保等业务。[④]

3. 从政府监管的角度定义银行

众所周知，银行业是世界上所受监管最为严格的行业之一：没有政府的许可和批准，任何人都不得开办或者关闭一家银行。考虑到银行所

---

① ［美］哈威尔·E. 杰克逊、小爱德华·L. 西蒙斯：《金融监管》，吴志攀译，中国政法大学出版社 2003 年版，第 22 页。

② United Dominions Trust v. Kirkwood［1966］2 QB 431，447.

③ 需要特别注意的是，柯克伍德案所确立的判断标准中对"支票"业务的强调存在一定的历史局限性。银行业务发展至今，从种类到方式都已经发生了显著的变化，资金在银行账户的进出更多的是依靠 ATM 机、电子转账借记卡以及网络银行等方式实现，对支票的使用越来越少。有鉴于此，英国法院在司法实践中适用前述判断标准时，往往采取了一种较为宽松的方式。此外，英国的一些单行制定法中也有关于银行，但是由于各个单行法的立法目的不同，其对银行概念的界定在整体上缺乏统一性。埃林杰（Ellinger）教授在论及两种定义方式的关系时指出，成文法对银行所做定义只是对判例法上银行定义的补充，如果在司法实践中，成文法未能为法官提供具有可操作性的定义时，法官仍然应当援引判例法对银行的定义来裁判案件。参见 E. P. Ellinger, E. Lomnicka, C. V. M. Hare, *Ellinger's Modern Banking Law*, 5th Edition, New York: Oxford University Press, 2011, p. 79, 88 – 89。

④ 德国实行混业经营制度，银行的经营范围不受严格的法律限制，各银行可以根据自身的经营能力选择从事信贷、投资、证券和保险等金融业务中的部分或者全部，因此也被称为"全能银行制度"（Universal Bank System）。参见白钦先、刘刚、郭翠荣《各国金融体制比较》第 2 版，中国金融出版社 2008 年版，第 75 页。

承担的经济职能和所提供的金融服务正随着全球金融系统的发展而不断变化，罗斯·克兰斯顿（Ross Cranston）教授认为一种将复杂问题简单化的定义方式，是将银行规定为获取了政府监管部门授予从事银行业务的经营牌照的金融机构。① 美国北卡罗来纳州最高法院（Supreme Court of North Carolina）的巴恩希尔（Barnhill）法官也在尤文诉胡德（1942）案中明确指出："银行是制定法创设出来的从事银行业务的公司，其享有的经营权来自于法律的恩赐和州政府的授权。"② 英格兰及威尔士高级法院顾问阿吉里斯·安格瑞艾迪斯（Argyris Argyriadis）先生也认为，在对银行下定义的多种形式中，最极端的一种方式是将银行定义为得到政府职权部门认证的金融企业；但他同时也承认，如果缺乏关于政府认证标准的明确规定，这种对银行的定义方式将失之于太过宽泛并且使得政府部门获得过多的自由裁量权。③

从公元 1171 年第一家近代银行——威尼斯银行设立伊始，银行业已经历了 800 多年的发展，无论是生存环境还是经济职能均发生了较大的变化。同时，各个国家和地区的金融制度与法律传统不尽相同，导致银行在经营模式、业务内容以及服务对象等方面的地区性差异明显，因此对银行概念的界定需要特别注意避免单一化和固定化的倾向，所做定义应当既有明确的判断标准，同时又能够保持一定程度的开放性。从这一基本要求出发，将政府监管部门的授权作为界定银行的唯一依据，显然难以厘清银行与非银行金融机构之间的界限。例如，根据《中华人民共和国商业银行法》（以下简称《商业银行法》）第 11 条和《信托公司管理办法》第 7 条的规定，商业银行和信托公司的设立都必须经过中国银行业监督管理委员会（以下简称银监会）④ 的批准并领取金融许可证，但在中国的金融机构体系中，信托公司显然不能被划入

---

① Ross Cranston, *Principles of Banking Law*, 2nd Edition, New York: Oxford University Press, 2002, p. 6.

② Pue v. Hood, 222 N. C. 310, 22 S. E. 2d 896 (1942).

③ Argyris Argyriadis, *The European Consolidation Banking Directive (2000/12/EC) and beyond the New Legal Framework of European Banking System*, Nomiki Bibliothiki Publishing Group, 2005, p. 17.

④ 2018 年 3 月 13 日，十三届全国人大一次会议表决通过了关于国务院机构改革方案的决定，中国金融监管体制延续多年的"一行三会"结构出现重大调整，中国银行业监督管理委员会和中国保险业监督管理委员会（以下简称保监会）的职责整合后，组建中国银行保险监督管理委员会，后者于 2018 年 4 月 8 日正式挂牌。

银行的范畴。过去几个世纪以来，银行在提供储蓄和放贷服务、支付和风险防范服务以及执行货币政策等方面，一直走在其他非银行金融机构的前面；依据经济职能定义银行，可以揭示出银行不同于其他非银行金融机构的本质特征；但问题在于，这种高度抽象的定义方式在实际应用的过程中却很难准确地发挥识别作用。从业务活动的角度定义银行，虽然能够及时反映现代金融市场的发展变化并提供具体的判断标准，但是随着近年来技术创新在金融行业的广泛应用，银行与非银行金融机构在活动范围上不断发生交叉、重叠，导致两者在业务上的界限日益模糊。

鉴于前述三种定义方式各有弊端，我们不妨换一个角度来思考这个问题。立法机关之所以把某类金融机构贴上"银行"的标签而实施严格的法律监管，根本目的是为了防范风险，维护金融系统的稳定与安全；而银行所面临的风险主要来自于其从事吸收公众存款和发放贷款业务而导致资产与负债的到期日不匹配。因此，判断一个金融机构是否被视作银行对待，主要取决于该机构是不是从事了吸收公众存款和发放贷款的业务。欧盟理事会（Council of the European Union）于1977年12月12日通过的《关于协调有关银行设立和经营业务的法律、规则和行政规章的指令》（以下简称《第一银行指令》）就将银行界定为"从公众中吸收存款或者其他可偿付资金并以自己的名义发放贷款的机构"，这一定义后被欧盟各成员国的银行立法所普遍接受。① 综合以上讨论，本书将银行定义

---

① 《第一银行指令》中实际上并没有使用"bank"一语，而是使用了"credit institution"这样的表述，直译为"信贷机构"。欧洲议会与理事会于2000年3月20日通过的《关于信贷机构业务开办与经营的2000/12/EC指令》（以下简称《2000/12/EC指令》）将"financial institution"（金融机构）界定为除信贷机构以外，其他主要从事《2000/12/EC指令》附录一中所列第2—12项活动（如贷款、融资租赁、现金传递等业务）的机构或者这种机构的控股公司；而附录一所列的第1项活动，即吸收公众存款和其他可偿付资金则只能由信贷机构从事。2000年9月18日，欧洲议会与理事会通过了《修改〈关于信贷机构业务开办与经营的2000/12/EC指令〉的2000/28/EC指令》，增加了电子货币机构成为一类新型信贷机构的规定。前述关于信贷机构的定义在欧盟此后颁布的一系列法律文件中被沿用至今。由此可知，在欧盟法的语境中，"信贷机构"可以被认定是"银行"的同义语。为方便起见，本书将"credit institution"统一译作"银行"。参见 First Council Directive 77/780/EEC of 12 December 1977 on the Coordination of the Laws, Regulations and Administrative Provisions Relating to the Taking up and Pursuit of the Business of Credit Institutions, Article 1, EN OJ L 322, 17. 12. 1977, p. 30 – 37; Directive 2000/12/EC Relating to the Taking up and Pursuit of the Business of Credit Institutions, Article 1, Annex 1, EN OJ L126, 26. 5. 2000, pp. 1 – 59。

为依法设立，从事吸收公众存款和发放贷款等业务的金融机构。

（二）银行的范围界定

经过 30 多年的改革与发展，我国的银行业已经形成以商业银行为主导，其他多种银行业金融机构并存，形式多样、分工协作、互为补充的多层次银行业金融机构体系。根据银监会公布的统计数据，截至 2016 年 12 月 31 日，我国银行业金融机构共有法人机构 4398 家，具体构成如表 1—1 所示。

表1—1　　　　　　　　我国银行业金融机构一览表①

机构名称	数量（家）
政策性银行	2
国家开发银行②	1
大型商业银行	5
股份制商业银行	12
邮政储蓄银行	1
中德住房储蓄银行③	1
城市商业银行	134
农村商业银行	1114
农村合作银行	40
农村信用社	1125
村镇银行	1443
民营银行	8
农村资金互助社	48

---

① 除此之外，其他的银行业金融机构还包括外资法人金融机构 39 家、企业集团财务公司 236 家、信托公司 68 家、金融租赁公司 56 家、汽车金融公司 25 家、贷款公司 13 家、消费金融公司 18 家、货币经纪公司 5 家、金融资产管理公司 4 家。数据来源：《中国银行业监督管理委员会 2016 年报》，2018 年 7 月 15 日，银监会网站（http://www.cbrc.gov.cn/chinese/home/docView/FDF4A782 E9E34140B13ACF-FE774FAB1A. html）。

② 1994 年，为了适应经济发展需要以及遵循政策性金融与商业性金融相分离的原则，我国相继成立了国家开发银行、中国进出口银行和中国农业发展银行三家政策性银行。但是随着我国经济和金融环境发生深刻变化，三家政策性银行都面临着职能调整与机构转型的任务。2008 年 12 月 16 日，经银监会批复，国家开发银行在以发起设立的方式实施股份制改造后挂牌，正式转型为商业银行。

③ 中德住房储蓄银行于 2004 年 2 月开业，是一家专业经营住房信贷业务的商业银行，也是国内首家中外合资银行，由中国建设银行与德国施威比豪尔住房储蓄银行共同出资设立。

随之而来的一个问题就是：表1—1中哪些银行业金融机构可以被纳入本书所界定的银行范畴。由前述关于银行概念的探析可知，本书所定义的银行，必须具备以下三个方面的法律特征：第一，依法设立；第二，属于以营利为目的的企业法人；第三，从事吸收公众存款和发放贷款的金融业务。根据国务院1993年颁布的《储蓄管理条例》、中国人民银行1993年发布的《关于执行〈储蓄管理条例〉的若干规定》和《中华人民共和国银行业监督管理法》（以下简称《银行业监督管理法》）的相关规定，在我国，能够从事吸收公众存款业务的银行业金融机构主要包括各类商业银行、城市信用合作社、农村信用合作社和邮政企业依法办理个人储蓄存款业务的机构。[①]

《商业银行法》第2条明确地将商业银行定义为"依照本法和《中华人民共和国公司法》设立的吸收公众存款、发放贷款、办理结算等业务的企业法人"。由表1—1可知，我国的商业银行主要包括大型商业银行、股份制商业银行、城市商业银行和农村商业银行。此外，根据《商业银行法》第92条的规定，在我国境内依法批准设立的外资商业银行、中外合资商业银行和外国商业银行分行由于适用本法的规定（法律、行政法规另有规定的除外），也应当被视为我国商业银行体系的一个组成部分。

依照《城市信用合作社管理办法》第53条的规定，城市信用合作社可以从事包括吸收社员存款、吸收中国人民银行规定限额以下的非社员的公众存款以及发放贷款在内的各项业务。[②] 2012年3月29日，随着全国最后一家城市信用合作社被成功改制为城市商业银行，城市信用合作社已正式退出了我国银行业的历史舞台。

[①] 《储蓄管理条例》第4条：本条例所称储蓄机构是指经中国人民银行或其分支机构批准，各银行、信用合作社办理储蓄业务的机构，以及邮政企业依法办理储蓄业务的机构。《关于执行〈储蓄管理条例〉的若干规定》第2条：储蓄机构是指经中国人民银行及其分支机构批准的各银行以及城市信用合作社、农村信用社和邮政企业依法办理个人储蓄存款业务的机构。《银行业监督管理法》第2条第2款：本法所称银行业金融机构，是指在中华人民共和国境内设立的商业银行、城市信用合作社、农村信用合作社等吸收公众存款的金融机构以及政策性银行。

[②] 《城市信用合作社管理办法》第53条：经中国人民银行批准，城市信用合作社在其所在地可经营下列人民币业务：（一）吸收社员存款；（二）吸收中国人民银行规定限额以下的非社员的公众存款；（三）发放贷款……根据《中国人民银行、中国银行业监督管理委员会公告》（［2010］第15号），自2010年10月26日起，《城市信用合作社管理办法》失效。

根据中国人民银行 1987 年颁布的《关于农村信用社信贷资金管理的暂行规定》第 5 条的规定，农村信用社在保证农业贷款合理需要的前提下，资金有余，可以经营农村工商信贷。在农村信用合作社产权制度改革的过程中，出现了一种新的银行组织——农村合作银行。它是以农村信用合作社和农村信用合作联社为基础组建的股份合作制社区性地方银行。2015 年修订的《农村中小金融机构行政许可事项实施办法》基本统一了农村商业银行与农村合作银行的机构和业务的市场准入设立条件。

为了进一步完善农村银行体系，填补农村金融服务空白，银监会于 2006 年 12 月 21 日出台了《关于调整放宽农村地区银行业金融机构准入政策，更好支持社会主义新农村建设的若干意见》，村镇银行和农村资金互助社等新型农村银行业金融机构开始在全国范围内大量设立。银监会在《关于进一步促进村镇银行健康发展的指导意见》中明确指出，村镇银行可以办理吸收公众存款，发放短期、中期和长期贷款的业务。由《农村资金互助社管理暂行规定》第 45 条的规定可知，与农村信用合作社、农村合作银行以及村镇银行等其他前述农村银行业金融机构不同，农村资金互助社吸收存款、发放贷款以及办理其他金融业务的服务对象仅限于以社员身份投资入股的农民和农村小企业，不包括除社员以外的自然人、法人或其他组织。①

在邮政储蓄体制改革之前，我国的邮政企业虽然可以从事吸收公众存款的业务，但是不能发放贷款，其所吸收的邮政储蓄资金实行全额上缴制，100% 转存入中国人民银行。2003 年 8 月 1 日以后，邮政储蓄存款实行新老划断，新增存款资金由邮政储蓄机构按照市场原则，实行自主运用。2006 年 12 月 31 日，经国务院同意和银监会批准，由中国邮政集团以全资方式出资组建的中国邮政储蓄银行正式成立；其公司章程明确地将邮政储蓄银行定位为向城市社区和广大农村地区居民提供基础金融服务的大型零售商业银行。成立至今，中国邮政储蓄银行的经营范围已经从以本外币储蓄存款为主体的负债业务拓展至国内国际汇兑、转账、代理承销发行、兑付政府债券等多种形式的中间业务，以及以债券投资、

---

① 《农村资金互助社管理暂行规定》第 45 条：农村资金互助社不得向非社员吸收存款、发放贷款及办理其他金融业务，不得以该社资产为其他单位或个人提供担保。

银团贷款、小额信贷等为主渠道的资产业务。

政策性银行是由政府投资设立的、根据政府的决策和意向专门从事政策性金融业务的银行。[①] 1994 年，为了适应经济发展需要以及遵循政策性金融与商业性金融相分离的原则，我国相继成立了国家开发银行、中国进出口银行和中国农业发展银行三家政策性银行。政策性银行在业务活动中长期贯彻不与商业性银行竞争、不以营利为目的的基本原则；但是随着我国经济和金融环境发生深刻变化，三家政策性银行都面临着职能调整与机构转型的任务。2007 年第三次全国金融工作会议正式确立了政策性银行向商业化转型的改革思路。按照"分类指导，一行一策"的改革原则，财务指标最好的国家开发银行成为向商业银行转型的第一家试点政策性银行。2008 年 12 月 16 日，经银监会批复，国家开发银行在以发起设立的方式实施股份制改造后挂牌，正式转型为商业银行，其业务范围包括吸收除居民储蓄存款以外的公众存款以及发放短期、中期和长期贷款等《商业银行法》所规定的其他各项业务。

综上所述，我国的商业银行（包括在我国境内依法批准设立的外资商业银行、中外合资商业银行、中国邮政储蓄银行和改制后的国家开发银行）、农村信用合作社（包括农村信用合作联社）、农村合作银行和村镇银行都可以纳入本书所界定的银行；城市信用合作社虽已作古，但究其本质，仍然属于银行的范畴。就现阶段而言，中国进出口银行和中国农业发展银行尽管正在积极探索内部改革的路径，但其政策性金融的运作机制和方式仍然未能完全实现市场化和商业化，不能吸收公众存款；农村资金互助社虽然可以从事吸收存款和发放贷款的业务，但其服务对象仅限于入股社员而非社会公众，因此本书的研究中，没有将政策性银行和农村资金互助社列为研究对象，即使它们已经具备了银行的一些法律特征。

二 银行破产的可能性与特殊性

现代破产制度的起源，最早可追溯至罗马法中的财产委付制度（Ces-

---

① 罗明忠：《商业银行人力资源供给与需求及其均衡研究》，博士学位论文，暨南大学，2004 年，第 3 页。

sio Bonorum）①；罗马人常用拉丁语中的"Fallitax"或"Rumpere"来表述这一制度，前者的释义为"事业失败"，后者则含有"耗尽，没有前途"的意思，英语中的"Bankruptcy"（破产）一词正是发轫于此。② 《布莱克法律词典》将破产解释为以下四种含义：（1）一种制定法程序，在法院监管下为了债权人的利益而对债务人的财产进行重整或清算，使得债务人从不能清偿债务的财务状况中解脱；（2）有关无力偿债的债务人及其债权人所享有各项权利的法律内容；（3）当事人被依照破产法宣告破产的一种状态；（4）一个人的财产不足以偿付其债务的事实。③ 由此可知，破产的概念在不同的语境中具有不同的含义，它既可以用来表述债务人因发生严重的财务危机而丧失或可能丧失清偿能力的一种客观经济状况；也可以指称人们为了解决因这种经济现象产生的问题而在法律制度层面做出的主观设计与安排。

　　从本质上看，银行与普通企业一样，能够通过破产程序进行重整或者清算，从而使得银行破产④与普通企业破产具有相似性；但金融

---

　　① 根据《十二铜表法》（公元前452—451年）的记载，早期罗马法在债务执行方面盛行自助主义，债权人有权将无法还债的债务人作为奴隶变卖或者处死，多数债权人甚至可以肢解债务人的尸体以达到公平分配之目的。随着社会的进步，债务清偿开始从以人身为执行标的转化为以财产为执行标的。当债务人无力清偿债务时，经两个以上有执行名义的债权人申请，或者经债务人本人做出委付全部财产供债权人分配的意思表示，裁判官可以发出谕令扣押债务人的全部财产，交由财产管理人悉数变卖并以所获价金公平分配给各个债权人。这项罗马法诉讼程序上的财产委付制度被认为是债务破产制度的最早雏形。参见 F. Regis Noel, "The Bankruptcy Law as it Affects Credit", *Georgetown Law Journal*, Vol. 13, Issue 2, 2009, pp. 133 – 148；邹海林《破产程序和破产法实体制度比较研究》，法律出版社1995年版，第25页。

　　② 罗马帝国灭亡后，这些表示"破产"的拉丁词汇被各个分立出来的国家和地区所吸收，成为当地的民族语言。"Ruptus"一词演变为意大利语"Rotta"（意为"被打碎""砸烂"），并与另一意大利语"Banca"（意为"板凳"）组合成新词"Banca rotta"，用来表述中世纪意大利的货币兑换商不能承兑到期债务时，债权人将商人放置于市场，象征着营业资格的板凳砸烂，以示其营业失败的情形。英语"Bankruptcy"一词，即是从"Banca rotta"发展衍化而来。

　　③ Bryan A. Garner, *Black Law Dictionary*, 8th Edition, St. Paul: Thomson Reuters, 2009, pp. 166 – 167.

　　④ 在英语中，"insolvency"虽然也有"不能完全清偿债务的状态"之意，但从法律史的角度考察，其与"bankruptcy"存在一定的区别：英国曾于1571—1861年间实行商人破产主义，当时的破产法仅适用于商人，而无力偿债的士绅（如医生、法官和神职人员等）则适用另外的债务清理程序。所以，商人破产称"bankruptcy"，带有惩罚和羞辱的性质；而士绅们无力偿还债务则称"insolvency"，不具有惩罚与羞辱的意味。虽然随着商人破产主义被一般破产主义所取代，"bankruptcy"和"insolvency"逐渐开始混用；但是在对"银行破产"进行表述时，很多西方学者为了与普通企业破产区分开来，仍坚持使用"bank insolvency"。参见余甬帆《中西语"破产"一词之源流考》，《中南财经政法大学研究生学报》2007年第4期。

监管机构在对问题银行（problem bank）[①] 进行破产处置时所表现出来的谨慎态度则表明，银行破产确实存在着有别于普通企业破产的特殊性。

（一）银行破产的可能性

1. 银行破产是市场竞争的固有产物

自由竞争是市场经济的重要内容和基本特征，优胜劣汰则是竞争机制充分发挥作用的必然结果。企业作为社会有机体的一个细胞，不是一种永恒的社会存在，它有自己的生命周期，企业破产倒闭只不过是社会这个有机体内一种正常的新陈代谢行为。[②] 正是通过这种淘汰优化的方式，市场才能将那些生产效率低、经济效益差的企业筛选出局，实现对社会资源的优化配置，促进经济的可持续发展。

在市场经济条件下，银行和其他普通企业一样，以市场为导向，以营利为目的，在追求自身利益最大化的同时，遵循"物竞天择，适者生存"的丛林法则。"如果一家银行不能承受风险及重大损失，那么它就应该像其他非银行一样遵从市场规律，退出市场。"[③] 这不仅是出于维护金融业稳健运行的需要，还能够使有限的金融资源从经营失败的银行中被置换出来，进入那些高效率、高效益的健康银行，从而提高整个金融市场的资源配置效率。与此同时，银行破产的存在还可以给银行的股东、经营管理层的人员以必要的约束，促使其改善经营管理，提高经济效益，不断增强自身的竞争力，使得金融市场的有序竞争机制得到进一步的巩固和维护。

---

① 问题银行一词最早是在1929年美国经济大萧条期间，罗斯福政府对大萧条中大批濒临破产的银行进行处置时提出的，此后这一概念在学术界和实务界得到广泛应用。国际上对问题银行的界定主要借鉴了美国的"骆驼"（CAMEL）银行评级体系，认定那些在评级的五个主要环节，即资本充足程度（capital adequacy）、资产质量（asset quality）、管理能力（management）、盈利能力（earnings）和流动性（liquidity）中存在严重问题，依靠自身力量很难摆脱困境，接近破产边缘的银行为"问题银行"。我国学者普遍认为问题银行是健康银行的对称，指流动性和清偿力已经或即将发生严重问题的银行，导致问题银行发生的根源可能来自银行管理、资金来源、资产质量、内部控制、风险管理等方面的不足或缺陷。参见周仲飞《银行法研究》，上海财经大学出版社2010年版，第341页。

② 彭韶兵、邢精平：《公司财务危机论》，清华大学出版社2005年版，第1页。

③ ［瑞］艾娃·胡普凯斯：《比较视野中的银行破产法律制度》，季立刚译，法律出版社2006年版，第10页。

2. 银行破产是其内在脆弱性严重恶化的结果

银行应对风险的内在脆弱性是其发生破产的根源，其固有缺陷主要表现在以下两个方面。

首先，从经营模式来看，银行是典型的高负债企业。在部分准备金制度（Fractional Reserve System）① 下，银行一方面通过吸收存款、发行金融债券和参与同业拆借等方式获得资金；另一方面，银行仅需将所吸收的资金缴存一部分作为准备金，其余部分就可以通过贷款、投资和贴现等方式提供给资金的需求者。正常情况下，只要银行留存的准备金能够满足客户日常提现的要求（日常提现的总量一般远小于银行吸取的资金总量），这种高负债的经营模式就能够平稳高效地运行②；但是如果一家银行的大量客户同时向银行发出在短期内将存款提取或者转出的指令，银行就会因为准备金不足而陷入流动性危机。

其次，从资产负债结构来看，银行应对风险的能力也是非常脆弱的。银行的负债多来自储户的存款，无论是活期存款还是定期存款，都具有很强的流动性，存款人可以随时将其取出；但是作为银行资产的贷款，却有相当一部分的流动性比较差。而且，负债对于银行具有定期偿还的"硬约束力"，而资产则因为主动权不完全掌握在银行手中而只能对借款人形成"软约束力"，由此导致银行的负债成本是相对确定的，但其资产收益却是相对不确定的。这种资产和负债的持续性不匹配，使得银行的债权人在客观上始终存在到期债权不能得到清偿的风险。

正是由于银行具有这种天生的内在不稳定性与脆弱性，公众对银行的信心就成为其能够稳定运行的重要源泉。一旦公众对发生财务问题的

---

① 部分准备金制度是相对于全额准备金制度而言的。在全额准备金制度下，银行必须为增加的每一笔存款保留等额的现金准备用以应付提现；但在部分准备金制度下，银行对于所吸收到的资金，只需要留下一定比例的准备金，其余部分就可以用于放款和投资。广义的准备金由两部分组成：一部分是银行的库存现金，即银行业务经营过程中分布于各营业网点的支付周转金；另一部分是存款准备金，包括银行按照规定比率转存于中央银行的法定存款准备金以及中央银行准备金账户中超过法定部分的超额准备金。狭义的准备金仅指存款准备金。

② Jean-Charles Rochet, *Why Are There so Many Banking Crises? —The Politics and Policy of Bank Regulation*, Princeton: Princeton University Press, 2008, p. 23.

银行失去了信心，该银行就极有可能因为遭遇挤兑[①]而破产。例如 1991
年 1 月 4 日，全美排名第 33 位的新英格兰银行（Bank of New England）
宣布预计第四季度亏损额高达 4.5 亿美元，在接下来的 48 小时内，存款
人通过自动提款机等方式从银行提取了 10 亿美元的现金，负责问题银行
破产处置工作的 FDIC 随即接管了该银行。[②]

3. 银行破产是私法上主体平等原则的具体体现

身份平等是市民社会的标志，也是私法的基本精神，现代民商法的
基本制度均以此为基础而设立。[③] 破产法在本质上仍然属于私法，应当遵
循主体平等的基本原则。以我国为例，根据《企业破产法》第 2 条的规
定，企业法人被赋予了适用破产法的主体资格，具有破产原因的企业法
人可以被法院宣告破产并依照破产程序清理其债权债务，具有重整原因
的企业法人可以向法院申请破产重整；而《商业银行法》《农村中小金融
机构行政许可事项实施办法》等法律规范性文件则无一例外地表明，银
行是独立的企业法人。[④] 与其他类型的企业法人相比较，虽然银行在经营
方式与业务范围等方面具有较大的特殊性，但从法律属性上分析：两者在
民商事活动中都是以其全部的法人财产独立地承担民事责任；既然破产法
明确规定了企业法人可以适用破产制度，而银行又被法律归类为企业法人，
从主体平等这一私法精神和原则出发，就应当承认银行具有破产能力。据
此，我国《商业银行法》第 71 条明确规定：商业银行不能支付到期债务

---

① 挤兑（Bank Run）亦称挤提，是指银行遭遇大量储户同时到银行要求取出或者转出其存
款的情况，通常是由于储户突然对银行丧失信心或者担忧银行破产倒闭而引发的。随着信息技术
和互联网技术的发展，银行挤兑的表现形式也从传统的在银行柜台前排队取现而逐渐转化为通过
电话、网络等手段将存款转出银行账户，人们通常称之为"无声挤兑"（Silent Bank Run）。参见
Thomas P. Fitch, *Dictionary of Banking Terms*, 6th Edition, New York：Barrons's Educational Series,
2012, p.45。

② Stephen Labaton, "U. S. is Taking over a Group of Banks to Head off a Run", *The New York
Times*, January 7, 1991. http：//www. nytimes. com/1991/01/07/business/us-is-taking-over-a-group-of-
banks-to-head-off-a-run. html, last visit at 2018. 07. 15.

③ 李永军：《重申破产法的私法精神》，《中国政法大学学报》2002 年第 3 期。

④ 《商业银行法》第 2 条：本法所称的商业银行是指依照本法和《中华人民共和国公司
法》设立的吸收公众存款、发放贷款、办理结算等业务的企业法人。第 4 条：商业银行以安全
性、流动性、效益性为经营原则，实行自主经营，自担风险，自负盈亏，自我约束。商业银行依
法开展业务，不受任何单位和个人的干涉。商业银行以其全部法人财产独立承担民事责任。

的，经国务院银行业监督管理机构同意，由人民法院依法宣告其破产。《农村中小金融机构行政许可事项实施办法》中亦有类似规定。①

需要特别指出的是，尽管各个国家和地区都非常重视对银行业的监管，但是监管本身并不能彻底消除银行在经营过程中可能遭遇的各种风险，也不能将银行陷入困境、发生破产的可能性完全消灭。正如前美联储主席艾伦·格林斯潘（Alan Greenspan）1996 年 6 月 13 日在斯德哥尔摩举行的银行监管者国际会议上所言："银行在市场经济中所扮演的基本角色就是一个风险承担者，对其进行审慎监管的目的不是为了把风险降为零或者杜绝银行破产现象的发生，而是通过各种监管措施遏制因银行破产而引发的危机进一步扩散和蔓延。"②

（二）银行破产的特殊性

1. 银行破产具有很强的传导性

尽管普通企业破产也会对与之相关联的其他企业的清偿能力产生一定的影响，但无论从范围还是程度上看，均无法与银行破产的巨大传导效应相提并论。究其原因，经济学家杰拉尔德·P. 德怀尔（Gerald P. Dwyer）和 R. 阿尔顿·吉尔伯特（R. Alton Gilbert）认为，在信息不对称的情况下，储户对银行的实际情况往往缺乏了解，难以比较不同银行之间的风险差异。对广大储户而言，其在判断存放于银行的资产是否安全时，一个重要的参考标准正是吸收同类资产的其他银行的履约状况。③因此，一旦某家银行破产的消息在社会上广泛传播，其他银行的储户对自家银行违约的担忧就会急剧上升；即便是一家经营健康的银行，也可能因为其他银行被接管的消息而遭遇挤兑，从而使得个别银行破产引发的"蝴蝶效应"殃及四邻，甚至引发整个银行业的挤兑风潮。马歇尔（Marshall）对此曾形象地比喻道："一家银行的倒闭引起了周围

---

① 《农村中小金融机构行政许可事项实施办法》第 73 条：法人机构有下列情形之一的，在向法院申请破产前，应向银监会申请并获得批准：（一）不能支付到期债务，自愿或应其债权人要求申请破产的；（二）因解散而清算，清算组发现机构财产不足以清偿债务，应申请破产的。

② Alan Greenspan, "*Bank Supervision in a World Economy*", at the International Conference of Banking Supervisors, Stockholm, Sweden, June 13, 1996. http：//www. federalreserve. gov/boarddocs/speeches/1996/19960613. htm, last visit at 2018. 07. 15.

③ Gerald P. Dwyer, Jr. & R. Alton Gilbert, "Bank Runs and Private Remedies", *Review*, *Federal Reserve Bank of St. Louis*, May/June 1989, pp. 43 –61.

其他银行的不信任风暴，并使真正殷实的银行倒闭，正如火灾由一个木屋子蔓延到另一个木屋子，直到连耐火建筑物也被大火的火焰焚毁一样。"①

此外，各个银行并非独立存在，而是通过支付结算系统②、银行间市场③以及金融衍生产品④等多种渠道建立起了错综复杂的资金关系；特别是在金融全球化不断深入发展的今天，银行之间的关系网络早已跨越国境线而拥有了更为广阔的延伸空间。这些大量存在的、既无担保亦无抵押、完全建立在信用基础上的债权债务关系，使得一家银行的风险很容易通过信用链条传导给与之相关联的其他银行。当一家银行因为支付困难而无法履行对另一家银行的付款义务时，作为收款方的银行为了弥补资金缺口将被迫寻求其他的融资途径，并且承担由此而增加的融资成本。

---

①　[英]马歇尔：《货币、信用与商业》，叶元龙、郭家麟译，商务印书馆1997年版，第309页。

②　银行是最主要的支付服务提供者，银行间的支付结算系统也就自然成为支付结算体系的关键组成部分。从服务供给者的角度看，银行所在的支付结算体系分为四个层次：行内汇兑系统、行间代理系统、行间清算系统和中央银行系统。行内汇兑系统负责同一家银行的两个客户之间、总行和分支机构之间或分支机构之间资金和信息的转移；行间代理系统负责在同一家代理银行开设账户的两家或多家银行间资金结算或信息传送；行间清算系统采用多边清算和净额清算原则，为三家或更多的银行传送票据和信息；中央银行系统是指中央银行作为银行系统中部分银行或所有银行的公共代理行，办理银行间的清算结算业务。

③　各银行在日常经营活动中经常会发生头寸不足或盈余的情况，银行同业之间为了互相支持对方业务的正常开展，并使多余资金能够产生短期收益，就产生了利用资金融通过程中的时间差、空间差与行际差进行短期资金借贷活动的市场。银行间市场在不同的国家有不同的表述：在美国被称为"联邦基金市场"（Federal Funds Market），在英国则称为"银行内部市场"（Inter-bank Market），在我国称为"同业拆借市场"。尽管称谓不同，但都是指银行之间进行短期资金借贷活动的场所。根据中国人民银行2007年颁布实施的《同业拆借管理办法》第6条和第23条第1款的规定，中资商业银行、中资商业银行（不包括城市商业银行、农村商业银行和农村合作银行）授权的一级分支机构、外商独资银行、中外合资银行、外国银行分行、城市信用合作社和农村信用合作社县级联合社都可以向中国人民银行申请进入同业拆借市场。此外，依据银监会2014年发布的《关于进一步促进村镇银行健康发展的指导意见》，村镇银行也可以从事同业拆借业务。

④　金融衍生产品（Derivatives）是指其价值取决于原生资产（Underlying Assets）之价值的金融工具。根据银监会在《银行衍生产品交易业务管理暂行办法》第3条的界定，金融衍生产品被定义为一种金融合约，其价值取决于一种或多种基础资产或指数，合约的基本种类包括远期、期货、掉期（互换）和期权。衍生产品还包括具有远期、期货、掉期（互换）和期权中一种或多种特征的结构化金融工具。

倘若不能如期填补资金缺口，收款银行就不得不对作为其债权人的其他银行延期支付，由此产生的多米诺骨牌效应将使得单家银行的破产个案最终演变为席卷多家银行的破产风暴。1984 年，在美国轰动一时的大陆伊利诺伊银行（Contimental Illinois National Bank）破产案，就是由一家与该银行存在资金拆借关系的小型商业银行破产所直接引发的。①

2. 银行破产的负外部性②突出

与普通企业破产对社会经济造成的冲击力相比，银行因其在社会资源配置中所处的核心地位，一旦破产，将产生强烈的负外部效应。具体而言，主要表现在以下两个方面。

首先，银行破产可能对经济增长形成深远的负面影响。由于高度依赖负债经营，交易又具有虚拟性和杠杆性，银行的破产风险对外界的影响力具有乘数放大效应；加上科技进步，大大提高了信息获取和传播的速度，从而使得银行破产的消息一旦传出，极易动摇公众对银行业的信心，诱发银行业危机。③ 银行作为金融中介的基本职能是充当储蓄者和投

① 拥有接近 400 亿美元资产的大陆伊利诺伊银行（以下简称大陆银行）是当时美国最大的商业和工业贷款银行，在全美 14 个州和 29 个其他国家开设了 57 家营业所。佩恩广场银行（Penn Square Bank，以下简称佩恩银行）是开设在俄克拉荷马市（Oklahoma）的一家专门承放油气钻探贷款的小型商业银行，它用以放贷的大部分资金都是从联邦基金市场上通过较高的利率拆借而来。大陆银行是佩恩银行最大的资金拆借对象，前者持有后者发行的贷款债券面值高达 10 亿美元。1982 年 7 月，佩恩银行被宣告破产，大陆银行因此损失惨重，其所公布的 1984 年第一季度报告显示，该行的呆坏账从 4 亿美元陡然上升至 23 亿美元。报告公布之后，关于大陆银行破产的谣言不胫而走，取款的储户蜂拥而至，10 天之内大陆银行流失了 60 亿美元的资金，FDIC不得不宣布接管大陆银行。Renee Haltom，"Failure of Continental Illinois, Federal Reserve Bank of Richmod", http：//www. federalreservehistory. org/Events/DetailView/47, last visit at 2018. 07. 15.

② 外部性（Externality）是外部经济效应（External Economics and Diseconomics）的简称，由新古典经济学的创始人阿尔弗雷德·马歇尔（Alfred Marshell）于 1890 年在《经济学原理》中首先提出，具体含义是指个体经济单位的行为对社会或者其他个人部门造成影响却没有承担相应的义务或获得回报。这种外部性根据其产生的影响是否有利而进一步划分为正外部效应和负外部效应，一般而言，前者是指收益外溢，后者是指成本外溢。在金融领域，外部性有狭义和广义之分，狭义的外部性是指金融行为中私人成本或者私人收益向与该金融行为无交易关系的第三方溢出；广义的外部性是指由于金融行为所引致的在受影响者决策能力之外的经济影响。本书在此使用的是广义的外部性概念。

③ 根据 IMF 在 1998 年 5 月出版的《世界经济展望》中给出的定义，银行业危机（Banking Crisis）是指实际或者潜在的银行挤兑与银行失败（Bank Failures）导致银行停止清偿到期债务，或者为了防止此一情况的出现，政府被迫大规模地向陷入困境的问题银行提供援助。

资者之间的信用中介；但是银行业危机发生后，大量银行破产倒闭，一个直接的结果就是货币供应量减少和融资成本增加，众多生产经营性企业特别是中小企业因资金链断裂而陷入财务困境甚至随之破产，国家来自银行和普通企业的税收大幅缩水。与此同时，政府为了救助问题银行，阻止其破产风险在金融体系内扩散，不得不投入大量的财政资源。在货币供给缩紧、融资成本上升以及财政收入减少、财政支出增加等因素的综合作用下，最终结果必然是生产下降，经济衰退。IMF 的卢克·莱文（Luc Laeven）和费比安·巴伦西亚（Fabian Valencia）在对 2007—2009 年国际金融危机中银行的破产情况进行统计研究后发现，由银行危机导致的产出损失（output losses）占到了发达国家年度 GDP 的 24.8%。[1] 卡门·M. 莱因哈特（Garman M. Reinhart）和文森特·R. 罗戈夫（Vincent R. Rogoff）两位学者通过比对 66 个国家在银行业危机发生前后的经济指标进一步指出，银行业危机发生之后 10 年内的经济增长速度明显低于危机发生前 10 年的平均水平，但是失业率却远高于后者。[2]

其次，银行破产会降低货币政策传导的有效性。在货币政策的传导过程中，中央银行的货币政策工具大部分都是首先直接作用于以银行为代表的金融机构；然后再由后者根据货币政策信号调整自身的资产负债结构，进而影响企业和居民个人的投资、消费行为并最终引起物价水平、生产总值以及国民收入等经济变量的变化。货币政策传导的有效性通常取决于两个因素：一是传导机制是否畅通；二是银行等金融机构作为传导中介对货币政策的敏感度。在银行业发生危机的情况下，金融市场的正常交易秩序遭到破坏，大量银行破产，中央银行发出的各项货币政策信号难以对企业和居民个人的经济行为发挥作用。而且，面临破产危机的银行冒险心理增强，对货币政策信号不敏感甚至逆向而动的情况时有发生，这也会对货币政策传导的有效性造成严重的负面影响。

---

① Luc Laeven, Fabian Valencia, "Resolution of Banking Crises: The Good, the Bad, and the Ugly", *IMF Working Paper*, No. WPIEA2010146, 2010, http://www.imf.org/external/pubs/ft/wp/2010/wp10146.pdf, last visit at 2018.07.15.

② Carmen M. Reinhart, Vincent R. Reinhant, "After the Fall", *NBER Working Paper*, No. 16334, 2010, http://www.nber.org/papers/w16334, last visit at 2018.07.15.

3. 银行破产与公共利益密切相关

与普通企业不同，银行虽然也是以营利为目的的企业法人，但是却具有一定的公共性。首先，银行占用了更多的社会公共资源，享受着普通企业所没有的诸多法律特权。"它们被允许在高杠杆基础上吸收公众存款；它们从避免竞争过烈的市场准入控制中获得竞争利益；在遭遇财务困难时，它们可能得到中央银行作为最后贷款人提供的流动性支持以及政府动用公共资金实施的紧急援救；具有系统性影响的大型银行更是从政府显性或隐性的'太大不宜倒'政策中获得了补贴。"① 其次，银行所提供的金融服务，特别是那些基础性的服务项目，如存款、取款、资金转移等已经成为人们生产和生活的必需品，在客观上具有公共产品非竞争性和非排他性的特点。最后，在以信用关系为基础建立的现代商业社会中，以银行为中心的金融体系是整个国民经济的神经中枢，与社会各个阶层、国民经济的各个部门形成千丝万缕的联系，正如 1911 年美国堪萨斯州最高法院（the Kansas Supreme Court）在沙克诉多利案的判决书中所言："银行是所有文明国家在工业、贸易、商业以及相互交往活动中不可或缺的机构。无论是银行家投入的资本还是他由此赚取的利润，与整个社会从银行业务中的获益相比都是微不足道的。……银行业已经不再是单纯的私人经营活动，它在实质上与公共利益密切相关。"② 根据银监会公布的统计数据，截至 2016 年年底，我国银行业金融机构本外币各项存款余额为 155.52 万亿元，其中储蓄存款余额为 52.2 万亿元。③ 面对如此庞大的债权人群体和债权数额，一旦银行发生破产，势必会造成全社会范围的动荡和信心恐慌，特别是成千上万的小额储户，由于风险意识较低，风险防范能力和承受能力较弱，更有可能因此而遭受毁灭性的经济损失。

与此同时，银行作为支付结算体系中的主要服务组织，"其不仅提供账户服务，记录存款货币的存量和流量信息，为交易主体提供支付工具、支付信用、支付信息传递渠道和资金转移通道，而且为交易主体之间复杂的

---

① 汪鑫：《论基本银行服务排斥及其治理》，《法学评论》2009 年第 4 期。

② Schaake v. Dolley, 85 Kan. 598, 118 p. 80, Kan. 1911.

③ 数据来源：《中国银行监督管理委员会 2013 年报》，2018 年 7 月 15 日，银监会网站（http://www.cbrc.gov.cn/chinese/home/docView/FDF4A782E9E34140B13ACFFE774FAB1A.html）。

债权债务提供清算和结算服务"①。利用纽约清算所同业支付系统（CHIPS）的数据所进行的模拟计算表明，如果一家参与同业支付清算系统的银行无力支付，最终将会导致系统内其他近一半的银行机构丧失支付能力。② 在这种连锁反应的冲击之下，整个支付结算系统可能陷入瘫痪甚至发生崩溃。

尽管有学者认为，随着非银行金融机构对传统银行业务领域的涉足和存款保险制度的普遍建立，银行的重要性及其破产对公众生活和社会经济的冲击力正在被逐渐削弱。③ 但这并不能消弭银行破产与普通企业破产之间的本质区别。首先，对于大多数发展中国家和处于经济转型期的国家来说，由于资本市场发育迟缓，银行仍然在金融体系中居于主导地位。即使是在那些金融市场发达的国家，银行作为金融中介所发挥的经济功能也难以为非银行金融机构所彻底取代，其破产风险对金融体系和国民经济的负面作用，仍然远远超过普通企业破产的影响力范围。其次，存款保险制度虽然有助于维护社会公众对银行体系的信心，但它自身存在的弊端使其对阻止银行破产风险传播和防范银行危机爆发的作用有限：一方面，存款保险制度发挥的公共安全网作用在客观上具有鼓励参保银行从事冒险投机活动的效果，一定程度上增加了金融体系的不稳定性；另一方面，未受保或者超出存款保险范围的银行债权人的大规模撤资行为仍然可能形成挤兑风潮，加速问题银行的破产，美国历史上规模最大的华盛顿互惠银行（Washington Mutual Bank）破产案就是一个典型的例证。④ 正如《大银

---

① 谢众：《我国支付体系风险研究》，博士学位论文，西南财经大学，2008 年，第 11 页。

② 阙方平：《有问题银行处置制度安排研究》，中国金融出版社 2003 年版，第 26 页。

③ 早在 20 世纪 90 年代，就有学者提出银行在与非银行金融机构的竞争过程中逐步丧失了其在金融体系中的统治地位，银行持有的金融资产在金融市场上的份额不断下降，实际意味着传统银行正在走向灭亡。其他学者则持相反的观点，认为银行并不是在走向死亡，而是在经历变化。参见 Beim, David U., "Why Are Banks Dying?", *The Columbia Journal of World Business*, Spring 1992, pp. 1 – 12。

④ 在美国次贷危机爆发之前，华盛顿互惠银行（以下简称互惠银行）是美国最大的储蓄银行。2008 年 7 月，在次贷危机中损失惨重的互惠银行宣布第二季度亏损 30 亿美元；担心资产安全的个人和机构储户纷纷将自己在互惠银行账户中超过 10 万美元（当时每一存款账户的受保最高限额）的存款取出或者转走。截至 2008 年 9 月 15 日，互惠银行因挤兑而流失的现金高达 167 亿美元，10 天之后，回天无术的互惠银行被宣告破产。参见 Brunnermeier, M. K., "Deciphering the 2007 – 2008 Liquidity and Credit Crunch", *Journal of Economic Perspectives*, Vol. 23, No. 1, 2009, pp. 77 – 100。

行家》（The Bankers）一书的作者马丁·迈耶（Martin Mayer）所言："因为一家银行的退出对所有社区破坏力之大，所以退出银行业比进入银行业要更加困难，过去是如此，现在也是如此。"①

第二节　银行重整的含义与特点

一　银行重整的含义

（一）对重整概念的一般表述

重整（reorganization）②因其在挽救债务人方面所具有的突出效用而被公认为是现代破产法发展的一个重要的制度性成果；但各个国家和地区的立法对这一概念的界定尚未形成统一认识。美国是世界上第一个将重整制度引入企业破产法的国家，其《破产法典》第 11 章虽然对重整程序做出了详尽的规定，但并没有对重整的概念进行明确的定义。《法国商法典》在第二编"企业的司法重整和司法清算"中，将重整界定为"企业不能以其可支配的资产偿还到期债务的，经由债务人或债权人申请和商定一个康复计划，在法院设定的观察期限内，债务人按照计划全部或部分清偿债务，并可继续经营其企业的制度"③。根据英国 1986 年《破产法》的相关规定，英国法上重整的含义则更加宽泛，主要包括公司自愿整理程序（Company Voluntary Arrangements）和管理程序（Administration）两种类型，前者是在破产职业者（Insolvency Practitioner）和债务人的主导下完成，由债务人自行启动，不以债务人不能清偿到期债务或资

---

①　［美］马丁·迈耶：《大银行家：电子时代的货币、信用与银行》，何自云译，海南出版社 2000 年版，第 14 页。

②　"重整"在不同国家和地区的立法中，称谓存在差异。例如，英美法通常称为"重整"（reorganization）或者"复兴"（rehabilitation）；《法国商法典》称为"司法重整"或者"司法康复"；而在日本倒产法中，则称为"民事再生"或者"公司更生"。联合国国际贸易法委员会（United Nations Commission of International Trade Law）于 2004 年 6 月 25 日通过的《破产立法指南》中采用了"重整"（reorganization）的表述。为方便起见，在言及各个国家和地区的法律制度时，本书将之统称为"重整"。参见 United Nations Commission of International Trade Law, *Legislative Guide on Insolvency Law*, http：//www. uncitral. org/pdf/english/texts/insolven/05 – 80722 _ Ebook. pdf, p. 53, last visit at 2018. 07. 15。

③　李飞：《当代外国破产法》，中国法制出版社 2006 年版，第 341—345 页。

不抵债为条件，并且无须法院批准；后者则是当债务人不能清偿到期债务或者有不能清偿到期债务的可能时，在由法院任命的破产管理人的主持下实施。① 我国的《企业破产法》并没有对重整的概念做出明确的定义。

国内外学者对于重整概念的理解亦存在不同的阐释。美国学者马克·S. 斯卡贝里（Mark S. Scarberry）和肯尼斯·N. 克里（Kenneth N. Klee）等人认为，重整就是通过对债务人公司及其债务的重组，使公司的营业能够在债权人或者公司原所有者的控制下继续进行的法律制度。② 英国学者罗伊·古德（Roy Goode）则认为重整是破产法上规定的，对那些陷入困境但是存在获救机会的公司，通过协议的方式对其资本结构进行调整的所有措施的集合。③ 日本学者龙田节将重整定义为："对虽然处于困境但却有再建希望的公司，谋求维持和更生的制度；即对那些如果偿还到期债务就会给继续营业带来显著障碍的公司，或者有发生成为破产原因的事实危险的公司，按照公司更生法在裁判所的监督下，谋求再建的一种制度。"④ 王卫国教授认为，重整是"在企业无力偿债的情况下，依照法律规定的程序，保护企业继续经营，实现债务调整和企业整理，使之摆脱困境，走向复兴的再建型债务清理制度"⑤。汤唯建教授将重整界定为"经由利害关系人的申请，在审判机关的主持和利害关系人的参与下，对具有重整原因和重整能力的债务人进行生产经营上的整顿和债权债务关系上的清理，以使其摆脱财务困境，重获经营能力的特殊法律程序"⑥。王新欣教授对重整的定义则是："对可能或已经发生破产

① 公司自愿整理程序的主导者为债务人和破产职业者，只有当股东或债权人以重整方案不公正并且侵犯其合法权益为由起诉到法院时，法院才会对重整方案进行审查并做出裁决。参见 Rodrigo Olivares-Caminal, John Douglas, Randall Guynn, *Debt Restructuring*, New York: Oxford University Press, 2011, pp. 139–143。

② Mark S. Scarberry, Kenneth N. Klee, Grant W. Newton, Steve H. Nickles, *Business Reorganization in Bankruptcy: Cases and Materials*, 4th Edition, St Paul: Thomson Reuters, 2012, p. 2.

③ Roy Goode, *Principles of Corporate Insolvency Law*, 4th Edition, London: Sweet & Maxwell, 2011, p. 41.

④ ［日］龙田节:《商法略说》，谢次昌译，甘肃人民出版社1985年版，第127页。

⑤ 王卫国:《破产法》，人民法院出版社1999年版，第226页。

⑥ 汤唯建:《破产程序和破产立法研究》，人民法院出版社2001年版，第374页。

原因但又有挽救希望的法人型企业，通过对各方利害关系人的利益协调，强制进行营业重组与债务清理，以使企业避免破产清算、获得更生的法律制度。"①

综合上述立法例与学者的观点，笔者认为，重整与破产清算的本质区别在于，重整是将清偿债务与拯救企业两者紧密结合起来，通过对债务关系的调整和重组措施，给那些濒临破产但同时又具有再生希望的债务人以一定的喘息空间，使其获得重返经济舞台的机会。有鉴于此，本书将重整的一般概念界定为：对已经具有或者可能发生破产原因的企业实施的，旨在使其摆脱困境、重获新生的法律制度。

（二）银行重整②的概念

如前所述，银行和其他普通企业一样，也是参与市场竞争，实行自主经营、自担风险、自负盈亏的经济实体，具有破产的可能性和必然性；但是银行破产不仅会提高整个银行体系的社会成本，降低其市场价值，还会加大货币政策的实施成本，甚至引发全局性的银行业危机和社会动荡。这就决定了当银行因为丧失或者可能丧失清偿能力而濒临破产时，各国政府首先考虑的不是依照"优胜劣汰"的市场竞争规则对其进行"快刀斩乱麻"式的清算处理，而是采取各种措施对问题银行实施救助和重组，最大限度地控制银行破产风险在体系内的传播，以维护广大存款人的权益和银行业的整体信用。

随着破产法的立法理念从债权人本位到债权人与债务人利益平衡本位，再向社会利益与债权人、债务人利益并重的发展，现代破产法的功能定位也经历了从清算主义到预防主义的重心转移。③ 重整制度作为破产预防理念在破产立法中的重要体现，为各国政府化解金融风险，帮助问题银行再建提供了一种比破产清算更为合理的制度安排。对于问题银行本身

---

① 王新欣：《破产法》第 2 版，中国人民大学出版社 2007 年版，第 342 页。

② 在世界银行、IMF 等国际组织的研究文献、报告以及欧盟颁布的一系列银行法令中，对"银行重整"普遍使用的表述是"reorganization"，也有一部分文献使用的是"reconstruction"的表述。鉴于上述语言表达的含义基本一致，都是用以指代与破产清算相对的问题银行拯救机制，本书将其统一译为"重整"。

③ 付翠英：《从破产到破产预防———一个必然的逻辑演绎》，《法学杂志》2003 年第 1 期。

而言，重整即意味着其持续经营价值得以保全，避免了银行资产因为在清算程序中被拆分出售而发生的价值减损；对于整个社会而言，被重整银行继续营业，不仅可以保持该机构金融业务的连续性和稳定性，同时还减少了问题银行因破产清算而产生的一系列社会成本，如银行员工的失业安置、国家税赋收入的减少等。2001 年 4 月 4 日，欧盟理事会正式批准通过的《银行重整与清算指令》（Directive on the Reorganization and Winding-un of Credit Znatitutions）就把银行重整作为对问题银行进行破产清算之前的一种优先程序安排，并在前言中明确指出，银行的破产清算较之其他工商企业对社会的危害性更大，因此，各成员国应当首先对问题银行进行重组或促使其并购，并尽力避免采用破产清算的方式处置问题银行。①

　　由于各个国家和地区在政治、经济、文化、历史以及法律传统等方面的差异，关于银行重整的概念，无论是学理还是实践层面，并没有形成一个统一的认识。欧盟的《银行重整与清算指令》对银行重整的定义是："为了维护和恢复银行的财务状况而对问题银行采取的，可能影响第三方在先权利的措施，包括暂时停止支付和强制执行，以及资产和债务重组。"② IMF 和世界银行在其 2009 年 4 月 17 日联合发布的《银行破产的法律、组织和监管框架综述》报告中指出，银行破产处置根据目的不同可以划分为银行重整（bank restructuring）和银行清算（band liquidation）两种类型，银行重整是指通过管理程序（official administration），在银行监管部门或者由法院或监管部门指定的管理人的控制下，为保证问题银行的整体或者部分能够作为一个经营实体得以存续而采取的一揽子措施。③

　　我国学者对银行重整的理解亦存在较大的分歧。有学者认为，银行重整是指"对已经破产或濒临破产但有生存希望的银行所实施的旨在维持或恢复其财务状况的一种积极措施"④。也有学者强调，银行重整有广义和狭义之分，广义的银行重整是指政府综合运用包括经济和法律在内

---

① Directive 2001/24/EC of the European Parliament and of the Council of 4 April 2001 on the Reorganization and Winding-up of Credit Institutions, OJ L 125, 5. 5. 2001, p. 15.

② Ibid. , Article 2.

③ IMF and the World Bank, "An Overview of the Legal, Institutional, and Regulatory Framework for Bank Insolvency", http：//info. worldbank. org, last visit at 2018. 07. 15.

④ 张继红：《银行破产法律制度研究》，上海大学出版社 2009 年版，第 60 页。

的各种手段和措施，纠正问题银行的经营管理行为，从而使其具有可维持的金融清偿能力和盈利能力的一种金融制度安排；而狭义的银行重整则是指在行政权（主要由银行监管当局行使）和司法权（主要由法院来行使）共同行使之下完成的一种司法破产程序。①

综上所述，尽管银行重整在各个国家和地区的立法体系中从实体内容到程序安排均存在诸多差异，但是从概念上分析，都是指为了恢复问题银行的财务状况而对其实施救助，使其摆脱困境，重获新生的积极程序或制度，目的是在问题银行原有的法律人格框架内或者以新的公司或其他公司组成部分的形式，使该银行的核心业务能够作为一个实体持续经营下去，避免其因破产清算而彻底退出市场。

二　银行重整的特点

（一）价值取向多元化

普通企业重整的目标主要集中在两个方面：一是帮助陷入财务困境的企业恢复正常的盈利能力，二是最大化债权人所能够获得的债务清偿额度。虽然这在客观上可以及时切断债务锁链，有利于社会经济秩序的良性运行，但制度设计不需要考虑个别破产事件对国家经济和社会秩序的整体性影响；而银行重整的目的却呈现出公共安全与私利救济并重的多元化态势。

从宏观层面来看，维护金融体系的稳定与安全是银行重整的首要目标。如前所述，相较于普通企业，银行破产不仅会引发连锁反应，产生巨大的负外部性，还与社会公共利益密切相关。因此，维护金融系统的稳定和安全成为各国银行重整立法时必须首先考虑的因素。IMF 和世界银行在《银行破产的法律、组织和监管框架综述》报告中将这一宏观目标细分为三：第一，保证支付结算系统的运行畅通；第二，保护广大存款人的合法利益；第三，维持银行作为信用中介的经济功能。②

在微观层面，挽救问题银行的经济与社会价值是银行重整的题中应有之义。尽管银行重整与普通破产法上的重整在挽救企业并使其免于被破产

---

① 吴敏：《论法律视角下的银行破产》，法律出版社 2010 年版，第 151—152 页。

② IMF & World Bank, "An Overview of the Legal, Institutional, and Regulatory Framework for Bank Insolvency", https：//www. imf. org/external/np/pp/eng/2009/041709. pdf, last visit at 2018. 07. 15.

清算的立法初衷上具有一致性，但在侧重点上仍然存在一定的差异。普通破产法中的重整更注重通过债务减免、延期清偿以及债转股等方式解决企业的债务负担，并辅之以企业治理结构的改善、经营方式的转变和资产置换等措施，力图通过保持原企业法人资格的存续来实践企业重建再生之目的。银行破产重整的侧重点则在于最大限度地保存问题银行作为一个经营实体或者在持续营业状态下的市场价值，因此将问题银行的全部资产或者其中的主要部分出售给他人，而以转让所取得的对价以及对银行剩余财产的清算所得偿付债权人，成为银行重整中经常使用的处置方式。换言之，问题银行的挽救重点，不在于维持其原有的法人资格，而在于其营业可以通过继续经营的方式得以保存。

（二）权力结构复杂化

普通破产法的重整程序中，代表国家行使公权力的机关只有法院，其他参与者，包括债权人、债务人及其股东等都是私权利的代表；重整实际上是在法院的主导下，由债权人与债务人就相互之间权利与义务进行再协商、再契约的一个过程。但是在银行重整的过程中，这种权益结构变得更加错综复杂了。

首先，国家公权力的代表机关除了法院之外，还增加了履行公共管理职责的行政机关和相关职能机构，如银行监管机构、中央银行①和存款保险机构②等。从银行重整程序的启动到对问题银行实施公共救助，从重

---

① 从严格意义上讲，中央银行不一定都是国家设立的行政机关。例如，美联储虽然履行着中央银行的职责，但在法律性质上却很难将其定义为行政机关。美联储主要由五个部分组成：联邦储备体系理事会（Board of Governors of the Federal Reserve System）、联邦储备银行（Federal Reserve Banks）、联邦公开市场委员会（Federal Open Market Committee）、成员银行（Member Bank）和联邦顾问委员会（Federal Advisory Council）。其中，联邦储备银行只是一个"准公共机构"（部分私有，部分政府所有），而成员银行则全部是私人银行。总体而言，在绝大多数国家和地区，中央银行还是属于传统意义上依法行使国家职权的行政组织，因此本书将其归类为行政机关展开讨论。

② 关于存款保险机构的设立，主要有三种模式：（1）由政府出面设立的官方模式，如美国和加拿大；（2）由政府和银行业共同设立的混合模式，如日本、荷兰和比利时；（3）由银行业联合设立的非官方模式，如德国。但无论采取哪种模式，存款保险机构的设立目的都是为了保护存款者的利益和维护金融体系的稳定，与以营利为目的的企业法人存在本质上的差异。即使是在采取后两种设立模式的国家和地区，政府也会向存款保险机构注资，指派人员参与其管理和决策。因此，本书将存款保险机构列入代替政府履行公共管理职责的职能机构加以讨论。

整方案的制订、批准到执行和监督，行政权力的渗透扩张与司法权力运作空间的普遍收缩几乎贯穿了银行重整的所有环节。行政权与司法权之所以会在银行重整中发生冲突和博弈，其根源在于：一方面，监管当局被赋予了维护金融市场稳定和防范银行业危机发生的职能，它不应该同时也不会愿意放任问题银行径直进入法院主导的破产重整程序而不做任何干预；另一方面，对于法院来说，在问题银行的重整过程中，不可避免地会涉及债权人、债务人以及其他利益相关者的权利确认和保护问题，而只有司法裁判才是解决这些权利纠纷的最终途径。

其次，银行的债权人、股东、董事、监事和高级管理人员等相关主体的权利在银行重整过程中受到公权力的限制和削弱。举例而言，普通企业的债权人，无论其债权数额大小，均当然地享有对债务人的破产重整申请权；但对于银行重整，各国立法几乎无一例外地将重整程序的启动权或申请权赋予了银行监管部门或存款保险机构，而普遍排除了债权人对启动银行重整程序的申请权或者对此做出了严格限制，譬如要求问题银行的债权人在向法院提出重整申请之前必须首先获得监管机构的批准。此外，银行的股东、董事、监事和高级管理人员等相关主体依据公司法所享有的权利常常在银行重整的过程中受到限制甚至剥夺。例如，根据美国《联邦存款保险法》（Federal Deposit Insurance Act）的规定，一旦 FDIC 宣布接管问题银行，该银行的股东、董事和管理层对银行享有的所有权利即由 FDIC 继承，权利的转移无须取得相关当事人的同意。[1]

（三）启动条件宽松化

在普通破产法中，重整程序的启动条件，即重整原因，主要包含两种情况：一是破产原因[2]已经发生；二是有破产原因发生的可能。在概括

---

① 12 U. S. C. , Article 1821（d）（2）（A）.

② 关于破产原因的内涵和外延，学者之间存在不同的理解。有学者认为，破产原因是适用破产程序所依据的特定法律事实，是法院做出破产宣告的特定事实状态，是破产程序得以发生的实质条件。也有学者认为，破产原因有广义与狭义之分，广义的破产原因包括破产清算程序发生的原因、破产和解与重整程序发生的原因；狭义的破产原因仅指破产清算程序发生的原因。本书所使用的破产原因概念，仅指狭义的破产原因。参见李永军《破产法——理论与规范研究》，中国政法大学出版社 2013 年版，第 39 页；王新欣《破产法理论与实务疑难问题研究》，中国法制出版社 2011 年版，第 330 页。

主义立法模式①下，破产原因通常可以进一步细分为"缺乏清偿能力"和"资不抵债"：前者是指企业不能清偿到期债务，后者是指企业的资产不足以清偿它的全部负债。此外，各国立法普遍将债务人停止向债权人履行债务的行为，也作为一种推定的破产原因加以规定。

与其他企业不同，贷款和存款是银行最主要的资产和负债。"在会计处理上，银行的资产一般是按照历史价格来计算的，出现财务问题的银行通常被以成本核算的不良资产的历史价值所掩盖"②，这使得问题银行的实际财务情况总是比其资产负债表反映出的状况要糟糕得多。而且，银行出现流动性问题的原因十分复杂，有些流动性问题完全可以通过同业拆借、票据贴现等技术性手段解决，无须对其实施重整救助。因此，许多国家的立法在规定银行重整程序的启动条件时，引入了监管性标准，即一旦银行达不到银行监管机构所设定的最低财务指标或者其他指标，即启动银行重整程序。在这种情况下，银行重整程序的启动条件显然比普通破产法中规定的重整原因要更加宽泛。

（四）重整措施多样化

普通破产重整程序中的重整措施，大致可以分为两类：一类是财务重组，旨在改善企业的财务状况，具体措施包括减少或者延缓债务清偿，增加企业的注册资本或者投资，企业的合并、收购等。另一类是经营重组，旨在改善企业的经营状况，具体包括更换企业的管理层人员，调整企业的经营模式和发展策略，降低经营成本，以及建立和加强风险管理与内部审批程序等。

银行的重整措施，不仅囊括前述适用于普通企业重整的所有方式方

---

① 各国破产法对破产原因的规定，有两种立法模式：一是列举主义，即将破产程序开始的条件一一列明，凡具备法律规定的原因，就可以对债务人开始破产程序；二是概括主义，即只对破产原因做抽象性的规定，而赋予法官较大的自由裁量权。历史上，英美法系国家的破产法普遍采用列举主义，而大陆法系国家的破产法则惯常采用概括主义。但是英国和美国分别于1986年和1978年修改其破产法时，摒弃了列举主义，从而使得概括主义成为普通破产法上破产原因立法的主流模式。

② 张继红：《银行破产法律制度研究》，上海大学出版社2009年版，第65页。

法，还增加了行政机关和其他职能机构运用公共资金（public funds）① 对问题银行实施的各种救助措施。例如，中央银行作为最后贷款人向问题银行提供紧急贷款；或者财政部收购问题银行的股权和不良资产，对其实施税收减免，提供信用担保，以及存款保险机构利用保险基金通过贷款、出资、购买资产、承担负债等方式为问题银行提供的援助等。尽管各国在银行重整立法中均强调和注重采用市场化的运作方式，但是就重整措施本身而言，政府和公共资金很难做到置身事外、不闻不问。

第三节　银行重整与相关法律制度辨析

"由于银行市场存在垄断、外部性及信息不对称等现象，市场失灵是这一领域的常态。"② 当一家银行违反审慎经营的要求时，监管机构必须在相关问题尚未演化成危机并威胁到银行的生存之前及时采取措施，矫正银行的违法违规行为。由于银行的违法违规行为经常是引发银行破产风险的重要因素，所以前述审慎监管措施往往暗含了促使银行恢复稳健经营的意图，有时甚至会与银行重整制度发生重合或交替。特别是在那些由监管机构主导银行重整的国家，银行重整与审慎监管之间的界限并不十分清晰，而通常表现出很强的连续性，梳理和辨析银行重整与相关法律制度之间的关系，既有助于我们更好地理解银行重整的内涵和外延，同时也为我国未来银行重整立法的制度框架设计厘清了思路。

一　银行接管

银行接管是处置银行风险最常见的手段之一，在银行破产处置的立

---

① "公共资金"的概念有广义和狭义之分。狭义的公共资金仅指政府机构的收入和款项。广义的公共资金分为财政安排的资金和民间筹集的资金两类，前者包括：（1）政府公共预算安排的用于公共事业方面的资金；（2）对公共生产部门、公共再分配部门所安排和筹集的资金；（3）政府根据经济发展的实际需要安排的各项专用基金和专项资金等。后者是指由民间社会团体、组织、个人自发组织筹集，用于社会公共设施、公共社会福利、公共社会支出等方面的资金。本书使用的是广义的公共资金概念。参见 Bryan A Garner, *Black Law Dictionary*, 8th Edition, Thomson West, 2004, p. 263；马玉珍《公共资金经济效益审计的相关问题研究》，《广东商学院学报》2006 年第 6 期。

② 熊伟：《银行监管权边界问题研究》，法律出版社 2013 年版，第 40 页。

法和实践中，得到了普遍的承认与适用。① 银行接管和银行重整之间的关系，纵观各国立法例，主要可以划分为以下三种类型。

第一种是接管 > 重整，即接管的内涵和外延都比银行重整大。例如，根据意大利 1933 年《银行法》（Banking Consolidated Act）的规定，银行接管被划分为临时接管与特殊接管：临时接管作为一项审慎监管措施，旨在矫正银行的违法违规行为；而特殊接管，则是为了挽救问题银行而设计的特别重整程序。在银行违反了法律法规或银行章程，可能发生严重的资本损耗或者其他紧急但并非无可挽回的情况下，意大利银行（Bank of Italy）有权暂停银行董事会和管理层的职权，任命临时管理人（provisional administrators）控制银行并对其进行临时接管，时间最长不得超过两个月。如果临时接管期结束，问题银行仍不能恢复正常经营，则应转入特殊接管。由意大利银行任命的特殊管理人（special administrator）具体负责问题银行的重整事宜。出现特别紧急的情况时，意大利银行也可以选择向财政部提出申请，要求对问题银行直接实施特殊接管。在法律规定的接管期限内（一般为 1 年），如果问题银行重整成功，特殊管理便宣告结束；如果银行仍然不能恢复正常营业，则应当终止接管程序，按照 1933 年《银行法》规定的强制行政清算程序（compulsory administrative liquidation）对其进行处理。②

第二种是接管 = 重整，即将接管直接定位为监管机关主导下的银行重整。例如，根据挪威 2015 年《金融事业法》（Financial Undertakings Act）的规定，当银行无法偿付到期债务，无法保证正常营业所需的足够资金，或无法达到资本充足率要求时，财政部可以发布对问题银行实施公共管理的命令，并由金融监管局（Finanstilsynet）参与任命的管理委员会（Administration Board）接管银行。如果 1 年后，问题银

---

① 银行接管制度虽然在各个国家和地区的立法中得到了广泛承认，但在称谓上却不尽相同。例如意大利称之为 "Gestione Provvisoria and Amministrazione Straordinaria"，直译为 "临时性管理和特殊管理"；挪威称之为 "Public Administration"，直译为 "公共管理"；美国和加拿大则直接使用 "Receivership" 一语。鉴于前述表达所指称的法律制度具有同质性，本书将其统一译为 "接管"。

② Banking Consolidated Act, legislative Decree No. 385/1993, Article 70 – 77; René Bösch Homburger, Banking Regulation: Jurisdictional Comparisons, London: Sweet & Maxwell, 2012, pp. 175 – 176.

行仍然没有恢复正常运转的迹象，也不能通过资产出售或者收购合并等方式脱困，则管理委员会必须依据《债务清偿程序和破产法》（*Act on Debt Settlement Proceedings and Bankruptcy*）启动对该银行的破产清算程序。①加拿大1991年《银行法》对接管的定位亦是如此，当加拿大存款保险公司（Canada Deposit Insurance Corporation，简称CDIC）根据该国金融机构监管局（Office of the Superintendent of Financial Institutions，简称OSFI）的接管令（Receivership Order）取得对问题银行的控制权后，可以自行或者要求银行实施重整；但如果重整方案不能在自接管令发布之日起60日内完成，存款保险公司就必须以债权人的身份依据《清算与重整法》（Winding-up and Reconstruction Act）向法院申请对问题银行进行破产清算。②

第三种是交叉关系，即银行接管与银行重整存在交集，但并没有完全重合，相互之间也没有包含关系。美国银行法中规定的银行接管与银行重整就是这种交叉关系的典型代表。首先，根据《联邦存款保险法》第11条第（c）款第5项的规定，FDIC被任命为问题银行接管人的条件十分宽泛，除了资不抵债、无力偿债以及因为已经或可能发生严重亏损而致使银行资本充足率根本性不足等重整原因外，还包括银行的其他违法违规行为，例如拒绝向联邦银行监管机构或州银行监管机构提供其账簿、文件、记录或者其他备查事物、涉嫌触犯洗钱罪等与重整原因无关的事由。③其次，FDIC在接管问题银行后，既可以选择采取并购、转让资产等多种方式促使银行恢复正常的经营水平，也可以选择在向存款人支付受保的存款金额后对该银行实施破产清算。与此同时，银行重整，除了通过接管的方式进行以外，还有第二种途径可供选择，就是银行托管（conservatorship）；而且，FDIC被任命为银行托管人的条件与前述接管人的任命条件是完全一致的，选择哪种方式来实施重整，通常由银行

---

① Financial Undertakings Act, Section 21 - 7, 21 - 9, 21 - 11, 21 - 13, 21 - 16.

② 根据加拿大1991年《银行法》的规定，对接管中的银行发起破产清算还有第二种方式，即银行管理层要求 OSFI 取消对银行的控制。在这种情况下，如果后者不同意该请求，就要对银行进行清算。参见 Deposit Insurance Corporation Act of 1985, Article 39; Bank Act of 1991, Article 544。

③ 12 U. S. C., Article 1821 (c) (5).

的监管机构来决定。

二 银行托管

从理论渊源来看，托管实际上起源于另一种更为古老的财产管理制度——信托。作为后者在现代社会的一种延伸和发展，托管具备信托的基本法律特征。首先，两者的运作机制都是受人之托，代人理财。其次，在托管和信托的法律关系中都存在委托人、受托人和受益人三方当事人。最后，托管所必须遵循的三大原则，即托管协议、受托自主性和分别管理，与信托的三大基本原则，即信托合同、所有权与收益权相分离和信托财产独立是一一对应的。[①]

考察各国与企业相关的托管实践，根据托管对象不同，可以划分为债权托管和经营托管两种类型。债权托管是指将企业已经形成的呆滞债权，通过与托管人签订的托管合同，交由托管公司去盘活变现或者实行有偿经营。例如，1991 年捷克斯洛伐克政府在经济体制转轨时期成立统一银行，对国有商业银行的不良债权实行集中托管[②]；以及瑞典政府分别于 1992 年和 1993 年先后成立两家国有资产管理公司，分别对北方银行（Nordbanken Bank）和哥达银行（Gotha Bank）的不良债权进行托管。经营托管则是托管人通过与企业所有者签订的托管合同，取得企业的经营管理权，"综合运用包括资金支持、资产重组、体制创新、技术引进、产品开发以及资产出让在内的各种手段，对该企业进行整顿和治理，使其能够适应市场经济发展和经济结构调整的要求，实现有效的经营和运作"[③]。颇具代表性的例子就是 20 世纪 90 年代两德统一时期德国政府设立托管局对原民主德国的国有企业进行大规模的私有化改造。

美国《联邦存款保险法》中所规定的托管程序是银行托管立法中的典型代表。从托管对象是银行的经营管理权而非债权这一点出发，银行托管应当属于经营托管而非债权托管；较为特殊之处在于，托管人取得问题银行的经营权无须取得银行原所有者的同意或者批准，而只要经过银行监管

---

① 沈莹：《托管的理论与实务》，经济科学出版社 2000 年版，第 15 页。
② 罗滢：《信托业的基础》，《资本市场》2002 年第 1 期。
③ 厉以宁：《企业托管出活棋》，《亚太经济时报》1996 年 12 月 8 日。

机构的任命或者委托即可。如前所述,《联邦存款保险法》所规定的 FDIC 被任命为银行托管人和接管人的条件是相同的, FDIC 在作为托管人对问题银行进行处置时, 可以对该银行采取各种重整措施, 只要这些措施对于该银行处于安全和有清偿能力的状态是必要的, 并且对维持银行的继续存续是适当的; 不同之处在于, 银行托管的目的仅在于通过对银行的重整, 帮助问题银行摆脱财务困境, 恢复到安全稳健的正常经营状态, 而银行的接管人有权对拯救无望或者重整失败的问题银行进行破产清算。

三 银行重组

正如"重组"一词在英语中的表达五花八门一样[①], 国内外学者对于重组概念的界定和分类, 亦十分复杂。约翰·道恩斯 (John Downes) 和乔丹·艾略特·古特曼 (Jordan Elliot Goodman) 两位学者在其主编的《金融与投资辞典》中将重组定义为:"公司为了获得更高的经营效率或者适应变化的市场而进行的调整。剥离、再资本化、战略性收购以及管理层重新整合是公司重组中经常发生的事件。"[②] J. 弗雷德·威斯通 (J. Fred Weston) 教授则提出公司重组应当分为四种类型:第一类为扩张型, 主要包括兼并、收购和联营公司; 第二类为收缩型, 主要包括资产剥离、分拆上市和公司分立; 第三类为公司控制型, 主要包括溢价购回 (premium buy-backs)、停滞协议、反接管条例修订和代表权争夺; 第四类为所有权结构变更型, 主要包括交换发盘、股票回购和转为非上市公司等。[③] 在我国, 重组的内涵和外延则更加宽泛, 通常被用以泛指通过经济、行政、法律等各种手段, 对企业的资产、业务、负债、股权、职员和管理等诸多要素进行分拆和整合, 以及对这些要素之间的互相组合和作用方式进行调整的一切行为。从我国近年的实践看, 企业的兼并收购、

---

① 英语中常见的用以表达"重组"含义的词汇有 restructuring、reorganization 和 rehabilitation, 国内学者通常将其分别译为重组、重整和重建, 但在英文文献中, 前述表达常不加区别地相互替换适用。参见 Gerard Mc Cormack, *Corporate Rescue Law-An Anglo-American Perspective*, Massachusetts: Edward Elgar Publishing Limited, 2008, pp. 17 – 18。

② [美] 约翰·道恩斯、乔丹·艾略特·古特曼:《金融与投资辞典》, 于研、郑英豪译, 上海财经大学出版社 2008 年版, 第 741 页。

③ [美] J. 弗雷德·威斯通、[韩] S. 郑光、[美] 苏珊·E. 侯格:《兼并、重组与公司控制》, 唐旭等译, 经济科学出版社 1998 年版, 第 3 页。

公司化改制、股份制改组、行业或地区的企业优化组合、国有资产的授权经营、企业集团的资产调整、企业分拆以及企业的破产处置等，均可纳入企业重组的范畴。[①]

考察国内外银行重组的历史可以发现，银行重组根据目的不同，可以划分为两种类型。第一种是运行稳健的银行之间为增强竞争力，追求规模经济效应，实现利润最大化而进行的重组。例如 1995 年 4 月，日本三菱银行与东京银行重组为东京三菱银行[②]，总资产超过 6000 亿美元，成为当时世界上排名第一的银行。[③] 1998 年 10 月，美国的花旗公司（Citicorp）[④] 与旅行家集团（Travelers Group）合并后组成花旗集团股份有限公司（Citigroup Inc.），总资产达 7000 亿美元，成为美国第一家集商业银行、投资银行、保险、共同基金、证券交易等诸多金融服务业务于一身的金融集团。[⑤] 我国的城市商业银行因为成立时间短、资产规模小和历史包袱重等，在过去很长一段时间难以与五大国有商业银行和其他股份制商业银行展开竞争。银监会在 2004 年 11 月 16 日发布的《城市商业银行监管与发展纲要》中明确提出，要鼓励城市商业银行在自愿的前提下，按照市场原则进行重组和联合，提高其抗风险能力和市场竞争力。近年来，许多城市商业银行通过引入外资银行、上市公司和民营资本参股、建立合作联盟、兼并收购和择机上市等方式完成重组改造，不仅实现了对金融资源的有效整合，还进一步拓展了城市商业银行的市场生存空间。[⑥]

---

① 周文彬：《中国企业重组问题研究》，硕士学位论文，陕西师范大学，2002 年，第 4 页。

② 2006 年 3 月，东京三菱银行与日本联合银行（Union Bank of Japan）合并成为三菱东京日联银行（Bank of Tokyo-Mitsubishi UFJ）。

③ 李凌燕：《日本金融法制改革对中国的借鉴意义》，2018 年 7 月 15 日，中国法学网（http://www.iolaw.org.cn/showarticle.asp?id=647）。

④ 花旗公司是花旗银行（Citibank, N. A.）为了规避美国当时的银行法实行的分业经营制度而于 1968 年成立的一家金融控股公司。花旗公司成立后又设立了多家子公司，提供证券、投资信托、保险、融资租赁等多种金融服务，但营业额仍然以花旗银行的占有率最大。

⑤ Randy Schultz, "Travelers, Citicorp to Unite", *CNN Money*, April 6, 1998, http://money.cnn.com/1998/04/06/deals/travelers/, last visit at 2018.07.15.

⑥ 有学者认为，我国城市商业银行重组主要采取了五种模式，分别是汇金模式、行政区域内的横向合并、合作联盟模式、民营化模式，以及商业化并购和股权联合模式。参见陆跃祥、唐洋军《城市商业银行重组：诱致抑或整合》，《改革》2010 年第 4 期。

　　第二种类型是为了挽救问题银行，防止银行破产风险在银行业市场中扩散而进行的重组。例如20世纪90年代，日本的泡沫经济破灭引发了一系列中小规模银行的破产倒闭，在处置破产银行时，日本政府延续了战后以来传统的处理方式，先是在大藏省的斡旋下由健全的银行对其进行吸收合并，如伊予银行（Iyo Bank）合并了东邦相互银行，三和银行（Sanwa Bank）① 合并了东洋信用金库，日本信托银行则成为三菱银行（Bank of Misubishi）② 的子公司。如果难于寻找到合适的银行，大藏省则通过设立接盘银行的办法来解决问题。如1994年12月东京地区的两家信用合作社——东京协和信用组合和安全信用组合宣布破产后，大藏省采用政府与民间共同出资的方式组建了"东京共同银行"，接收两家破产信用社的所有业务与负债。③ 在2007年爆发的国际金融危机中，银行重组同样成为各国挽救问题银行的常见措施。2008年9月18日，英国劳埃德银行（Lloyds TSB）宣布以122亿英镑收购本国最大的抵押贷款银行哈利法克斯银行（Halifax Bank of Scotland），后者因过分依赖批发融资业务而在金融危机中损失惨重。因为此次收购是在英国政府的极力撮合之下完成的，因而被认为是英国金融界有史以来最大规模的拯救行动。④ 2008年10月12日，美联储宣布批准富国银行（Wells Fargo）收购在金融危机中遭受巨额亏损的美联银行（Wachovia Bank），根据收购协议，富国银行将以换股的方式购买美联银行的全部资产和业务，包括美联银行的优先股和全部银行存款。⑤

　　笔者认为，问题银行的重组与重整、接管和托管不同，后者暂且不论相互之间的联系和区别，但本质上都是一种特殊的法律程序设计，而

---

　　① 三和银行与东海银行（Tokai Bank）在2002年4月合并成为日本联合银行，后与东京三菱银行合并成为三菱东京日联银行。

　　② 1995年4月三菱银行与东京银行（Bank of Tokyo）合并成为东京三菱银行（Bank of Tokyo-Misubishi），后又与日联银行合并为三菱东京日联银行。

　　③ 刘瑞：《日本银行破产处理》，《日本问题研究》2010年第1期。

　　④ Lloyds TSB buys HBOS, The Rescue's Key Points, http://www.telegraph.co.uk/finance/newsbysector/banksandfinance/2982134/Lloyds-TSB-buys-HBOS-The-rescues-key-points.html, last visit at 2018.07.15.

　　⑤ http://www.federalreserve.gov/newsevents/press/orders/20081012a.htm, last visit at 2018.07.15.

重组只是挽救问题银行时所采取的一系列具体措施的统称。从操作方式上看，问题银行重组有广义和狭义之分：广义的问题银行重组涵盖了对银行的生产资源、人力资源和组织资源等进行分拆和整合的所有措施和手段，包括资产重组、业务重组、债务重组、股权重组、职员重组和管理重组等形式及其相互间的各种组合；而狭义的问题银行重组则仅限于银行间的并购行为（M&A）①，即将问题银行与其他银行或新设银行合并，或者由其他银行收购和承接问题银行的部分或者全部资产及其负债。

①　"M&A" 一词是 Merger 和 Acquisition 的总称。国内通常将 "Merger" 译为 "兼并"，将 "Acquisition" 译为 "收购"，将 "M&A" 合译为 "并购"。兼并有广义和狭义之分，狭义的兼并是指两家以上的公司合并为一家，参与合并的各家公司其中之一作为独立的法人实体保留下来，即吸收合并。广义的兼并还包括新成立一家公司拥有参与合并的各家公司的全部净资产，即新设合并。收购是指一家公司获得另外一家公司控制权的行为。参见 ［美］约翰·道恩斯、乔丹·艾略特·古特曼《金融与投资辞典》，于研、郑英豪译，上海财经大学出版社 2008 年版，第 10、534 页。

第 二 章

银行重整立法的理论基础与基本原则

第一节　银行重整立法的理论基础

"法律体现了国家几个世纪以来发展的故事，它不能被视为仅仅是数学课本里的定律及推算方式而已。"[①] 任何一项法律制度的产生与发展都和当时的政治经济环境、社会历史背景息息相关，银行重整制度也不例外。经济学中的持续经营价值理论、经济自由主义与国家干预主义之间的对抗，社会学中的社会冲突理论，以及法理学中的价值分析理论等，为银行重整制度的立法构建提供了丰富的基础理论支持。

一　经济学理论基础——微观层面和宏观层面

诚如马克思在《黑格尔法哲学批判》中所言："法的关系正像国家的形式一样，既不能从它们本身理解，也不能从所谓人类精神的一般发展来理解，相反，它们根源于物质生活关系。"[②] 研究银行重整法律制度的基础理论，自然离不开对经济学中相关学派与观点的阐释，其中具有重要参考价值的包括微观层面的持续经营价值理论和宏观层面的经济自由主义与国家干预主义两种经济理论之间的交锋。

（一）微观层面——持续经营价值理论

从资产价值评估类型的角度，一家银行能够给所有者提供价值的方

[①]　Oliver Wendell Holmes, *The Common Law*, Boston: Little, Brown and Co., 1881, p. 1.

[②]　中央马克思恩格斯列宁斯大林著作编译局编：《马克思恩格斯选集》第 2 卷，人民出版社 2004 年版，第 31 页。

式有两种：一种是清算价值（liquidating value），即停止经营并将银行资产拆分出售后得到的现金流；另一种是持续经营价值（going-concern value），即银行在持续经营假设下所产生的未来现金流量的现值。持续经营假设（going-concern assumption）是财务会计学中的一个基本假设或者基本前提，指"企业在可以预见的将来，会持续生产、销售产品或提供服务，以价值最大化的方式使用其资产，并从最优的渠道获取融资"[1]。换言之，持续经营价值就是"一家公司作为正常经营的企业，相对于另一家公司或个人的价值"[2]。通常情况下，银行的持续经营价值要高于其清算价值，因为一方面，银行在清算时所面临的快速变现的压力会导致其资产的实际销售价格远远低于财务报表上反映出来的账面价值；另一方面，银行的持续经营价值还包含了超出资产账面价值但却能够增强企业盈利能力的无形资产，例如银行与银行监管机构和其他政府部门之间的良好互动、高效的管理团队、优质的客户关系、广受赞誉的口碑以及员工对企业的认同感与归属感等。

以托马斯·H. 杰克逊（Thomas H. Jackson）和道格拉斯·G. 白耶德（Gouglas G. Baird）为代表的美国学者在对破产制度的内在逻辑进行深入分析时指出，当债务人不能清偿全部到期债务时，其全部资产就形成了一个"公共池塘"（Common Pool），单个债权人按照强制执行法行使权利的行为将会导致部分债权人受偿而其他债权人受损的不公正结果。[3] 破产制度就是法律为了确保同一顺序的债权人享有平等的受偿机会，防止发生"捷足先登"的不利后果而设计的集体索债程序。尽管清算与重整在实现问题银行的债权人平等受偿这个预定目标上具有一致性，但是二者采取的方法和措施却截然不同。清算是通过对银行的财产拆分变卖来实现债权人的利益；而重整则主要依赖重整方案的实施来帮助问题银行获

---

① Jerald E. Pinto, Elaine Henry, Thomas R. Robinson, John D. Stowe, *Aquity Asset Evaluation*, 2nd Edition, New Jersey: John Wiley & Sons, Inc. , 2010, p. 4.

② ［美］约翰·道恩斯，乔丹·艾略特·古特曼：《金融与投资辞典》，于研、郑英豪译，上海财经大学出版社 2008 年版，第 371 页。

③ Thomas H. Jackson, *The Logic and Limits of Bankruptcy Law*, Washington, D. C. : Beard Books, 2001, pp. 24 – 25; Douglas G. Baird, "The Uneasy Case for Corporate Reorganizations", *The Journal of Legal Studies*, Vol. 15, No. 1, January 1986, pp. 127 – 147.

得新生，以此保障债权人的求偿权。相较而言，破产清算虽然能够更加简单迅捷地消灭债权债务关系；但重整更有利于保存问题银行的持续经营价值并最大化债权人所能获得的清偿额度。

首先，重整有利于保全问题银行的整体财产价值。企业为了实现高效率的流畅运转，通常会对旗下的各种有形资产进行调试和组装，从而使得这些财产在运作过程中能够产生"一加一大于二"的经济效益。破产清算将问题银行的财产分拆后单独出售或者分配给不同的企业或者个人，必然会破坏其作为一个整体所具有的使用价值；相反，重整制度允许将问题银行的全部或者部分业务包括相关的财产、雇员和各种人与人之间、财产与财产之间以及人与财产之间的关系一起对外转让。出售以后，这部分资产不仅能够实现自我的持续经营，附属的职工还可以继续就业。在这种情况下，银行资产整体出让的价格必然大大超过拆分之后零售价格的总和。

其次，重整能够使问题银行商誉中所蕴含的经济价值得以存续。尽管会计学界对于商誉的本质和计量方法仍然存在分歧[1]，但是商誉具有经济价值这一观点早已得到国内外学者的普遍认可。正如乔治·R. 卡特利特（Gorge R. Catlett）和诺曼·O. 奥尔森（Norman O. Olson）两位学者所言："商誉的盈利能力是通过企业作为一个整体的价值超过了企业各种具体资产和财产权利的数额总和而反映出来的。"[2] 银行商誉的价值主要来自三个方面的资源：一是客户资源；二是制度资源，包括企业文化（如银行管理制度、银行内部传统等）以及银行开展除存款信贷业务以外的

---

[1] 会计学界对商誉本质的探讨中比较具有代表性的观点主要有好感价值论、协同效应论和超额收益论三种学说。好感价值论认为商誉是企业由于其顾客持有的好感并可能继续光顾和支持而得到的利益和好处。协同效应论认为商誉是企业作为一个有机开放系统，其各项要素之间、各个子系统之间以及企业与其环境之间都存在协同效应的一种外在表现。超额收益论则从商誉的外在表现和直接计量的角度，认为商誉是企业预计净收益超出有形资产按正常报酬率计算所获未来预期利润的那部分收益的折现值。在前述观点中，超额收益论的影响力最为深远。参见 Bourne J. H, "Goodwill", *The Account*, September 22, 1888, p. 604; Ronald Ma, Roger Hopkins, "Goodwill-an Example of Puzzle-Solving in Accounting", *Abacus*, Vol. 24, No. 1, 1988, pp. 75 – 85; Reg S. Gynther, "Some 'Conceptualizing' on Goodwill", *The Accounting Review*, Vol. 44, No. 2, April 1969, pp. 247 – 255。

[2] George R. Catlett, Norman O. Olson, *Accounting for Goodwill*, New York: American Institute of Certified Public Accountants, 1968.

其他业务的经验；三是银行信誉，包括银行与客户往来中诚信守诺，以及银行良好的服务质量与社会形象等。[1] 尽管随着市场经济的发展，银行商誉的经济价值及其重要性日益凸显，[2] 但是它们无法脱离经营实体而存在，也不能像厂房和设备那样被单独出售。只有在问题银行持续经营的前提下，商誉才可能为银行带来经济收益；一旦问题银行停止经营进入清算程序，"债权人就再也无法从管理经验、雇员技能、客户关系和货源关系中实现任何价值"[3]。

最后，重整可以减少问题银行因破产清算所产生的社会成本。[4] 银行破产清算的社会成本是指问题银行在破产清算的过程中发生的私人成本与外在成本的总和，它由两个部分组成：一是源于清算程序的运作而发生，并由问题银行及其股东、债权人承担的成本，例如破产费用和共益债务，破产财产的变现损失、非补偿性债权的损失和所有者权益的损失等；二是由于问题银行处于破产清算状态而使其他社会主体蒙受的间接损失，其中最典型的就是因问题银行的大量员工失业而给社会造成的负面影响，例如失业保险金支出的增加，纳税人数的减少，社会不安定因素增多甚至犯罪率上升等；即便失业人口能够重新找到工作，再就业的过程也并非一蹴而就，而且需要投入大量的社会资源。重整制度可以在

---

① 朱锡庆、黄权国：《银行商誉评估的计量经济模型》，《求索》2004 年第 6 期。

② 例如招商银行在其 2009 年 4 月公布的年报中，首次将 2008 年 9 月购买永隆银行的商誉计价 101.77 亿元，同时计提减值 5.79 亿元，外购商誉入账价值为 95.98 亿元。资料来源：《招商银行 2008 年年报》，第 20—21 页，2018 年 7 月 15 日（http://www.cmbchina.com/cmbir/intro.aspx? type = report）。

③ ［美］菲利普·波尔：《美国破产法典第 11 章企业整顿制度评价》，覃宇译，《中外法学》1993 年第 6 期。

④ 社会成本的概念最早是由经济学家庇古（Pigou）提出的，他认为社会成本是由与经济活动无关的第三方承担的成本。科斯（Coase）提出社会成本是私人成本与交易成本之和。经济学家格拉夫（Graaff）将庇古和科斯对社会成本的定义又向前推了一步，他认为某个人做出一项行动，其本人不一定要承担全部费用或收取全部利益，他承担的部分叫作私人成本，他不承担的部分叫作外在成本，这两者的总和组成社会成本。本书对银行破产清算的社会成本进行界定时参考了前述学者定义的思想内核。参见［英］A. C. 庇古《福利经济学》（上卷），朱泱、张胜纪、吴良健译，商务印书馆 2006 年版，第 196—201 页；R. H. Coase, "The Problem of Social Cost", *Journal of Law and Economics*, Vol. 3., October 1960, pp. 1 - 44；［英］J. 德·格拉夫：《社会成本》，载约翰·伊特韦尔、默里·米尔盖特、彼得·纽曼编《新帕尔格雷夫经济学大词典》第四卷，汤晏中译，经济科学出版社 1996 年版，第 421—423 页。

很大程度上保留问题银行原来所提供的就业机会，减少相关社会成本的支出和社会总财富的损失。

需要特别注意的是，持续经营理论中存在两个假设性前提：一是所有已经或者濒临破产的企业都具有持续经营价值；二是持续经营相较于拆分清算有可能创造更多的价值或者避免遭受更多的损失。一些学者通过对这些假设性前提的分析而对建立在持续经营理论基础上的重整制度的优越性问题展开了深入探讨。

第一个问题，是否所有陷入困境的银行都具有持续经营的价值。企业所面临的困境，根据其与资本结构之间的关系，可以划分为财务困境（financial distress）和经济困境（economic distress）：前者是指企业的现金流量不足以清偿其到期债务的情况；后者是指企业因为与资本结构无关的原因而在市场上处于不能取得成功的困境。格拉斯·维尔堡（Glas Wihlborg）和沙布哈西斯·甘歌帕德亚（Shubhashis Gangopadhyay）两位学者对财务困境和经济困境之间的差异进行了细致的对比，主要内容见表 2—1。

表 2—1　　　　　　　　　企业经济困境与财务困境的区别①

分类	定　义	措　施
经济困境	在任何管理层的领导之下，公司资产的现金流净现值均为负值	对企业资产分拆清算
	在不同的管理层的领导下，公司资产的现金流净值有可能为正值	将企业资产作为持续经营的实体对外整体出售，以达到更换管理层的目的
财务困境	现金流净现值为正值，但小于债权人权益主张的价值总和	通过债务减免、股权重组来提高公司资产的价值
	流动性问题	通过债务重组提高流动性

从表的 2—1 分析可知，如果银行是因为短期内的流动性问题而陷入财务困境，其经营收入虽然不能弥补财务成本，但仍然高于生

---

① Glas Wihlborg, "Shubhashis Gangopadhyay, Infrastructure Requirements in the Area of Bankruptcy Law", *Financial Institutions Center of University of Pennsylvania Working Paper*, No. 01 – 09.

产成本，说明银行的资产还具有创造社会财富的能力，对其进行重整所能获取的持续经营价值将高于其清算价值。相反，陷入经济困境的银行，其经营收入已经不足以弥补生产成本，说明银行资产的使用效率非常低下。如果这种低效率是由于管理团队的能力不足或者重大经营决策失误所致，通过重整程序将银行业务作为一个经营整体出售，将有助于提高资产使用的经济效益；但如果这种低效率是由与银行经营管理无关的其他因素导致的，例如无法跟上技术革新的步伐，受困于竞争对手以更低价格提供更高质量的产品，以及社会对问题银行所提供金融产品和服务的需求量持续下降等，实施破产清算可能更有助于对社会资源的合理配置。必须承认的是，将财务困境与经济困境的分类标准应用在具体个案中来判断问题银行是否具有持续经营价值时，仍然面临很多问题。因为现实生活中，导致银行陷入困境的因素十分复杂，财务困境与经济困境常常同时存在并且相互作用，确认导致银行破产的经济原因以及各种原因的作用比例，即使对于专业人士而言，也始终是一个异常艰巨的任务。

　　第二个问题，是否所有银行的持续经营价值都一定高于其清算价值。美国学者查理斯·亚当斯（Charles Adams）在对持续经营理论的第二个假设性前提进行分析时指出，如果特定资产保留在破产企业中比出售给其他企业和个人具有更高的使用效率，企业的持续经营就会创造出比破产清算更高的价值。[①] 所以，在美国19世纪末的铁路扩张运动中，当许多铁路公司因无法支付大量到期债券而卷入破产浪潮时，债权人、银行和铁路公司的股东很快达成了共识：允许铁路公司保留其修建的铁路并继续运营要比将其分拆成钢材、枕木和沙石后清算出售更符合各方当事人的利益。但是白耶德和罗伯特·K.拉斯马森（Robert K. Rasmussen）两位学者在对美国大型企业的破产重整进行实证研究后发现，随着现代社会科学技术的进步，服务业的兴起以及重工业经济地位的不断下降，对于包括银行在内的大多数企业而言，价值最高的资产不再是与19世纪

　　① Charles Adams, "An Economic Justification for Corporate Reorganizations", *Hofstra Law Review*, Vol. 20, Issue 1, Article 3, 1991, pp. 117–158.

的铁路公司类似的专项资产（firm-specific assets），而是具有流动性的人力资本，后者在任何地方都能够得到有效利用。据此，他们得出结论，大部分现代破产企业不会因为持续经营而获取比清算更高的剩余价值。[①] 有学者对此表示了异议，林恩·M. 洛浦基（Lynn M. Lopucki）教授认为，把企业的持续经营价值视为专项资产的独有属性这种观点是错误的，因为持续经营价值主要是蕴含在企业与各个生产要素、顾客、监管者以及其他利益相关者所建立的关系之中。[②] 银行作为整个社会的货币流通中心和融通中心，其每项业务活动都与整个社会具有直接或者间接的联系，银行的持续经营价值主要体现在以银行为中心建立起来的各种社会关系上：对外包括银行在从事诸如存款、贷款、同业拆借、票据贴现和银行结算等经营活动时与客户建立的关系，银行与监管机构之间的关系，以及银行作为中央银行制定和实施货币政策的传导中介而发生的关系等；对内包括银行与员工之间的关系，管理层的团队协作，以及企业内部的组织管理体制等。这些对内对外关系相互契合所发挥出来的联合作用，才是银行重整制度致力于保存的持续经营价值。正如杰勒德·麦考马克（Gerard McCormack）教授所言，"破产清算对企业的分割和零碎式出售将使得建立并整合这些关系时所投入的大量成本不可避免地损失殆尽"[③]。

---

① Douglas G. Baird, Robert K. Rasmussen, "The End of Bankruptcy", *Stanford Law Review*, Vol. 55, 2002, pp. 751 – 789; Douglas G. Baird, Robert K. Rasmussen, "Chapter 11 at Twilight", *Stanford Law Review*, Vol. 56, 2003, pp. 673 – 699.

② 科斯在他的经典论文《企业的性质》中提出了"企业的显著特征就是作为价格机制的替代物"这一论断，认为企业产生的契机在于其可以通过与生产要素（或者它的所有者）建立契约关系以节省利用价格机制可能发生的交易成本。理查德·V. 巴特勒（Richard V. Bulter）和斯科特·M. 吉尔帕特里克（Scott M. Gilpatric）两位学者用科斯的前述观点来分析持续经营价值的构成，认为可以将持续经营价值划分为两个部分：一部分表现为企业在设立之初与生产要素所有者建立的关系；另一部分表现为企业在存续期间与客户、监管者和其他利益相关者建立的关系。洛浦基教授对这一分析结论表示了赞同。Lynn M. LoPucki, "The Nature of the Bankruptcy Firm: A Reply to Baird and Rasmussen's 'the End of Bankruptcy'", *Stanford Law Review*, Vol. 56, 2003, p. 652; Richard V. Butler, Scott M. Gilpatric, "A Re-Examination of the Purposes and Goals of Bankruptcy", *American Bankruptcy Institute Law Review*, Vol. 2, 1994, pp. 280 – 281; R. H. Coase, The Nature of the Firm, Economica, Vol. 4, No. 16, 1937, pp. 390 – 394.

③ Gerard McCormack, *Corporate Rescue Law-An Anglo-American Perspective*, Massachusetts: Edward Elgar Publishing Ltd., 2008, p. 7.

综上所述，持续经营价值理论为银行重整制度的建立提供了微观经济学意义上的正当性基础。英国破产服务局（Insolvency Service）在其发布的研究报告《企业拯救与重整机制综述》中指出：“许多案例正传达出这样一种信念，即认为企业挽救制度（包括非正式的庭外重整和法院主导下的重整）比破产清算制度更能够使企业的利害关系人和公司的经营事业受益。产生这种信念的基础就在于：破产清算对企业资产的清仓大甩卖会不可避免地导致资产的价值发生贬损；但是如果企业能够作为一个经营实体持续运营下去，假以时日，债权人将会得到更好的回报。”[1] IMF 也在其发布的《有序和有效的破产程序：关键问题》的报告中对持续经营的问题做出了如下总结：“在现代经济中，通过破产清算实现负债企业资产价值最大化的可能性已经显著降低。特别是那些经营价值主要建立在专有技术和商誉而非有形资产上的企业，保存企业的人力资源和营业关系对于最大化债权人的利益可能至关重要。”[2]

（二）宏观层面——经济自由主义 vs 国家干预主义

如前所述，银行破产是金融市场自由竞争的必然结果，在问题银行完成破产清算退出市场以后，其原来所占用的金融资源就会转移到其他健康的银行，使整个银行体系的运作效率得到提高。行政权力介入传统上属于私法范畴的银行破产，特别是动用公共资金对陷入困境的问题银行实施救助，其实质是政府运用法律的手段干预市场经济生活。纵观近现代西方经济学理论的发展历史，围绕着政府是否应当干预经济这一问题，在国家干预主义思潮和经济自由主义思潮下形成的各经济学理论流派交替居于主要地位，对政府干预经济的态度呈现出反对干预→主张干预→减少干预→适度干预，循环往复后逐渐走向融合的态势。

1776 年，被誉为“政治经济学之父”的英国经济学家亚当·斯密（Adam Smith）出版了他的传世之作《国民财富的性质和原因的研究》

---

[1] The Department of Trade and Industry, *A Review of Company Rescue and Business Reconstruction Mechanisms*, London：DTI, 2000, p. 5.

[2] Legal Department of the IMF, "Orderly & Effective Insolvency Procedures：Key Issues", 1999, available at http：//www.imf.org/external/pubs/ft/orderly/, last visit at 2018.07.15.

（即《国富论》），第一次创立了比较完整的古典政治经济学理论体系。在这部经典巨著中，斯密把从利己心（self-interest）① 出发的个人主体作为分析经济问题的基本前提，认为每个人都在不断努力为自己所能支配的资本找到最有利的用途；但是其对自身利益的关注自然或者说必然会使他青睐最有利于社会的用途。在解释个人对自身利益的追求如何被指引上对社会有益的道路时，斯密提出了著名的"看不见的手"（invisible hand）论断，认为在利己的人们之间通过同感、交换而自发形成的市场秩序可以"引导着他去尽力达到一个他并不想要达到的目的。……他追求自己的利益，往往使他能比在真正出于本意的情况下更有效地促进社会的利益"②。关于政府与市场的关系，斯密对当时处于统治地位的重商主义③的经济思想和政策主张进行了严厉的批判，反对政府干预私人经济活动，力主实行经济自由主义。他认为，"关于把资本用于哪类能够生产最有价值产品的国内产业上面这一问题，每一个身临其境的人都能做出比政治家或立法家更好的判断"④。从 19 世纪 70 年代开始，随着数量分析

---

① 以弗兰西斯·哈奇森（Francis Hutcheson）、休谟（Hume）为代表的 18 世纪哲学家们提出了人类具有两种本质属性的观点：自爱心（self-love）或者说利己心，以及利他心（benevolent）或者说仁慈。斯密继承并发展了他的老师哈奇森的道德哲学思想，并在《道德情操论》中列举了三种基本美德：谨慎、仁慈和正义之德。他在该书第 6 卷的结论中指明，"……那三种美德中的第一种最初是我们的利己心向我们提出来的要求"。尽管斯密并没有给予"利己心"这一概念明确的定义，但却将其作为了"看不见的手"理论的基石和社会经济发展的原动力。按照斯密在《国富论》中提出的经济增长理论，国民财富的增加需要积蓄资本和扩大市场范围：资本的积累是基于个人的节俭（储蓄），市场范围的扩大则是基于个人的交换倾向，而节俭和交换的动机正是人们努力"改善自身境况"的利己心。当个人利益与社会公益相联系时，利己心的发动即升华为一种德行，即谨慎之德的具体履行。

② ［英］亚当·斯密：《国富论》，唐日松、赵康英、冯力等译，华夏出版社 2005 年版，第 327 页。

③ 重商主义（Mercantilism）是西欧国家从封建社会晚期向资本主义社会初期过渡时，为了适应资本原始积累的需要而产生的一种代表商业资产阶级利益的经济学说和政策体系，其基本观点是：只有能实现并且真正实现为货币的东西才是财富；换言之，财富就是货币，货币就是财富。从这一基本观点出发，重商主义主张对外贸易是货币财富的真正来源，国家必须积极干预经济生活，通过制定法令在抑制进口的同时促进对外贸易的发展。参见杨志龙主编《当代西方经济学主要流派》，甘肃人民出版社 2008 年版，第 2—3 页。

④ ［英］亚当·斯密：《国富论》，唐日松、赵康英、冯力等译，华夏出版社 2005 年版，第 327 页。

在经济研究中的普遍应用，一场持续数十年之久的"边际主义革命"① 宣告了西方经济学古典时期的终结和现代时期的到来。以英国经济学家阿尔弗雷德·马歇尔（Alfred Marshall）为代表的新古典经济学在用供需价格决定论取代劳动价值论的同时，继承了古典经济学的自由主义精髓，主张自由放任的经济政策，反对政府干预。作为当时西方经济学理论的主流，新古典经济学的统治地位一直持续到 20 世纪 30 年代。受到前述经济理论学说的影响，这一时期在破产法领域，包括银行在内的企业破产都被视为市场自由竞争的客观规律作用下的正常经济现象，政府通常不会进行干预。例如 1866 年，当英国的欧沃伦·格尼银行（Overend Gurney Bank）因挤兑而陷入困境时，英格兰银行就拒绝了其提出的 40 万英镑的贷款请求，该银行随即被破产清算。②

20 世纪二三十年代，西方资本主义国家在经历了空前的经济危机之后又陷入了经济大萧条，新古典经济学的理论体系面对各国大量失业和生产过剩的经济困境束手无策。英国经济学家约翰·梅纳德·凯恩斯（John Maynard Keynes）于 1936 年发表了《就业、利息和货币通论》（以下简称《通论》）一书，标志着主张政府干预经济的凯恩斯主义（Keynesians）开始登上历史的舞台。在理论上，凯恩斯反对新古典经济学派信奉的"萨伊定律"（Say's Law）③ 和市场机制能够保证资本主义经济自动趋向供需均衡的观点，针锋相对地提出了有效需求理论。他认为，在市场经济的现实条件下，国民收入主要是由社会的总需求水平来决定的，由于"消费倾向""流动偏好"和"资本边际效率"这三大心理规

---

① 19 世纪 70 年代初，英国的威廉姆·斯坦利·杰文斯（William Stanley Jevons）、奥地利的卡尔·门格尔（Carl Menger）和法国的里昂·瓦尔拉斯（Léon Walras）几乎同时各自独立地发现了边际效用递减原理，并对古典经济学的劳动价值论和生产费用价值论提出了质疑和否定。他们所提出的边际分析方法成为微观经济学和宏观经济学考察经济变量时一个极为有用的基本分析工具，并逐渐使经济学从一门主要研究国家如何致富的学问转变为主要研究个别消费行为、个别厂商行为及这两个方面行为对价值、价格的决定机制的学问，西方经济学界将这次变革称作"边际主义革命"。

② Ashraf A. Mahate, "Contagion Effects of Three Late Nineteenth Century British Bank Failures", *Business and Economic History*, Vol. 23, No. 1, 1994, p. 102.

③ 萨伊定律得名自 19 世纪的法国经济学家让-巴蒂斯特·萨依（Jean-Baptiste Say），是新古典经济学思想的集中体现，其核心思想是在一个完全自由的市场经济中，由于供给会创造自己的需求，因而社会的总需求始终等于总供给。

律的共同作用，资本主义经济生活中经常发生有效需求不足（包括消费不足和投资不足）的情况，充分或大致充分的就业量是少有和短时存在的现象，而有效需求不足正是导致大规模失业和经济危机发生的根本原因。根据凯恩斯的观点，有效需求不足是由市场经济本身固有的局限性所造成的结果，无法依靠市场的自动调节机制来予以纠正。因此，在经济政策上，凯恩斯反对政府"自由放任"和"无为而治"的传统管理方式，主张由国家通过财政政策和货币政策等手段对经济生活进行干预和调节。他在《通论》的结尾处写道，"虽然……由于使消费倾向和投资诱导相互协调而引起的政府职能的扩大恐怕会被认为是对个人主义的极大侵犯，但我为要为这种扩大进行辩护。我认为，事实恰恰相反。它不但是避免现在的经济形态完全被摧毁的唯一可行之道，而且也是个人动力能成功地发生作用的必要条件"①。凯恩斯的经济学说对西方经济学理论产生了深远的影响。凯恩斯的追随者们纷纷对凯恩斯的理论进行注释、补充和修正，并形成了原凯恩斯主义经济学（Original Keynesians）的不同流派，其中最具影响力的当属以保罗·A. 塞缪尔森（Paul A. Samuelson）为代表的美国经济学家所建立的新古典综合派。他们认为，现代资本主义经济是由公共经济部门（公营经济）和私人经济部门（私营经济）共同组成的混合经济，主张将凯恩斯的宏观经济需求理论和新古典经济学的微观经济市场均衡理论结合起来，在经济政策上，一方面强调以政府积极地采取财政政策、货币政策和收入政策对经济进行宏观调节，另一方面又主张以市场机制对生产要素的供求发挥自动的调节作用，以适应混合经济的需要。从20世纪50年代开始，新古典综合派不但成为西方经济学界的主流学派，其政策主张也相继被各个主要资本主义国家作为基本经济政策付诸实施。在破产法领域，随着生产方式的社会化和企业组织形式的规模化，破产清算造成的负面效应日益凸显，特别是像商业银行这样的大型企业，不但员工和债权人的数量惊人，而且处在国家经济体系中"牵一发则动全身"的核心地位，一旦实施破产清算，势必引发整个社会的剧烈动荡。受凯恩斯主义的影响，各国政府开始认识到通

---

① ［英］约翰·梅纳德·凯恩斯：《就业、利息和货币通论》，高鸿业译，商务印书馆1999年版，第394页。

过公权力的强制干预来减少被破产清算的企业数量，不仅有助于缓和经济危机，而且可以减少经济衰退的影响并促使经济复苏。破产立法逐渐从破产清算主义向破产预防主义转变，"20 世纪中期以后开始的破产法改革目标不再局限于破产清算制度的完善，而主要是着眼于通过破产重整制度对受破产解体影响的所有利害关系人的权利义务进行调整"①，帮助已经破产或濒临破产同时又有希望实现再建的企业恢复经营能力。

以 20 世纪 70 年代初期爆发的两次石油危机为导火索，西方主要资本主义国家普遍出现了通货膨胀居高不下的同时失业率上升的经济现象，新古典综合学派所坚持的凯恩斯主义因为无力解释和解决"经济滞胀"问题而陷入了空前的危机；在对凯恩斯主义发起的责难和论战中崭露头角的新自由主义②开始占据西方经济学的主流地位。新自由主义继承了新古典经济学的自由主义思想，认为自由是效率的前提，"私有制是自由的最重要的保障"③，而市场经济则具有自动稳定和自我修正的功能，能够实现资源配置和社会福利的帕累托最优。关于政府与市场的关系，新自由主义反对任何形式的国家干预，认为那只能造成经济效率的损失。正是由于受到新自由主义理论的影响，以英美为代表的西方各主要资本主义国家从 20 世纪 80 年代开始，不断放松、解除和取消对金融业的监管，实施了一系列旨在推行金融自由化的法律政策，包括资本价格自由化、银行业务范围自由化、金融市场准入自由化以及资本流动自由化等，为金融危机的爆发埋下了隐患：一方面，大量资本和人才向金融业聚集，制造业的生存空间备受挤压而不得不向发展中国家转移，导致实体经济不断萎缩；另一方面，企业利润不断上涨而工资水平不升反降，致使社

①　付翠英：《从破产到破产预防：一个必然的逻辑演绎》，《法学杂志》2003 年第 1 期。

②　新自由主义是一个包含了众多经济学派思想的庞杂理论和政策体系，狭义的新自由主义是指以哈耶克（Hayek）为代表的伦敦学派和以瓦尔特·欧根（Walter Eucken）、路德维希·威廉·艾哈德（Ludwig Wilhelm Erhard）为代表的西德新自由主义。除此之外，广义的新自由主义被用以泛指经济学中的市场自由主义思想，因此还包括了以米尔顿·弗里德曼（Milton Fried-man）为代表的货币主义学派，以科斯为代表的产权经济学派，以罗伯特·卢卡斯（Robert Lu-cas）为代表的理性预期学派，以詹姆斯·M. 布坎南（James M. Buchanan）为代表的公共选择学派和以阿瑟·拉弗阿瑟·拉弗（Arthur Betz Laffer）为代表的供给学派等。

③　[英] 弗·奥·哈耶克：《通往奴役之路》，王明毅、冯兴元、马雪芹等译，中国社会科学出版社 1997 年版，第 101 页。

会贫富分化日益严重，入不敷出的普通民众纷纷选择了寅吃卯粮的负债消费模式；再加上金融衍生产品缺乏有效监管情况而恶性泛滥，使得虚拟经济与实体经济严重脱节后产生的金融资产泡沫破灭，最终引发了2007—2008年的国际金融危机。银行业在此次金融危机中受到重创，大批银行陷入破产困境；但是由于新自由主义对国家干预的强烈抵触，认为政府为市场人士的错误决策埋单将会增加金融市场上的道德风险，导致相关部门对问题银行进行破产处置时犹豫不决，效率低下，无形中助长了金融危机的猛烈传导和迅速蔓延，英国银行监管机构在北岩银行（Northern Rock）危机中行动迟缓，救助不力就是一个最典型的例子。①

金融危机的爆发使得西方经济学界不得不开始对新自由主义的理论学说和经济政策进行反思。2008年10月23日，格林斯潘在国会作证时，承认这次危机的爆发与自己在担任美联储主席期间对金融业的放任自流和疏于管理有着紧密的关系。他说："我犯了一个错误，就是假定那些自负盈亏的组织（特指银行和其他企业）能够很好地保护它们的股东以及公司的净资产。"② 在对新自由主义进行批判的经济理论学派中，冲在最前沿的是新凯恩斯主义（New Keynesians）。它是在原凯恩斯主义逐渐失势后，由美国的一些青年经济学家为反对经济自由主义，捍卫凯恩斯主义而在20世纪80年代发展起来的理论学派。它继承了原凯恩斯主义的三

① 北岩银行成立于1965年，是英国的五大抵押贷款银行之一。2007年，北岩银行由于受到美国次贷危机的影响而发生融资困难，并于同年8月16日首次向英格兰银行申请援助但遭到拒绝，因为后者在与财政部和FSA协商之后一致认为，由其他银行对北岩银行实施并购会是更好的解决方案。在危机爆发一周前，英国的劳埃德银行曾提出收购重组北岩银行，但希望英格兰银行给予总额300亿英镑的贷款支持，这一方案由于时任财政部长埃莱斯特·达林（Alistair Darling）的反对而未能实现。直到9月14日，英格兰银行才决定向北岩银行提供抵押贷款援助；但是由于次贷危机已向全球深度蔓延，草木皆兵的英国民众在得知英格兰银行的注资消息后，蜂拥至北岩银行提取存款，爆发了英国银行业自维多利亚时代以来的首次银行挤兑风波。为防止事态失控，英国财政部于9月17日宣布为北岩银行提供担保，这一举措意味着北岩银行的储户能够全额取回他们的存款，挤兑风潮才告结束。英国银行监管机构在对北岩银行的危机处理中行动迟缓，被认为是导致危机扩大的一个重要原因。参见"Northern Rock, Lessons of the Fall, How a Financial Darling Fell from Grace, and Why Regulators Didn't Catch It", *The Economist*, http://www.economist.com/node/9988865, 18 October, 2007, last visit at 2018.07.15。

② Fred Block, Margaret R. Somers, *The Power of Market Fundamentalism: Karl Polanyi's Critique*, Cambridge: Harvard University Press, 2014, p.21.

个基本信条，即"劳动市场上经常存在着过剩劳动供给，经济中存在着显著的周期性波动，以及经济政策在绝大多数年份中是重要的"①。与此同时，新凯恩斯主义也对原凯恩斯主义的理论进行了深刻的反省，并通过引入经济当事人最大化原则和理性预期假设来弥补凯恩斯主义的微观经济基础，使得国家干预主义的经济思想重新获得一个生存和发展的空间。在与新自由主义的长期论战中，双方业已形成了某些共识，包括："（1）信奉自由市场制度及其两个基石，即私有财产神圣不可侵犯和自由竞争的原则，并且都坚持有效率的自由市场必须以法治为制度基础；（2）信奉自由市场具有一种内在的均衡和效率的机制。"② 其与新自由主义的主要分歧在于，新凯恩斯主义坚持认为市场虽然可以依靠自我调节机制恢复到均衡状态，但需要一个较长的调整过渡期，因此政府有必要对市场进行适度的干预和调节来降低经济周期造成的波动。

在后金融危机时代的西方经济学界，经济自由主义与国家干预主义两大思潮相互融合的趋势日益明显，前者开始正视市场失灵的存在，而后者也承认了市场机制的至关重要性，经济自由主义和国家干预主义的论辩开始从学派之争逐渐向相互承认、共同讨论的方向发展，从而为银行重整制度的构建奠定了宏观经济学意义上的基础：一方面，为了维护金融体系的稳定，减少银行破产的负外部性，在国家的干预下对问题银行实施救助是有必要的；另一方面，为了防止公权力的过度介入而破坏银行退出的市场机制，必须将公权力的行使限定在适度范围之内，特别是涉及政府动用公共资金对问题银行进行救助时，政府必须慎重选择救助的手段和力度，以避免滋生问题银行的道德风险。

二 社会学理论基础——社会冲突理论

"社会学"这一概念是由法国哲学家、社会学家奥古斯特·孔德（Auguste Comte）在他 1838 年 10 月出版的《实证哲学教程》第 4 卷中正式提出的。作为一门研究人类社会和人类行为的独立学科，在研究方法上，社会学与自然科学一样，主要是通过实验性、实证性的观察方法来

---

① 王志伟编著：《西方经济学流派》，北京大学出版社 2002 年版，第 72—73 页。

② 杨春学、谢志刚：《国际金融危机与凯恩斯主义》，《经济研究》2009 年第 11 期，第 23 页。

获取知识；而在研究对象上，社会学则与其他人文学科，如经济学、心理学、人类学和历史学等常有相互重叠之处。法律是社会现实的一种现象，运用社会学的研究方法和理论学说从不同的角度和层次来分析考察法律问题，对于理解法律制度的形成机制、作用效果和发展趋势等大有裨益。笔者认为，在社会学派系林立的众多理论学说中，对银行重整制度最具有解释力的理论应当是社会冲突理论。

社会冲突理论一直是西方社会学理论的重要组成部分，在其发展过程中主要沿袭了两条理论主线：一条是德国社会学家拉尔夫·达伦多夫（Ralf Dahrendorf）受马克思和韦伯（Weber）冲突理论的影响而形成的辩证冲突论；另一条是刘易斯·科塞（Lewis Coser）在汲取了格奥尔格·齐美尔（Simmel Georg）和西格蒙德·弗洛伊德（Sigmund Freud）冲突理论的精华后发展起来的冲突功能主义。尽管两大学派在理论渊源、分析方法和研究内容等方面存在一定的差异，但在主要观点上，基本保持了一致性，以下分而述之。

第一，冲突属于人类社会的本质，在任何一个社会出现冲突都是普遍而且不可避免的。社会学将冲突定义为个体或社会群体之间互动的一种特殊表现形式，即"每个人追求改善自身的生存机会而因此陷入与他人的矛盾，每个人又为克服矛盾而努力。特定群体和社会运动有意识地利用冲突策略，宣扬其目标并使其获得承认"①。达伦多夫和科塞抨击了美国社会学家塔尔科特·帕森斯（Talcott Parsons）所提出的社会生活总是井然有序的这一结构功能主义的基本前提②，认为现实社会总是处于一种非平衡的状态之中，社会冲突是社会运行中的常态。达伦多夫在他的《社会冲突理论的探讨》一书中提出，冲突源于对"权力"和"权威"

---

① ［德］托马斯·莱赛尔：《法社会学导论》第 5 版，高旭军、白江、张学哲等译，上海人民出版社 2011 年版，第 263 页。

② 结构功能主义是现代西方社会学的一个理论流派，美国社会学家帕森斯是其主要代表人物。他认为，社会利益虽然是一种稀有资源并为每个人和每个社会组织所追求，但是在整个社会中，对于获取或分配的方式却有一种社会整体的共识。这种共识可能表现为人们自觉地限制自己的行为，也可能是社会为达到某种程度的整合而对人们实行的强制。由于社会系统对整合的需要和整合功能在社会系统中所发挥的积极作用，因而社会生活总是秩序井然，有条不紊。不论什么时候，只要社会中出现了破坏正常秩序的现象，社会整合功能机制就会发挥其作用，对之加以制止和校正，使之恢复到原有的状态上去。

等稀缺资源的争夺。① 挪威法社会学家威廉·奥伯特（Wihelm Aubert）将冲突划分为"对抗"（competition）与"异议"（dissensus）两种类型，利益对立和意见分歧被分别视为两者最显著的特征。② 美国社会心理学家约翰·蒂鲍特（John Thibaut）和劳伦斯·华尔克（Laurens Walker）则将冲突区分为认识冲突和利益冲突，并进一步指出："在认识冲突中，当事人的目标都是为了获悉事实的真相，冲突的解决将使各方同时受益；但是在利益冲突中，当事人的利益是相互矛盾的，无论哪一种解决方案均是以牺牲一方利益为代价而使另一方利益实现最大化，故不可能获得各方当事人的共同认可。"③

第二，如果不能予以适当的控制，冲突将产生破坏性的力量。④ 冲突对社会生活和社会发展的消极作用主要表现在以下3个方面。首先，冲突会直接或者间接地造成大量人力、物力和财力资源的损失和浪费，破坏社会发展的资源基础。其次，冲突会扰乱社会秩序，削弱人与人之间相对稳定的社会关系，使社会运行脱离正常的轨道，出现社会行为秩序失控、社会危机甚至社会解体。最后，冲突还会造成社会经济生活混乱，引发政局动荡，增加社会运行的无序度。任何一个内部稳定的社会都无法容忍上述情况的发生。因此，公共机构应当完善相关的制度和措施，妥善、及时地解决社会冲突；即使无法解决，也应当尽可能地予以引导，使冲突失去破坏性的力量和威胁性。

----

① 达伦多夫继承了韦伯关于"权力就是不顾他人反对而实现自身意志的能力"这一观点，将权威视为合法化的权力。他认为，各种社会组织或团体之中都存在着"强制协作联合体"：人们分化为行使权力、拥有权威的人群和服从权力、丧失权威的人群：拥有权威的人群处于统治地位，可以发布命令；失去权威的人群处于被支配地位，只能服从上级命令，并且违反权威命令还将受到惩罚。在这种社会权威结构中，统治者与被统治者、管理者与被管理者为了"权力"与"权威"等稀缺资源而相互争夺，构成社会冲突的一般动力机制。参见刘海湘《达伦多夫的辩证冲突理论》，《学习时报》2006年12月18日第6版。

② Wihelm Aubert, "Competition and Dissensus: Two Types of Conflict and Conflict Resolution", *Journal of Conflict Resolution*, Vol. 7, 1963, pp. 26 –42.

③ John Thibaut, Laurens Walker, "A Theory of Procedure", *California Law Review*, Vol. 66, Issue 3, Article 2, 1978, pp. 543 –544.

④ 在科塞的社会冲突理论中，冲突具有正向和负向双重功能。他强调指出，冲突绝不仅仅是"起分裂作用"的消极因素，它还可以在群体和其他人际关系中承担起一些决定性的功能，例如有助于建立和维持社会或群体的身份和边界线，增强社会凝聚力等。参见［美］科塞《社会冲突的功能》，孙立平等译，华夏出版社1989年版，第17—23页。

第三，关于如何消除和化解社会冲突，两大学派达成的共识是应该采取疏导的方式。达伦多夫认为，为了避免严重冲突的集中爆发，必须对冲突的原因加以疏导，通过"冲突的制度化调节"方式将其控制在较小规模内。① 如"达成共识"，即明确地承认利益冲突的客观存在并为其提供表达与协商的各种有效途径；"建立机构"，具体包括谈判、仲裁与调停等机构；以及"约定规则"，即冲突各方约定处理相互利益矛盾关系框架的一些正式游戏规则，并将这些规则制度化。② 科塞则认为，任何社会系统在运行过程中都会产生敌对情绪，当这种敌对情绪超过社会系统的耐压能力时，就会导致社会秩序的瓦解，因此，通过冲突释放被封闭的敌对情绪，可以起到维护社会关系的作用。③

从社会冲突理论的角度来看，当银行陷入破产困境时，由于银行的清偿能力出现问题，无法满足所有债权人的提现或者还款请求，每一个债权人都将渴望在不足额的财产中分割到较大的一块以最大限度地补偿己方的利益损失，因此，债权人之间存在着典型的对抗冲突和利益冲突。如果这种冲突不能得到及时、有效的解决，最终就会以银行挤兑的形式彻底爆发出来，破坏现有的金融秩序，引发剧烈的社会动荡。解决利益冲突的方法多种多样，这里涉及两个选择性的问题值得进一步讨论。第一个问题，应当由问题银行的债权人自行解决冲突还是通过第三方来解决。挪威的托斯坦·埃克霍夫（Torstein Eckhoff）教授认为，如果当事人在冲突解决的结果中利益分歧越大，由当事人自行解决冲突的可能性就越小，其引入第三方的需求就越大。此外，还有其他一些因素可能构成第三方参与冲突解决的条件，例如当事人之间的对抗关系会导致外界环境的损失或者风险，第三方对冲突解决存在利益或者控制着当事人所争议的客体等。④ 问题银行的债权人人数众多，债权债务关系复杂，通过谈

---

① 潘西华：《当代国外学者关于社会建设理论研究综述》，《思想理论教育导刊》2006 年第10 期。

② 叶克林、蒋影明：《现代社会冲突论：从米尔斯到达伦多夫和科瑟尔——三论美国发展社会学的主要理论流派》，《江苏社会科学》1998 年第 4 期。

③ 王文晶、高洋：《社会冲突的根源与功能探讨》，《长春理工大学学报》（社会科学版）2006 年第 5 期。

④ ［挪威］托斯坦·埃克霍夫：《冲突解决中的调解人、法官和行政管理人》，喻中胜、徐昀译，《司法》第 1 辑（2006），第 275—276、280—281 页。

判达成一致意见的实际可能性非常低；而且，银行重整具有强烈的负外部效应，容易引发系统性银行业危机，政府作为社会公共利益的代言人无法坐视不理，因此在银行重整过程中，建立第三方介入的冲突解决机制是最具有可操作性的方式。由此引出了第二个问题，应当选择什么样的组织或者机构充当第三方。社会学通常将冲突解决中第三方的角色划分为三类：调解人、法官和行政管理人。调解人自己并不会做出任何决定，而只是提出解决方案，并通过促进、引导冲突各方进行协商，以求当事人可以就此达成合意。法官与调解人的区别在于，法官的任务不是设法使当事人和解，而是做出冲突各方谁为正当的决定。行政管理人与法官一样决定着冲突应当如何解决，这是他和调解人之间的区别；但是他不会像法官那样采取不偏不倚、居中裁判的态度，相反，行政管理人做出决定时往往有其追求的特定目标或者利益，例如维护社会稳定或者减少公共利益的损失等。对于银行重整而言，公权力的介入虽然有助于及时解决债权人之间的利益冲突，但是在重整程序的权力架构模式上，各个国家和地区的立法选择不尽相同，有的是以法院为主导，有的是以行政机关或者存款保险机构为主导。从社会学的冲突理论出发，公权力在处置问题银行债权人之间的利益冲突问题时，需要综合考虑各种因素来选择由法官还是行政管理人来充当第三方。如果冲突的解决结果对公共利益影响重大，并且通过调解或司法程序所能得到的结果具有相当的不确定性，公权力就有充分的理由对问题银行采取行政手段或者措施实施处置。此外，虽然公权力拥有足够的权威来强制实施其做出的决定（即便问题银行的债权人明确表示反对），但是如果强制实施的成本过高，或者对该项决定的强制实施可能会引发新的社会冲突，公权力机关则应当放弃行政管理人的角色，转而通过调解或者司法程序来实现冲突的解决。

三　法理学理论基础——法的价值分析

美国学者罗斯·庞德（Roscoe Pound）认为，"价值问题虽然是一个困难的问题，但它是法律科学所不能回避的。即使是最粗糙的、最草率的或最反复无常的关系调整或行为安排，在其背后总有对各种互相冲突和互相重叠的利益进行评价的某种准则"，因而"在法律史的各个经典时期，无论是在古代和近代世界里，对价值准则的论证、批判或合乎逻辑的适用，都曾是法学家们的主要活动"。① 法学的价值概念来源于哲学，在哲学上通常把价值界定为客体对于主体的意义，即客体的属性对主体需要的满足；② 法的价值则是指"法这个客体（制度化的对象）满足个人、群体、社会或国家需要的积极意义"③。从价值体系的构成来看，"法的具体价值目标大体包括公平、公正、正义、平等、自由、权利或人权、民主、法治、权力、秩序、安全、效益或效率等"④。其中，公正可以涵盖公平、正义和平等，自由可以涵盖人权和权利，民主可以涵盖法治和权力，秩序可以涵盖安全，而效率则可以涵盖效益。因为"任何自觉的活动都追求一定的价值，都受到价值判断的支配，都包含着相应的价值取向"⑤，所以法的价值是任何一项法律制度在创设之初就必须予以考虑的重大问题，特别是当法律制度所追求的价值目标发生冲突时，立法者必须对法的价值取向做出选择。在法的价值体系中，最能反映银行重整制度自身规定性和本质特征的法的价值追求，应当是秩序、公正和效率。

---

① ［美］庞德：《通过法律的社会控制·法律的任务》，沈宗灵等译，商务印书馆 1984 年版，第 55 页。

② 中西方哲学对"价值"的理解的阐释不尽相同。从德国哲学家洛采（Lotze）把价值范畴从经济学引入哲学，开创了价值哲学后，西方哲学对价值的研究大体经历了三个阶段：第一个阶段，从 19 世纪末到 20 世纪初，主观主义价值论居主导地位；第二个阶段，从 20 世纪初到 20 年代，主观主义价值论与客观主义价值论对峙并存；第三个阶段，从 20 世纪 30 年代至今，主观主义价值论（包括满足需要说在内）特别是情感主义居于统治地位。我国学者也从不同的视角对价值的哲学概念进行了阐释，归纳起来主要有八种类型：一是用客体满足主体需要界定价值；二是用意义界定价值；三是用有用性界定价值；四是用效应界定价值；五是用劳动界定价值；六是用合目的性界定价值；七是认为价值是人所赞赏、所希望、所追求、所期待的东西；八是用负熵界定价值，认为价值是物质进化的方向等。从总体上看，采用客体满足主体需要界定价值是目前最主流的定义方式。参见王玉《20 年来我国哲学价值的研究》，《中国社会科学》1999 年第 4 期。

③ 我国学者对法的价值这一概念的探讨，目前主要有三种观点：（1）本书所引用的孙国华教授对法的价值的定义；（2）将法的价值定义为"法对于人所具有的意义，包括法对于人的需要的满足和人关于法的绝对超越指向这样两个层次"。（3）认为法的价值具有三种不同的含义：一是法律所追求的理想和目的；二是法律自身所应当具有的质量和属性；三是法律所包含的价值评价准则。参见孙国华、朱景文主编《法理学》，中国人民大学出版社 1999 年版，第 58 页；卓泽渊《论法的价值》，《中国法学》2000 年第 6 期；沈宗灵主编《法理学》第 3 版，北京大学出版社 2009 年版，第 40 页。

④ 刘爱龙：《法理学三十年之法的价值问题研究述评》，《北方法学》2009 年第 1 期。

⑤ 刘永富：《价值哲学的新视野》，中国社会科学出版社 2002 年版，第 173 页。

（一）秩序

秩序有广义和狭义之分。广义的秩序包括社会秩序和非社会秩序两类。社会秩序是指"人们交互作用的正常结构、过程或变化模式，是人们互动的状态和结果"，它包含着静态和动态意义上的经济秩序、政治秩序、文化秩序、工作秩序和生活秩序等；非社会秩序则是指"事物的位置所在、结构状态或变化模式"。① 狭义的秩序，即法所追求的价值意义上的秩序，仅限于社会秩序。在现代社会中，秩序与法之间存在着十分密切的联系：一方面，秩序是法所追求的目标和理想；另一方面，法是秩序得以实现的工具和手段。法的秩序价值在银行重整立法中，主要体现在以下三个方面。

首先，法的产生是调整社会冲突即社会秩序失调的结果。如前所述，普通破产法所建立的重整程序，大都耗时冗长，规则繁琐，将其适用于银行重整，不但无法实现挽救问题银行之初衷，反而会加速银行破产风险在体系内的扩散，引发系统性的银行业危机，导致金融市场陷入一种无序的混乱状态。"当无序的状态出现时，社会关系的稳定性消失了，结构的有序性混淆不清了，行为的规则性和进程的连续性被打断了，偶然和不可预测因素不断地干扰人们的社会生活，使得人们之间的信任减少、不安全感增加。"② 为了使紊乱的金融秩序恢复正常，构建一套适用于银行的重整制度势在必行。

其次，秩序是法必须首先追求并维护的基本价值。一方面，与普通破产重整制度不同，除了考虑债权人与债务人之间的利益平衡以外，银行重整制度一开始就肩负着维护金融体系稳定与安全的重责；立法者在根据银行破产的特殊性构建银行重整制度时，无一例外地都将挽救问题银行以保障金融秩序的稳定运行作为立法的首要目标。另一方面，法对其他价值目标的追求需要以秩序价值的实现作为前提。在缺乏秩序保障的情况下，论及公正、自由、平等和安全的实现无疑是空中楼阁、镜中水月般的不切实际。正如庞德在《通过法律的社会控制·法律的任务》中所言："当法律秩序已经认定和规定了它自己要设法加以保障的某些利

① 卓泽渊：《法的价值论》第 2 版，法律出版社 2006 年版，第 387 页。
② 张文显：《法理学》，高等教育出版社 1999 年版，第 227 页。

益，并授权或承认了某些权利、权力、自由和特权作为保障这些利益的手段以后，现在它就必须为行使那些权利、权力、自由和特权得以生效而提供手段。"[1]

最后，从价值的实现方式来看，银行重整制度主要是通过对权益的分配和调整两种途径来实现法的秩序价值。分配权益，是法为实现秩序价值而对权力和私益采取的首要措施。一方面，秩序的对立面是无序，而无序状态的出现往往根源于或者表现为权力和私益的归属不清；另一方面，银行重整过程中的参与主体众多，对同一权益分配方案必然抱有不同的立场和态度。立法者通过划定银行重整过程中各种权力和私益的内容并以国家强制力作为后盾，能够有效地区分各个公权力机构的职责边界和私人的权利范围，防止因公权力的过度介入银行重整而导致私权利受到侵害。调整权益是法实现秩序价值的第二种方式。银行重整所涉及的权利和私益并非固定不变，而是随着社会关系的发展处在不断变化、调整的过程之中。公权力与公权力之间，私权利与私权利之间，以及公权力与私权利之间难免会发生各种各样的矛盾和冲突，法律必须在划定范围的基础上不断地对它们的关系进行调整，以减少相互之间的冲撞和损耗，使其在一定时期内能够共存互补，否则对问题银行的处置就会因为权益的冲突而陷于混乱和无序的状态。

（二）公正

迄今为止，关于公正并没有形成一个被大家所普遍接受的定义，它的法律内涵总是随着社会的发展而不断发生变化。虽然人们常常将公正与公平、正义混同使用；但从语言本身的角度分析，公平与正义在词义上存在着较大的差别，"公平似乎更侧重于居于相对关系人之外的裁判主体或裁判规则的合理性与公允性。正义似乎更侧重于终极的合理性与合道义性"[2]。本书所称"公正"，是对公平与正义的统称。在银行重整立法中，法的公正价值可以从公平与正义两个维度展开分析。

---

① ［美］庞德：《通过法律的社会控制·法律的任务》，沈宗灵、董世忠译，商务印书馆1984年版，第114页。

② 卓泽渊：《法的价值论》第2版，法律出版社2006年版，第412页。

公平是法的逻辑前提，法律是在公平理念的指导下产生并发挥作用的；与此同时，法也是公平的客观要求，公平只有在受到法律保护的前提下才能得以实现。"真正的和真实意义上的'公平'乃是所有法律的精神和灵魂。实在法由它解释，理性法由它产生。……制定法之下的公平原则就是同等地对待同类案件，制定法之上的公平原则就是根据人的理性和情感做出的公平的判决。"① 一言以蔽之，公平就是对同等的主体或者事项予以同等的对待。具体而言，它包含着两层含义：第一层是指法律内容的公平，即在实体法上公平地设定权利与义务，分享权益并分担损失；第二层是指法律程序的公平，即通过程序法上方式、方法和步骤的设计，公平地解决冲突与纠纷。法律内容的公平和法律程序的公平之间，既具有紧密的联系同时也存在着一定的区别。一方面，程序法的首要功能是为实体法提供服务，所以没有程序公平，实体公平就不能成为现实；而脱离了实体公平，程序公平也就失去了运作的理由。另一方面，程序还有其独立的价值，即程序公平直接体现出来的民主、法治、人权和文明的精神，使它本身就成为法的公平价值的一个组成部分。对银行重整而言，法律不仅需要注重对权力和私益的公平分配，以及银行重整成本的合理分摊；同时也必须注重对程序性规范的设置，明确重整程序的具体操作流程、步骤和方法，以及在程序实施过程中相关权利人的法律救济途径。

对法与正义之间关系的探讨，始终是法的价值理论的一个核心议题。古今中外的学者从不同的角度对正义的内涵和外延做出了各种诠释，以至于博登海默将正义比喻为普罗透斯的脸（Protean Face），变幻无常，随时可呈现不同形状并具有极不相同的面貌。② 尽管缺乏统一的界定，但是正义作为一种社会观念和社会准则，十分广泛而深刻地存在于我们的社会生活之中却是不争的事实。它不仅引导着法的产生和发展，而且体现在法的具体制度之中，并成为法的思想基础和精神内核。正如罗尔斯

① ［美］金勇义：《中国与西方的法律观念》，陈国平、韦向阳、李存捧译，辽宁人民出版社 1989 年版，第 79 页。

② ［美］E. 博登海默：《法理学：法律哲学与法律方法》，邓正来译，中国政法大学出版社 1999 年版，第 252 页。

（Rawls）所言："正义是社会制度的首要价值，正像真理是思想体系的首要价值一样。……法律和制度，不管它们如何有效率和有条理，只要它们不正义，就必须加以改造和废除。"① 根据比利时法学家查伊姆·佩雷尔曼（Chaïm Perelman）的观点，法的正义可以划分为形式正义与实质正义两种类型：形式正义就是"对相同本质类属之成员予以相同对待的行为准则"；实质正义就是具体正义，它存在于具体的人、行为或者事件之中，是具有实际内容的正义。② 一般情况下，法对正义的价值追求包含形式和实质两个层面，但是二者并非总能保持一致性；"形式上和实质上（不管以什么样的价值准则为取向）的合理性，在任何情形下，原则上都是分离的，尽管在无数的情况下（按照理论上的，当然是在完全不现实的前提下构想出来的可能性，甚至是在所有的情况下），它们在经验上同时出现"③。当形式正义与实质正义发生冲突之时，究竟应该是形式让位于实质，还是实质让位于形式，通常需要具体情况具体分析；对银行重整而言，法律制度的设计更多考虑的是对实质正义的保护。各个国家和地区的银行重整立法总是将存款人与其他债权人区分开来：在建立了存款保险制度的国家和地区，没有超过保险限额的存款通常能够最先得到足额偿付；即使是尚未建立存款保险制度或者存款超过了保险限额，在银行重整的过程中，存款人也总是比其他债权人更容易获得政府的全额担保，例如英国政府在北岩银行的重整案中就做出了为全体储户的所有存款（无论是否超过存款保险的法定限额）提供担保的承诺。银行重整立法之所以通过差别待遇对个人储户予以优先保护，主要是因为他们不仅人数众多，并且风险承受能力较差，如果取不回存款，就要面临无法满足日常生活基本需要的痛苦和压力；而将银行的破产风险和损失转移至那些经验更丰富、承受能力更强的机构

---

① ［美］罗尔斯：《正义论》，何怀宏等译，中国社会科学出版社 1988 年版，第 1—2 页。

② 佩雷尔曼一共列举和分析了六项为人们所普遍接受的正义标准：（1）一视同仁；（2）对每个人根据优点对待；（3）对每个人根据工作（绩效）对待；（4）对每个人根据需要对待；（5）对每个人根据身份对待；（6）对每个人根据法律权利对待。根据佩雷尔曼的观点，只有第一项标准"一视同仁"属于形式正义，其余五项都属于实质正义。参见 Chaïm. Perelman, *The Idea of Justice and the Problem of Argument*, London: Routledge and Kegan Paul, 1963, pp. 6 – 10, 16。

③ ［德］马克斯·韦伯：《经济与社会》（上卷），林荣远译，商务印书馆 1997 年版，第129 页。

债权人身上，正是银行重整立法在面临形式正义与实质正义的冲突时所做出的选择。

（三）效率

效率，就其词源和本质而言，是经济学中的一个基础概念。根据《柯林斯经济学辞典》的解释，效率是被用作判断市场分配资源优劣的一个标准，其具体含义是指稀缺的要素投入和商品及服务的产出之间的关系。[①] 用最简单的公式来表达：效率＝收益÷成本；由于外部性的存在，在计算效率时必须注意到：收益包括社会收益和私人收益，成本也涵盖了社会成本和私人成本。传统法理学的研究并不关注法的效率问题，直到 20 世纪六七十年代，法经济学的兴起为法理学研究提供了全新的视角。一些法学家开始运用经济学的原理和方法来分析和评价法律制度及其功能，而效率作为经济学中最基本的范畴逐渐进入了法理学的研究视域。法的效率价值是指现代社会的法律，无论从实体法到程序法，还是从成文法到不成文法，都应当"以有利于提高效率的方式分配资源，并以权利和义务的规定保障资源的优化配置和使用"[②]。从内容上看，法的效率价值并不仅仅体现为经济效率的增加，同时也包括社会效率的提高，具体到银行重整领域，法对效率价值的追求主要表现在以下两个方面。

在银行重整的评估和决策机制中引入成本—收益分析（cost-benefit analysis）是法追求效率价值的集中体现。作为应用经济学中一种重要的分析方法，成本—收益分析是指在备选方案的成本和收益均可用货币来进行度量时，对各个方案做出评估；并选择收益超过成本且收益/成本比（benefit-cost ratios）最高的方案作为最优方案。将成本—收益分析应用在银行重整的立法中，意味着决策机关必须充分考虑不同重整方案的实际经济成本，充分引导市场力量积极参与问题银行的重整过程，将公共资金对问题银行的救助控制在合理范围之内。尽管在我国的银行重整实践中，决策机关通常都会有意识或无意识地对处置方案进行成本与收益的分析并在二者之间进行比对，但是在未来的银行重整立法中引入成本—

---

① ［美］克里斯托夫·帕斯、布赖恩·洛斯、莱斯利·戴维斯：《柯林斯经济学词典》第 3 版，上海财经大学出版社 2008 年版，第 221 页。

② 陈金钊主编：《法理学：本体与方法》，法律出版社 1996 年版，第 299 页。

收益分析仍然具有十分迫切的必要性。其意义并不在于推广这样一种经济学的分析方法，而是要让成本—收益分析成为决策机关必须履行的一项职责和义务，减少因为处置决策的仓促而造成的资源浪费，提高银行重整的经济效率。

在银行重整立法中，行政权的扩张和对私权利的限制不断加强，是法追求社会效率的集中体现。为了实现这一价值目标，法律必须以公共利益作为中心和起点，在个人与社会之间依照整体效率最大化的原则进行权利和义务的资源配置。与普通企业破产重整不同，银行重整的负外部效应明显，对问题银行的重整处置必须慎重考虑社会运行中各个环节的承受力以及它们之间的和谐度，不能单纯以经济上的合理性即经济效率作为唯一的评价指标，也不能将重整程序的主导权完全交由私法上主体来掌控，因为后者是以追求个体效率最大化为目标。公权力介入银行重整的目的，正是为了从公共利益的角度对个人权利予以适当的限制，以提高社会的整体效率。

需要特别注意的是，在银行重整立法中，法在经济效率和社会效率的任何一个方面的提升都是效率价值的体现，都应当获得肯定；但是当二者发生矛盾的时候，价值理论所追求的是法的经济效率和法的社会效率的相互协调与平衡发展，而不是二者的相互抵消和否定。牺牲经济效率而一味追求社会效率的做法，将不可避免地造成大量社会资源的浪费，例如在法国里昂信贷银行（Credit Lyonnais，以下简称里昂银行）重整案中①，法国政府为了避免国有银行的倒闭，前后投入了高达 1470 亿欧元

---

① 里昂银行是 1863 年成立于法国里昂的一家私人银行，于 1946 年被法国政府国有化。在哈伯尔（Haberer）担任该行总裁期间，里昂银行通过在欧盟其他成员国收购当地的银行，不断扩张其资产规模，并进行了大量存在巨大风险的贷款项目，投资决策失败使得银行的不良贷款大幅增加，资产质量严重恶化。20 世纪 90 年代初，受欧洲经济衰退的影响，里昂银行长期积累的风险最终爆发。1992 年，里昂银行的亏损额达到 18 亿法郎，1993 年这一数字攀升至 69 亿法郎，1994 年 3 月，法国政府宣布对里昂银行实施救助。2013 年 11 月 11 日，法国财政部长皮埃尔·莫斯科维奇（Pierre Moscovici）宣布法国政府将在年底前通过发行政府债券的方式筹措 45 亿欧元，以清偿里昂银行倒闭产生的剩余债务。而根据《巴黎人报》（Le Parisien）的报道，自 1993 年以来，由法国纳税人所承担的里昂银行的重整费用已经高达 1470 亿欧元。参见 Benton E. Gup, *Bank Failures in the Major Trading Countries of the World-Causes and Remedies*, Santa Barbara: Greenwood Publishing Group, 1998, p. 25; Sreeja VN, "French Government to Borrow ＄6B to Settle Debts from Credit Lyonnais Bankruptcy This Year", *International Business Times*, November 11, 2013。

的公共援助资金，不仅打破了银行同业之间的公平竞争原则，严重阻碍了本国银行业的正常发展，同时也使得里昂银行本身的破产处置成为法国党派斗争的政治砝码。此外，如果完全忽视社会效率而仅考虑经济效率，则有可能使得银行破产的负外部效应被无限放大。例如，美国政府拒绝向雷曼兄弟公司（Lehman Brothers）提供援助而放任其破产，最终引发了国际金融恐慌，不仅银行同业拆借市场因此几近崩溃，更造成股市大跌，6000 亿美元的股票市值随之蒸发殆尽。[①]

第二节　银行重整立法的基本原则

法律体系的纵向结构大致可以分为三个层次：法的价值、法律原则和法律规范。法律原则是构建法律制度和法律调整机制的基本原理与基本准则，在整个法律体系中处于承上启下的关键位置：一方面，它是法的价值在法律规范体系中一定程度上的具体化，集中体现了法律制度的价值取向；另一方面，法律原则统辖着法律规范，对其制定、适用以及解释都具有非常重要的指导意义。马泰·马林克（Matej Marinč）和拉兹万·沃拉夫（Razvan Vlahu）两位教授在论及银行破产立法所必须遵循的基本原则时，则特别强调指出：银行自身的特点及其对银行破产立法可能造成的影响（见表 2—2）为确立银行破产立法的基本原则奠定了基础。受上述观点的启发，笔者认为，我国银行重整立法的基本原则应当包括及时介入、快速处置、最小成本和权益均衡四项，以下分析将结合表 2—2 中的相关内容展开。

---

① 雷曼兄弟公司（以下简称雷曼公司）成立于1850 年，是美国第四大投资银行，在世界500 强中排名第132 位。2007 年，受美国次贷危机的冲击，持有巨量与住房抵押贷款相关的"毒药资产"的雷曼公司在短时间内股价暴跌。英国巴克莱银行（Barclays Bank）曾与雷曼公司举行了数轮收购谈判，但由于美国政府拒绝为此次收购提供公共资金作为支持，巴克莱银行最终退出收购，雷曼公司于 2008 年 9 月 15 日向法院申请破产保护。雷曼公司的破产导致不信任的情绪迅速在全球各地的银行间蔓延，没有银行愿意再向其他银行提供贷款，银行信用急剧收缩，次贷危机开始向全球蔓延。时任法国经济部长克里斯蒂娜·拉加尔德（Christina Lagarde）就公开表示，美国放任雷曼公司破产对国际金融体系维持均衡而言是一个大错。

表 2—2　　　　　　　　　　**银行的特点及其对银行破产立法的影响**①

银行的特点	对银行破产立法的影响
银行是流动性的提供者	冻结银行债务的代价高昂
存在严重的协和谬误②，例如银行挤兑	导致银行突然破产
因银行破产而产生的负外部性：侵蚀公众的信心，恐慌蔓延，对实体经济和支付结算系统的影响	导致银行承担了过高的风险，同时也赋予了问题银行讨价还价的能力
银行运营机制特殊，提高了对银行监管效率的需要	法律对银行陷入困境前的监管存在不足
银行业监管中的信息不对称	
存款保险制度	导致法律对银行在陷入困境前的投机行为和陷入困境后的赌博冒险行为过度宽容
反对银行破产的政治压力	

一　及时介入原则

及时介入原则是指允许主管机构在银行已经或者可能发生信用危机但仍然具有债务清偿能力时，及时介入问题银行的经营管理，启动重整程序。在构建银行重整制度时遵循及时介入原则，具有以下三个方面的优势。

首先，及时介入有利于减少银行破产的负外部经济效应，降低问题银行的重整成本。许多国家的经验和教训已经表明，当一家银行陷入困境以后，如果主管机构不立即采取行动而放任其继续经营下去，将会大大增加问题银行的处置成本，并对金融秩序和整个国家经济造成极大的

---

① Matej Marinč, Razvan Vlahu, *The Economics of Bank Bankruptcy Law*, Springer Heidelberg 2012, p. 35.

② 协和谬误（coordination problem）是博弈论中的概念，意指某件事情在投入了一定成本、进行到一定程度而后发现不宜继续下去，却苦于各种原因而将错加错，欲罢不能。银行挤兑就是其中一个典型的例子。如前所述，借短贷长是银行的基本运作模式，但是当挤兑发生时，由于大量的客户同时到银行提取存款，银行迫于流动性不足（相对于挤兑时巨大的流动性要求而言）而不得不将资产变卖为现金，由此产生的巨大的变现成本会极大地削弱银行兑现剩余存款的能力。这使得银行挤兑成为一个被不断加速的自我实现预言：越多的人到银行提取存款，银行的债务清偿能力越弱，这反过来又刺激了更多的存款人前往银行提款，直至其破产倒闭。参见 Stijn Claessens, M. Ayhan Kose, "Financial Crises Explanations, Types, and Implications", *IMF Working Paper*, No. WPIEA2013028, 2013, https：//www. imf. org/external/pubs/cat/longres. aspx? sk = 40283. 0, p 18. , last visit at 2018. 07. 15。

破坏。例如 20 世纪 80 年代中后期，在美国发生的以储蓄与贷款协会
（Savings and Loan Association，简称储贷协会）为中心的银行业危机中，[①]
虽然早在 1982 年就已经有约 85% 的储贷协会向监管当局报告其净收入为
负值，并且有 415 家储贷协会在报告中承认其清偿能力出现问题；但是由
于监管当局采取了拖延关闭的宽容政策，让大量已经技术上破产或者濒
临破产的储贷协会继续经营，不仅使得这些问题银行的处置成本最终增
加了 660 亿美元，[②] 更直接推动了银行业危机的全面爆发，并导致为储贷
协会提供存款保险的联邦储蓄与贷款保险公司（Federal Savings and Loan
Insurance Corporation，简称 FSLIC）因无力履行其对储户的赔付承诺而被
迫解散。此外，在前述法国里昂银行重整案中，监管机构的行动迟缓也
被认为是导致银行破产损失扩大的一个重要原因：法国的银行委员会（la
Commission bancaire）早在 1991 年就对该银行的资产状况产生了怀疑，但
直到 1993 年法国政府才开始制订对里昂信贷银行的重整方案，在相关措
施收效甚微之后又不得不实施第二轮和第三轮的拯救计划，导致问题银

---

① 导致美国储贷协会危机爆发的原因较为复杂：从经济环境来看，自 20 世纪 60 年代下半
期开始，西方国家的通货膨胀加剧，市场利率不断攀升，而商业银行以及储蓄机构的存款利率却
有法律设定的最高限额，导致公众将大量的存款从银行取出，用于投资证券，或者存放在货币市
场共同基金的账户中，后者作为新兴的金融机构，吸收存款不受法定最高存款利率的限制。储贷
协会、商业银行在传统业务领域的盈利能力迅速下降，因而不得不从事风险更大的业务以增加利
润。此外，从 20 世纪 60 年代开始一直持续到 80 年代的金融创新浪潮所创造出的各种新型金融
工具，也为储贷协会和商业银行的冒险行为提供了更多的可能性。从法律环境来看，20 世纪 80
年代早期出台的一系列旨在放松银行业管制的法案，如 1980 年的《存款机构放松管制和货币控
制法》（Depository Institutions Deregulation and Monetary Control Act）、1982 年的《存款机构法》
（Depository Institutions Act）等，不仅为储贷协会和商业银行开展高风险的业务活动大开方便之
门，同时还加剧了前述机构的道德风险，使得许多已经陷入困境的储贷协会和商业银行不计成本
地吸收存款，进行高风险投资，妄图放手一搏。这些投机行为不仅加剧了问题银行自身的风险，
而且毒化了整个银行业的经营环境，迫使健康的银行也陷入了与它们的恶性竞争之中。在上述因
素的共同作用下，美国从 1986 年开始陷入了自大萧条以来最为严重的银行业危机。根据 FDIC 的
统计数字，1986—1995 年间，共有 1043 家储贷协会破产倒闭，资产总额高达 5190 亿美元。为处
理此次储贷协会危机，政府先后共花费了 1530 亿美元，其中由纳税人承担的救助成本高达 1240
亿美元。相关数据参见 Timothy Curry, Lynn Shibut, "The Cost of the Savings and Loan Crisis: Truth
and Consequences, FDIC", *Banking Review*, 2000 – Vol. 13, No. 2, available at http://FDIC. gov/
bank/analytical/banking/2000dec/, last visit at 2018. 07. 15。

② Philip F. Bartholomew, "The Cost of Forbearance During the Thrift Crisis", *Congressional
Budget Office Staff Memorandum Report*, 1991, http://www. cbo. gov/publication/20417, last visit at
2018. 07. 15.

行的处置成本不断被推高。

其次，及时介入有利于稳定社会公众对整个银行业的信心。对于被重整的问题银行而言，主管机构的声誉直接影响到对其能力评价的高低。政府对银行的违规破产采取过分的救助行为会导致政府声誉的下降，而政府声誉的下降又将直接导致银行违规概率的加速上升，从而陷入"破产—救助—破产"的恶性循环。[①] 如表 2—2 所示，银行业监管中本来就存在信息不对称的问题，导致监管在一定程度上出现失效或者弱效的现象。在这种情况下，银行重整主管机构的声誉可以在很大程度上有效地化解公众对政府处置能力和对银行业稳定性的不信任感。社会大众普遍存在这样的看法：声誉良好的政府机构（包括履行公共管理职责的职能机构），其办事能力肯定也强。如果主管机构能够及时介入对问题银行的处置，不仅可以有效降低问题银行的救助成本，还可以让社会公众对其他健康银行运营状况的担忧在很大程度上得到缓和；相反，如果主管机构延误了介入的时机，就会进一步增加问题银行的救助成本和民众对政府的质疑。公众对银行业失去信任的一个必然结果，就是银行挤兑的大规模爆发。

最后，及时介入能够减少问题银行在陷入困境后的赌博冒险行为，保全问题银行的持续经营价值。一方面，"银行资产的账面价值往往低于实际的市场价值，而且通常是越接近破产的临界点，银行资产价值就下降得越快"[②]；另一方面，政府为保护存款人利益而设计的安全网在客观上增加了银行陷入困境之后过度冒险的道德风险动机：无论银行如何债台高筑，其股东的损失始终都是以出资为限，大部分的赔付责任将由政府承担。在这种情况下，如果银行重整的主管部门仅在破产原因已经发生或者存在发生之可能时才对问题银行启动重整程序，那么银行的股东和管理层就很有可能在问题银行出现资本不足时，就开始从事各种高风险的冒险投机行为，其目的也许是为了改善银行的资产状况，也许是因为预见到银行难以恢复稳健的运营，所以放手进行赌博性投资，争取在失去对银行的控制权之前篡获更多的利益。据此，相关部门应当坚持及时介入原则，一旦银行出现重大经营风险，即应启动重整程序，由法院

---

① 巴曙松、陈华良：《银行的政府救助对监管声誉的影响》，《证券市场导报》2005 年第 3 期。

② 张继红：《银行破产法律制度研究》，上海大学出版社 2009 年版，第 18 页。

或者监管机构任命的管理人取得问题银行的经营管理权，以有效保全问题银行的持续经营价值。

二　快速处置原则

快速处置原则要求在启动银行重整程序以后，快速、有效地完成对问题银行的救助和处置。银行重整立法之所以需要遵循快速处置原则，主要是出于以下两个方面的考虑。

首先，快速处置能够抑制问题银行的挤兑风险在银行业体系内的传播和扩散。存款人作为银行资金来源的主要供给者，其对银行的信心是后者能够稳定运行的重要源泉。"除非存款人确信其存款将快速、安全地得到支付，否则存款人对破产银行的挤兑风险就会一直存在。"[①] 但是正如美国学者查理斯·J. 杰克林（Charles J. Jacklin）和苏提托·巴恰塔亚（Sudipto Bhattacharya）所言，"银行和存款人之间存在着双向的信息不对称：银行不能观察到存款者真实的流动性需要，存款者也不知道银行资产的真实状况"。[②] 因此，存款人很难对银行未来的履约能力做出合理预期，更多的是通过观察周围人的行为来作为自己决断的参考。再加上银行遵循"按序服务原则"（即先到者先接受服务），担忧储蓄安全的存款人有很强的动机最先赶赴银行提取存款，因为如果银行的资金耗尽，排在队列后面的存款人就会一无所得。在前述因素的综合作用下，只要某家银行陷入困境的消息在社会上传播开来，就会迅速引发公众对其他银行健康状况的担忧，出现问题银行和健康银行同时遭遇挤兑的局面。因此，快速、果断地对问题银行完成重整处置，使其尽快恢复正常的经营状态，不仅能够表明政府维护金融稳定的决心，更为重要的是有助于维系公众对整个银行体系的信心，防止因问题银行挤兑风险的扩散和蔓延引发系统性的银行业危机。

其次，快速处置能够使问题银行因进入重整程序而中止履行的经济职

---

① Michael H. Krimminger, "Deposit Insurance and Bank Insolvency in a Changing World: Synergies and Challenges", *U. S. Federal Deposit Insurance Corporation Working Paper*, May 28, 2004, p. 7.

② Charles J. Jacklin, Sudipto Bhattacharya, "Distinguishing Panics and Information-based Bank Runs: Welfare and Policy Implications", *Journal of Political Economy*, Vol. 96, No. 3, Jun. 1988, pp. 568 – 592.

能迅速得以恢复。银行的一个核心职能是实现流动性转换：一方面，银行与资金供给方签订存款合同，承诺满足其随时可能提出的对流动性的需要；另一方面，银行与资金需求方签订贷款合同，承诺满足其在一定时间内不用顾及流动性的需要。这种借短贷长的高负债运营模式虽然使得银行能够同时满足资金供需双方对流动性的偏好，并将自己留存的资金量减至最低，但同时也增加了银行内在的脆弱性和不稳定性。普通破产立法为防止单个债权人依照强制执行法行使权利而导致其他债权人受损的不公正结果，通常规定重整程序的开始具有停止对债权人进行个别清偿和中止民事诉讼执行程序的法律效力。尽管许多国家和地区在其银行破产立法中也承认了这一债权冻结规则的适用①，但是付出的代价却是十分高昂的，因为它使得作为流动性供给者的银行无法正常履行其经济职能。面对成千上万的存款人在问题银行进入重整程序后，因付款要求得不到满足而群情激愤的巨大压力，很少有一个国家或者地区的银行监管机构或者法院能够做到两耳不闻窗外事，关起门来慢慢斟酌如何解决问题。只有在银行重整中坚持快速、有效的处置原则，才能保证问题银行在最短时间内恢复稳健经营的状态，将银行重整对民众生活所造成的负面影响降至最低。

银行重整立法对快速处置原则的体现，主要集中在两个方面。一是行政权力对银行重整程序的深度介入。与普通企业破产重整程序中法院是唯一的公权力代表不同，在银行重整程序中，司法权力的功能和行使空间受到很大的限制和压缩；而行政权力的影响力却不断扩张，特别是在2007年国际金融危机爆发之后，这一趋势在各个国家和地区的金融法制改革中正日益明显地呈现出来。笔者认为，权力版图的改变正是快速处置原则的一个具体表现。因为银行重整是一项错综复杂、工程庞大的任务，其间涉及公共资金救助、存款保险、重整方案的制订和实施等诸多环节；与奉行"不告不理"原则的司法权相比较，行政权具有很强的主动性、灵活性和适时性，加强监管机构在银行重整过程中的参与权，

---

① 例如，根据美国《联邦存款保险法》第11条（d）款第12项的规定，在联邦存款保险公司托管或者接管一家参保存款机构后，托管人或者接管人可以申请中止存款机构作为当事人的诉讼或者其他司法程序，法院应当予以批准。12 U. S. C., Article 1821（d）（12）。我国《企业破产法》第134条也规定，国务院金融监督管理机构依法对出现重大经营风险的银行采取接管、托管等措施的，可以向人民法院申请中止以该银行为被告或者被执行人的民事诉讼程序或者执行程序。

充分发挥其在专业领域的管理经验，能够进一步提高问题银行的处置速度和处置效率，减少系统性银行危机的发生概率。二是普通企业破产重整程序中一些旨在保证债权人充分参与的制度设计，例如组建债权人自治机构、审查破产管理人的费用和报酬、对重整计划进行表决等，不再适用于银行重整。这是因为问题银行的债权人数目庞大，如果还是依照普通破产法规定的破产重整程序行事，必然导致银行重整进程异常迟缓，无法有效阻止破产风险在体系内的蔓延，其最后的结果很有可能是系统性银行业危机的爆发。这正是许多国家和地区选择在普通破产法之外制定关于银行重整的单行条例或法规的一个重要原因。

三　最小成本原则

任何一种针对问题银行的重整措施或者多种重整措施的组合都会占用一定的社会资源，不同的重整方案实现人们既定目标的程度有所不同，但在特定的时间内，人们又只能选择其中的一个方案。因此，一旦做出选择，那么被放弃的其他法律安排就会成为机会成本。最小成本原则要求主管部门必须对问题银行的重整方案进行成本测算（cost test），并且选择成本最小的方案予以实施。

关于问题银行重整成本的界定，学者之间存在不同的看法。罗莎琳德·L. 班尼特（Rosalind L. Bennett）和哈鲁克·于内尔（Haluk Unal）两位学者认为，问题银行的处置成本由三个部分组成：因处理问题银行的资产而发生的经济损失，以及主管部门为处理问题银行所支付的直接费用和间接费用；个案中处置成本的高低，主要取决于主管部门所采取的处置措施、问题银行的规模、法律实施的阶段以及问题银行是否存在欺诈行为等因素。[①] 相较而言，我国学者对问题银行处置成本的界定则更加宽泛。阙方平教授认为，问题银行的处置成本有直接成本和间接成本之分，直接成本包括问题银行处置制度的设计成本、问题银行公开暴露前的监管成本、问

---

① Rosalind L. Bennett, Haluk Unal, "Understanding the Components of Bank Failure Resolution Costs", *Federal Deposit Insurance Corporation and Center for Financial Research Working Paper*, April 2014, https：//www. FDIC. gov/bank/analytical/CFR/2014/wp2014/workingpapers _2014. html #04, last visit at 2018. 07. 15.

题银行的救助成本、问题银行的重组成本和问题银行的市场退出成本；间接成本包括在问题银行处置过程中股东、直接债权人、其他健康银行以及国民经济遭受的直接或间接损失。[1] 学者韩冰则提出，处置问题银行的直接成本主要是指兑付债权人存款所需的资金和银行资产变现等引起的相关费用（例如律师费、评估费以及拍卖费用等）；而间接成本包括为处置问题银行而投入的人力资源，为救助问题银行而增发货币所引起的通胀，因救助问题银行而产生的道德风险，以及因处置问题银行而引发的政治动荡等。[2]

　　银行重整立法确立最小成本原则的主要目的，是为了将政府动用公共资金救助问题银行的支出限制在必要限度之内。最小成本原则中所涉及的"成本"应当是指银行重整过程中发生的，可以用货币形式加以计算的各项支出的总和。作为最早在银行破产立法中确立最小成本原则的国家，美国在《联邦存款保险法》中明确规定，当 FDIC 面对一家问题银行和多种处置方案时，必须选择对存款保险基金支出最少的方案，支出的方式包括即时负债、长期负债，以及未来发生的直接负债与或有负债（contingent liability）[3] 等所有针对 FDIC 的付款请求。[4] 尽管在银行重整过程中不可避免地会产生一些社会成本与政治成本，例如银行破产对其他健康银行和国民经济造成的负面影响，以及由银行破产所引发的社会动荡、政治不稳等，但这些损失很难通过定量分析的方法确定其现值，有些损失甚至无法用货币的形式进行统计和计算。如果将其统统列入最小成本原则的检测范围，反而会对政府部门或监管机构的决策形成干扰。在实践中，很多时候正是由于政府过高地估计了银行破产可能产生的社会成本与政治成本，而对问题银行实施了超过必要限度的公共救助，使得普通民众作为纳税人承担了不合理的损失。

　　因此，在银行重整立法中适用最低成本原则，主要是对重整方案进

---

　　[1]　阙方平：《有问题银行处置的成本效益分析》，《湖北农村金融研究》2001 年第 9 期。

　　[2]　韩冰：《救助问题银行的成本收益分析》，《金融研究》2006 年第 5 期。

　　[3]　或有负债：指过去的交易或事项形成的，在未来可能发生的债务，其存在必须通过未来不确定事项的发生或不发生予以确定。例如，银行作为保证人、融通背书人时的可能承担的债务；或者以银行为被告的未决法律诉讼、待裁决的上诉、索赔争议以及其他类似事件中，银行可能承担的潜在债务。

　　[4]　12 U. S. C. , Article 1823（c）（4）（A）.

行成本分析。如前所述,银行重整的具体措施多种多样,除了普通企业破产重整常用的债务调整、增加资本、转移资产、兼并收购等方式以外,还包括政府动用公共资金对问题银行实施的各种救助措施。主管部门在考虑对问题银行采用哪一种重整措施或者哪几种重整措施的组合时,应当对各个方案中的重整成本进行定性化分析和定量化评估,在统筹兼顾、综合权衡的基础上,选择成本最小的重整方案。

需要特别强调的是,最小成本原则的适用存在一项重要的例外:虽然问题银行重整方案的预期成本并非最小,但是如果采取其他处置方式可能引发银行系统性风险(banking systemic risk)[1],则主管机关仍然有权实施该重整方案。从各个国家和地区对"系统性风险例外"规则的实际应用来看,因为破产而可能引发系统性风险的问题银行无一例外全部是机构和资产规模较大的银行,所以这一例外规则在实质上已经成为了"太大而不能倒"(Too Big to Fail)政策[2]在银行破产立法中的规范性表述。法律通常对该例外规则设置了严格的限制条件。以美国为例,根据

---

① 目前国内外学者关于银行系统性风险的定义尚未形成统一的意见,比较具有代表性的观点包括:(1)认为银行业的传染风险就是银行系统性风险;(2)认为银行系统性风险是指扰乱金融市场的突发性事件发生的可能性;(3)认为银行系统性风险是由于银行系统性事件的大规模冲击导致了大量的银行机构破产或市场的逆效应诱发银行系统性危机的可能性。综上所述,本书所称银行业系统性风险是指由于一家银行的破产而使其他银行的经营与生存受到影响,并且有可能使整个银行系统丧失基本功能的风险。参见 Dirk Schoenmaker, "Contagion Risk in Banking", Conference Paper, The Second Joint Central Bank Research Conference on Risk Measurement and Systemic Risk toward a Better Understanding of Market Dynamics during Periods of Stress, available at http: // www. imes. boj. or. jp/english/cbrc. html, pp. 86 – 104, last visit at 2018. 07. 15; Litan, R. E., Rauch, J., *American Finance for the 21st Century*, Washington, D. C.: Brookings Institution Press, 1997, pp. 97 – 127;翟金林《银行系统性风险研究》,博士学位论文,南开大学,2001 年,第 9 页;包全永《银行系统性风险的传染模型研究》,《金融研究》2005 年第 8 期。

② "太大而不能倒"政策的确立,始于 1984 年美国对大陆银行的破产处置。在由 FDIC、美联储以及货币监理署(Office of Comptroller of Currency,以下简称 OCC)共同宣布的一揽子处置措施中,包括:(1)FDIC 和整个银行业向该行注入 20 亿美元资本金;(2)美联储保证提供流动性;(3)在找到永久性解决方案之前,由 24 家主要银行组成的财团提供 53 亿美元的无担保资金;(4)FDIC 全额偿付该银行所有的储户和债权人。OCC 在其后举行的国会听证会上表示,当时 11 家最大的银行都会享受到与大陆银行相似的对待,虽然 OCC 并没有使用"太大而不能倒"的表述,这一说法实际上是由国会议员斯图尔特·麦金尼(Stewart McKinney)在听证会上提出的。但这一术语已被普遍接受并广泛地用以指代这种政策:政府为防止大型银行被破产清算而运用公共资金,采取各种措施不计成本地对问题银行实施救助,以避免因大型银行破产清算而引发的系统性银行业危机。

《联邦存款保险法》第 13 条（c）款第（4）项的规定，适用"系统性风险例外"规则，首先需要得到 FDIC 的董事会（2/3 以上董事同意）和美联储理事会（2/3 以上成员同意）共同出具的书面建议；然后当且仅当财政部长根据书面建议，并与总统协商后认为 FDIC 遵守最小成本原则将"对经济环境和金融稳定产生不利影响"并且 FDIC 所意图采取的措施"可以避免或降低负面影响"的情况下，FDIC 才可以获准援引这一例外规则对问题银行进行救助；法律同时还要求 FDIC 对问题银行的处置方案必须通过总审计署（The Comptroller General）的复查。[①] 尽管如此，由于法律通常没有对"系统性风险"本身提供一个清晰的判断标准，使得主管机关在援引这一例外规则突破最小成本原则的限制时，享有较大的自由裁量权；特别是当 2007 年国际金融危机爆发时，各国在处置问题银行的过程中对这一例外规则的普遍适用，使得大银行与小银行在破产处置中处于完全不平等的地位，从而引发了巨大的社会争议。如何处理好最小成本原则与系统性风险例外之间的关系，仍然是各个国家和地区在构建或者完善银行重整制度时所面临的一个共同的问题。

四　权益均衡原则

银行是以营利为目的，同时也具有一定公共性的企业法人，其破产带来的影响并不局限于直接的利害关系人之间，还涉及公众生活、金融安全、经济发展以及社会稳定等各个方面。在银行重整程序中，既有中央银行、银行业监管机构、存款保险机构、财政部门和法院等公权力主体的参与，也有包括存款人、一般债权人、问题银行及其股东、银行管理层和普通员工等在内的私法上的权利义务主体。这种多元法律主体和多维利益层次的格局，决定了银行重整中权益冲突的复杂性：它并不仅仅表现为公共利益与私人利益之间的冲突，还通过公权力之间的博弈，以及个体利益之间的矛盾加以呈现。权益均衡原则要求在处理银行重整中的权益冲突问题时，通过平衡机制兼顾各方利益，使自利的各方能够在拯救问题银行的共同目标下积极参与，协调行动。

首先，银行重整应当在坚持对公共利益予以优先保护的同时，防止

---

① 　12 U.S.C.，Article 1823（c）（4），（G）.

公权力过度扩张而对私人利益进行不合理的侵夺。法律是利益的调节器，并通常"以赋予特定利益优先地位，而他种利益相对必须作一定程度退让的方式，来规整个人或社会团体之间可能发生，并且已经被类型化的利益冲突"①。维护金融市场的稳定与安全是银行重整立法的首要目标，由此决定了当重整中的公共利益与私人利益发生冲突并且无法兼顾时，法律应当抑制个体的利益需求，将对公共利益的保护置于优先位次。由于市场经济的先天局限性，市场主体在追求自身利益最大化的同时并不会考虑其行为对他人的影响，所以公共利益的实现不能寄希望于社会公众的自主行为；而政府作为公共利益的代表，其干预市场的目的就是为了弥补市场机制在资源配置中的效率损失和分配的不公正性。由此，公权力介入银行重整程序就成为法律维护公共利益的必然选择。而且，法律必须为个人利益对公共利益的让步设定严格的限制条件，将银行重整程序中公权力的干预尺度控制在合理范围之内。与普通企业破产重整程序相比，尽管银行重整程序更注重对公共权益的保护，更强调公权力的引导和支持；但是这并没有改变主体平等、意思自治等私法理念在银行重整制度中的基础作用。重整过程中，涉及问题银行的资产转卖、兼并收购等重要处置措施，其有效运作仍然取决于完善的市场竞价机制和购买者的意思自治。如果法律没有为银行重整中公权力的行使建立严格的约束机制，本就处于弱势地位的个人权利在面对打着公共利益优先旗号的公权力的侵蚀时，其生存空间将被进一步压制。政府对银行重整的过度干预，不仅会妨碍银行破产市场机制的有效运作，还会损害债务人股东、债权人等相关利益主体，以及其他市场主体的合法权益。

其次，银行重整必须合理界定行政权与司法权在重整过程中的职责与权限。行政权与司法权虽然都隶属于国家公权力体系，但就其固有属性而言仍然存在较大的差异：行政权以管理为本质内容，具有主动性和相当的灵活性，"行政机关可以基于社会整体利益的考虑而进行相机抉择，甚至可以在限度范围内以事后补偿来牺牲特定社会成员的利益"②；

---

① ［德］卡尔·拉伦茨：《法学方法论》，陈爱娥译，商务印书馆 2003 年版，第 1 页。

② 黄韬：《我国银行市场退出法律机制中的"权力版图"——司法权与行政权关系的视角》，《中外法学》2009 年第 6 期。

司法权则以判断为本质内容，奉行"不告不理"的被动原则，严格按照法律规则裁判案件，法官的能动性在很大程度上受到限制。与普通企业的破产重整程序由法院主导不同，银行重整的专业性、复杂性及其对公共利益的深远影响决定了行政权在重整过程中发挥作用具有必然的合理性，但法律"究竟在何处划定行政自由裁量权与法律限制之间的界限，显然不能用一个简单的公式加以确定之"①。权益均衡原则要求在协调行政权与司法权之间的相互关系时，必须坚持分工合作与权力制衡：法律既要承认司法权对行政权的让渡在银行重整中已经成为一种普遍发展趋势，积极地为行政机关参与银行重整程序提供法律依据和具有可操作性的实施规则；也应当清醒地认识到以秩序和效率为主导价值的行政权并不能彻底取代以追求公平和正义为终极目标的司法权，不能完全将法院摒弃或者排除在银行重整程序之外。相反，立法者必须从本国国情出发，慎重选择银行重整的管理模式，同时加强对行政机关在银行重整过程中相关行为的司法监督，以保证公权力对银行重整的干预不会超出合理的界限。特别是当行政机关为了促成银行重整成功而漠视甚至牺牲私法主体的权益时，司法是保障遭受侵害的个人权利得到法律救济的最后一道屏障，其对防止权力滥用的重要性不言自喻。

---

① ［美］E. 博登海默：《法理学：法律哲学与法律方法》，邓正来译，中国政法大学出版社 1999 年版，第 370 页。

第 三 章

银行重整立法模式的比较研究

"从世界法律的发展的历史进程来看，凡是法律之后进国家，必然要向法律之先进国家学习，移植先进国家的法律制度和法律原则，这是法律发展的内在要求。"①相较于我国尚处在银行重整法律制度的初创阶段，大陆法系和英美法系的各主要国家均已建立了相对成熟的银行重整制度；尤其是经历了2008年由美国次贷危机所引发的金融风暴洗礼后，各国在充分总结经验教训的基础之上，又纷纷对本国的现行法律制度进行了全面修订甚至大刀阔斧的改革。②比较各个国家和地区银行重整的立法模式并分析其中差异存在的深层次原因，对于我国银行重整立法的模式选择具有重要的启发和借鉴意义。

第一节　银行重整立法模式的类型划分

在研究银行重整的立法模式时，人们总是会从其与普通企业重整之间的异同入手，重点考察两个方面的内容：一是银行重整的立法体例，即银行重整所适用的法律规范是否与普通企业重整相同；二是银行重整的主导机关是否与普通企业重整一样，这是对各个国家和地区银行重整的立法例

---

① 何勤华：《法的移植与法的本土化》，《中国法学》2006年第2期。

② 根据世界银行2012年发布的《全球银行监管——危机后的更新》报告，在对143个国家和地区进行调查后的数据显示，有61%以上的国家和地区在2007年金融危机后修改了本国的银行破产法律制度，其中发达国家和地区修改法律的比例高达74%。数据来源：Martin Čihák, Aslı Demirgüç-Kunt, María Soledad Martínez Pería, "Bank Regulation and Supervision around the World-A Crisis Update", *The World Bank Policy Research Working Paper*, No. WPS 6286, December 5th, 2012, pp. 42 – 43。

进行模式归类的两个重要标准。世界银行和金融稳定理事会（Financial Stability Board，简称 FSB）[1] 等国际组织都发布过对全球银行破产立法的调查报告，本书在前述报告的基础上，总结、整理了一些主要金融市场国家在 2007 年金融危机之后关于银行重整的最新立法情况（见表 3—1）。根据法律适用和重整程序的主导机关不同，各个国家和地区关于银行重整的立法模式可以划分为司法型重整、监管型重整和混合型重整三种类别。

表 3—1   各国银行重整立法概览[2]

国　家	参与银行重整的权力机关	规制银行重整的主要法律
澳大利亚	澳大利亚审慎监管局（Australian Prudential Regulation Authority，简称 APRA）	1959 年《银行法》
奥地利	金融市场监管局（Financial Market Authority）、法院	1914 年《破产法》、1992 年《银行与投资公司法》（Law on Banks and Investment Firms）[3]、2014 年《银行重整与清算法》（Federal Act on Recovery and Resolution of Banks）
比利时	破产处置委员会（Resolution College）	2014 年《银行法律地位与监管法案》[4]（Law of 25 April 2014 on the Legal Status and Supervision of Credit Institutions）

---

[1] FSB 的前身为金融稳定论坛（Financial Stability Forum，简称 FSF），是七个发达国家（G7）为促进金融体系稳定而成立的合作组织。在中国等新兴市场国家对全球经济增长与金融稳定影响日益显著的背景下，2009 年 4 月 2 日在伦敦举行的 20 国集团（G20）金融峰会决定，将 FSF 成员扩展至包括中国在内的所有 G20 成员国，并将金融稳定论坛更名为金融稳定理事会。

[2] 资料来源：笔者根据世界银行发布的《2013 年全球银行监管调查》、FSB 于 2013 年 4 月发布的《银行处置机制主题综述》以及各国立法例综合整理而成。参见 World Bank, "Bank Regulation and Supervision Survey 2013 Dataset", available at http：//econ. worldbank. org/WBSITE/EXTERNAL/EXTDEC/EXTGLOBALFINREPORT/0, contentMDK：23267421 ~ pagePK：64168182 ~ piPK：64168060 ~theSitePK：8816097, 00. html, lase visit at 2015. 03. 25；FSB, "Thematic Review on Resolution Regimes-Peer Review Report", available at http：//www. financialstabilityboard. org/2013/04/pr_130411/, last visit at 2018. 07. 15。

[3] 该法案原名为《银行法》（Banking Act），2007 年修改时更名为《银行与投资公司法》。

[4] 2014 年 4 月 25 日生效的《银行法律地位与监管法案》取代了 1993 年的同名法案，成为比利时现行的银行法。比利时国家银行（National Bank of Belgium）根据该法案的授权，在其内部设立了破产处置委员会，负责接管问题银行并对其实施重整或者清算。

续表

国　　家	参与银行重整的权力机关	规制银行重整的主要法律
加拿大	财政部、OSFI 和 CDIC	1985 年《清算与重整法》、1985 年《加拿大存款保险公司法》、1991 年《银行法》、2008 年《联邦存款机构干预指南》（*Guide to Intervention for Federal Deposit Institutions*）
丹麦	金融稳定公司（Financial Stability Company，简称 FSC）①	2008 年《金融稳定法案》（*Act on Financial Stability*），2011 年《金融业务法案》（*Financial Business Act*）
法国	审慎监管与危机处置局（Autorité de contrôle prudentieI et de résoIution，简称 ACPR）②、存款担保与危机处置基金（Fonds de garantie des dépôts et de résoIution）	2013 年《银行业分离与监管法》（*La loi de séparation et de régulation des activités bancaires*）
德国	联邦金融服务监管局（Bundesanstalt für Finanzdienstleistungsaufsicht，简称 BaFin）和法院	2011 年《银行重整与有序清算法》③
意大利	意大利银行	1933 年《银行法》

---

①　金融稳定公司（简称 FSC）是一家完全由政府所有的公共企业，其主要职责是接管问题银行并确保在银行业不受较大影响情况下对问题银行进行最优处理。FSC 通常采取的做法是以最快速度将问题银行的优良资产剥离出售，其他不良资产则交由 FSC 进行优化重组。

②　根据 2008 年《经济现代化法案》（*de modernisation de I'économie*），法国政府设立了审慎监管局（Autorité de contrôle prudentieI），负责对从事保险业和银行业的金融机构实施监管，该机构虽然在行政上隶属于法兰西银行，但是具有独立的法人资格，其运行资金主要来源于由它所监管的金融企业缴纳的分摊金。2013 年，法国通过《银行业分离与监管法》，扩大了原审慎监管局的权限，并在审慎监管局内部新设了"危机处置委员会"（Le Collège de résoIution），专门负责问题银行的破产处置，防止并解决银行业危机，审慎监管局也因此更名为"审慎监管与危机处置局"。

③　自 2011 年 1 月 1 日起生效的德国《银行重整与有序清算法》的全称是《关于银行重整与有序清算、为银行建立重整基金以及延长股份公司法上机构责任时效的法律》，该法属于"一揽子法律"（Artikelgesetz），由多个法案共同组成，其中既有对《银行法》《金融市场稳定基金法》和《股份法》等法律的修改内容，也包含了《银行重整法》《设立银行重整基金法》等新出台的法律。参见［德］马丁·阿伦斯《〈信贷机构重组法〉规制下的德国银行的整顿与重组》，郝慧译，《中德法学论坛》2013 年第 10 辑。

续表

国　家	参与银行重整的权力机关	规制银行重整的主要法律
日本	金融厅、存款保险公司、法院	1998 年《金融再生法》、1999 年《民事再生法》和 2000 年修订的《存款保险法》①
韩国	金融监督院②、存款保险公司、法院	1950 年《银行法》、1996 年《金融产业结构改进法》《存款人保护法》、2006 年《统一倒产法》③
卢森堡	法院	1993 年《金融业法》 (*Law on the Financial Sector of 5 April 1993*)
荷兰	荷兰中央银行（De Nederland-sche Bank）和法院	2007 年《金融监管法》(*Wet financieel toezicht*)、2007 年修订的《破产法》和 2012 年《金融机构干预法案》(*Wet bijzondere maatregelen financiële ondernemingen*)
挪威	财政部、金融监管局	2015 年《金融事业法》
葡萄牙	葡萄牙银行（Banco de Portu-gal）	第 31 - A/2012 号法令建立的银行危机解决机制

---

① 日本倒产法中的法庭内重整程序包括《民事再生法》规定的民事再生程序（civil rehabilitation）和《公司更生法》规定的公司更生程序（corporate reorganization）两种。存款机构（deposit-taking institutions）的破产重整程序一般适用的是民事再生程序，由日本金融厅任命存款保险公司作为金融整理管财人，主导存款机构的破产重整。此外，法院通常会在启动民事再生程序的同时任命监督委员对债务人的行为进行监督。

② 经历了 1997 年亚洲金融危机之后，韩国对其金融监管体制进行了大幅度的改革，其中一项主要措施是将金融监管职能从财经部和韩国银行中分离出来，集中于新成立的金融监督委员会和金融监督院，后者由原银行监督院、证券监督院、保险监督院和非银行监督机构合并而成，两个机构并非完全相互独立，金融监督委员会的委员长同时也是金融监督院的院长。2008 年 2月，韩国金融监督体制再次发生重大调整，金融监督院和金融委员会彻底分离，前者变成专门制定政策的机构，不再行使执法权；后者则变成执行机构，统一监管银行、证券公司、保险公司和非银行业的其他金融机构。

③ 《统一倒产法》的正式名称是《关于债务人回生和破产的法律》。在它出台之前，韩国的破产法由《公司重整法》《和解法》《破产法》和《个人债务回生法》四部单行法组成，《统一倒产法》将前述四部法律统一成一部法律，因此得名。

续表

国　家	参与银行重整的权力机关	规制银行重整的主要法律
俄罗斯	俄罗斯联邦银行、存款保险公司	1990年《银行法》、1999年《银行破产法》（*Federal Law on Insolvency of Credit Organizations*）和2008年《加强银行业稳定的补充措施法案》（*Federal Law On Additional Measures to Stabilize Banking System*）①
西班牙	西班牙银行、银行有序重组基金会②（Fondo de Reestructuración Ordenada Bancaria，简称FROB）	2012年《银行重整与清算法案》（Law 9/2012 of 14 November on Restructuring and Resolution of Credit Entities）
瑞士	金融市场监督管理局（Financial Market Supervisory Authority）	1934年《银行法》、2012年《银行破产条例》（Banking Insolvency Ordinance）
英国	英格兰银行、财政部、审慎监管局（Prudential Regulation Authority，简称PRA）、金融行为局（Financial Conduct Authority，简称FCA）和法院	2009年《银行法》、《2009年〈银行法〉——特别解决机制：执行准则》（Banking Act 2009—Special Resolution Regime：Code of Practice）、2012年《金融服务法》（Financial Services Act 2012）和2013《金融服务（银行业改革）法》（Financial Services (Banking Reform) Act 2013）
美国	FDIC	1950年《联邦存款保险法》（Federal Deposit Insurance Act）、1991年《联邦存款保险公司改进法》（Federal Deposit Insurance Corporation Improvement Act，简称FDICIA）、2005年《联邦存款保险改革法》（The Federal Deposit Insurance Reform Act）、2010年《多德—弗兰克法案》

---

①　俄罗斯2008年《加强银行业稳定的补充措施法案》所建立的银行重整制度仅适用于具有系统重要性的银行，而对于其他不具备系统重要性的银行，仍然沿用原来的处置方式，即由俄罗斯联邦银行撤销问题银行的营业执照然后向法院申请破产清算，俄罗斯存款保险公司负责向存款人进行赔付。

②　银行有序重组基金会（FROB）由西班牙银行在2009年设立，具有独立的法人地位，接受西班牙银行的监管。FROB的初期资本金为90亿欧元，其中22.5亿欧元来自西班牙存款和储蓄保险基金会（Fondos de Garantía de Depósitos，FGD），其余由政府出资。在得到西班牙银行的批准后，该基金可提供总额为990亿欧元的援助，除去资本金之外的900亿欧元来自政府提供的债务担保。

一 司法型重整模式

采取司法型重整模式的国家有奥地利、日本、韩国和荷兰，该种立法模式的基本特征主要表现在以下两个方面。

第一，银行重整在立法体例上仍然基本沿用破产法中关于重整程序的一般性规定。例如，韩国的《统一倒产法》第 1 条关于其适用对象的规定就明确表述为"因财政性困难面临倒产境地的债务人"，法律并没有将银行排除在普通破产程序的适用范围之外，也没有任何特别条款声明要对银行的重整或者清算程序另做规定。日本倒产法律体系中的再建更生法律程序（即破产重整程序）主要包括《民事再生法》规定的民事再生程序和《公司更生法》规定的公司更生程序两种，存款机构①重整主要适用的是民事再生程序。立法者之所以做出这样的选择，一个很重要的原因在于法院在民事再生程序中通常不任命管财人，而是由再生债务人的经营管理人员继续执行业务和管理处分财产②；这就为日本金融厅任命存款保险公司作为金融整理管财人，接管问题银行并负责银行重整事宜预留了可操作的空间。③

第二，银行重整由法院主导。由于行政权在银行重整中参与的广度和深度不断加深，导致判断究竟是哪一个公权力机构掌握了银行重整的控制权有些困难，笔者从程序启动和推进的角度选择了三个简单而直观的判断标准来进行筛选：一是重整程序的启动权由哪个机构掌握；二是被重整银

---

① 日本的存款机构，按其办理存贷款期限的长短和交易规模的大小，可以划分为三类：（1）普通银行，即商业银行，根据经营规模和经营状况又可以细分为都市银行、地方银行和第二地方银行（即原来的日本相互银行）；（2）长期金融机构，主要办理长期信贷业务，分为长期信用银行和信托银行两种；（3）专业金融机构，主要为中小企业、农林渔业在特定领域内提供金融服务，如农业协同组合、渔业协同组合、水产加工协同组合等信用合作社。从本书第一章对银行的定义来看，日本的存款机构与本书所称银行的含义基本一致。参见白钦先、刘刚、郭翠荣《各国金融体制比较》第 2 版，中国金融出版社 2008 年版，第 35 页。

② 《民事再生法》第 38 条第 1 款规定，法院裁定开始再生程序后，再生债务人继续保留营业事务或者管理处分其财产的权利。根据该法第 64 条第 1 款的规定，再生债务人为法人时，如其存在不公正执行管理或者处分财产之事由或者为再生债务人事业的再生确属特别必要等例外情形，经权利人申请或者依照职权，法院可以做出由管理人经营事务或者管理财产的命令。

③ Hideyuki Sakai, "Overview of the Japanese Legal Framework to Resolve a Systemically Important Financial Institution in Insolvency Proceedings in Japan", International Insolvency Institute 12th Anuual International Insolvency Conference Paper, Paris, France, June 21 – 22, 2012, http：//www. iiiglobal. org/component/jdownloads/finish/152/5963. html, last visit at 2018. 07. 15.

行的管理人由哪个机构任命，三是接管人或者管理人取得问题银行及其股东等相关人员的权利是否需要经过法院的批准。从表3—1所列举的国家的立法例来看，只有日本、韩国、奥地利和荷兰这四个国家能够同时满足这三个标准。在其他国家的银行破产立法中，尽管有时法院也拥有管理人的任命权，但通常仅针对银行的破产清算程序而非重整程序。例如，根据俄罗斯1999年《银行破产法》的规定，当俄罗斯联邦银行撤销问题银行的营业执照后，该银行及其债权人（包括存款人）和俄罗斯联邦银行均可向问题银行所在地的仲裁法院（Arbitration Court）[①]申请对问题银行进行破产清算，仲裁法院批准后将任命破产管理人负责相关清算事宜。

需要注意的是，考虑到银行破产的特殊性，几乎所有采取司法型重整模式的国家都在破产法原有规定的基础上补充或者修改了一部分法律条款，以使其破产重整程序能够更好地契合银行重整的需要。例如，根据荷兰《金融机构干预法案》的规定，荷兰中央银行有权制订重整方案并将问题银行的全部或者部分资产向第三方转让，通常情况下该方案需要得到法院批准后才能实施。但如果财政部长与荷兰中央银行会商后认为问题银行破产会迅速对荷兰的金融体系产生重大不利影响，那么财政部长就有权立即实施包括转移银行的所有权、资产和负债在内的各项紧急措施而无须再经过法院的审批。[②]

二　监管型重整模式

澳大利亚、比利时、加拿大、丹麦、法国、意大利、挪威、葡萄牙、俄罗斯、西班牙、瑞士和美国等12个国家都采取了监管型重整的立法模式，该种模式的基本特征主要集中表现在以下两个方面。

第一，银行重整适用的是银行法上规定的特别规定，而非破产法中的重整程序。以法国为例，根据《法国商法典》的相关规定，债务人和债权人均可向法院申请启动司法重整程序，司法重整判决一旦做出即进入观察

[①]　俄罗斯的法院体系由宪法法院、普通法院和仲裁法院三个系统组成，仲裁法院分管因经营活动和其他经济关系产生的案件，对破产案件享有专属管辖权。

[②]　FSB，"Thematic Review on Resolution Regimes-Peer Review Report"，http：//www. financialstabilityboard. org/2013/04/pr_130411/，p. 44，last visit at 2018. 07. 15.

期，由法院所任命的司法管理人（judicial administrator）制作破产企业资产经营状况的报告并拟定企业继续运营或者转让的建议，法庭在观察期届满时决定对破产企业实施司法重整还是进行司法清算。[①] 从时间上看，一般重整程序全部运行完毕最长可能历时 18 个月，即使是适用于中小企业的简易重整程序，最长也可能达到 8 个月;[②] 从运行机制上看，法院对重整过程中的重大事项，例如观察期的长短、重整计划的确认以及实施期间的监督等拥有最终的决策权。[③] 而根据法国《银行业分离与监管法》的相关规定，如果法兰西银行下属的 ACPR 认为一家银行经营失败，就有权立即启动银行重整程序，并对问题银行实施包括更换银行管理层人员、强制转让银行的部分或者全部营业、组建过渡银行等重整措施而无须得到法院的批准。此外，ACPR 还有权要求法国存款担保与危机处置基金为问题银行的重整提供包括注资、股份购买以及信用担保等在内的多项公开援助措施。[④] 由此可知，无论是从重整程序的启动还是从运行机制上看，法国的银行重整程序都与其商法典中的司法重整程序存在显著差异，适用的是立法机关以单行法的形式专为银行重整而制定的一套特别法律机制。

　　第二，银行重整由监管机关或者专职的公共机构主导。具体而言，银行重整的主导机构可以细分为三类。第一类是由对银行负有日常监管职责的行政机关兼任。例如在澳大利亚，对银行的日常监管工作主要是由 APRA 负责[⑤]，APRA 的主要监管目标是确保被监管的银行业金融机构

---

　　① 法国的破产重整制度最早可追溯至 1985 年的《困境企业司法重整和司法清算法》，在 2001 年的破产法改革之前，这部法律曾以单行法的形式附在《法国商法典》的条文之后，在 2001 年对其基本原则进行修改和完善以后，被编入商法典新增加的第六卷 "企业困境"。参见《法国商法典》第 620—622 条。

　　② 王玉梅:《法国困境企业重整制度的改革及其启示》,《法商研究》2004 年第 5 期，第 128 页。

　　③ 《法国商法典》第 621—6、621—62 和 621—66 条，金邦贵译，中国法制出版社 2000 年版。

　　④ Angélique M. , Poret-Kahn, "France Reforms Its Banking Sector", September 2013, http://www. bakermckenzie. com/ALNAFranceReformsBankingSep13/, last visit at 2018. 07. 15.

　　⑤ 澳大利亚的金融监管体制实行 "双峰监管" 框架：由澳大利亚证券和投资委员会（Australian Securities and Investments Commission，简称 ASIC）负责监管证券、金融衍生工具和保险等金融业务；而由 APRA 负责监管商业银行、信贷联盟、保险公司、友好互助会以及养老基金等金融机构。除了 ASIC 和 APRA 之外，澳大利亚的金融监管机构还包括澳大利亚储备银行（Reserve Bank of Australia）和财政部，这两个部门与 ASIC、APRA 一起组成澳洲金融监管委员会（Australian Council of Financial Regulators）。

所做出的承诺能够在稳定、有效的金融市场中得以兑现；与此同时，根据 1959 年《银行法》的相关规定，APRA 也是问题银行重整的主导机构：当问题银行的管理层不愿意或者没有能力实施自愿性重组时，APRA 可以任命法定管理人对问题银行实施强制性的重整。① 表 3—1 中与澳大利亚相似的国家还有比利时、法国、意大利、挪威、葡萄牙、俄罗斯和瑞士。第二类是由存款保险机构担任，美国和加拿大是其中的典型代表。在加拿大，OSFI 是联邦政府机构中对银行实施监管的主要部门，负责监督和管理所有联邦特许、许可或注册的银行、保险公司和私人养老金计划。② 根据加拿大 1991 年《银行法》和《联邦存款机构干预指南》的规定，CDIC 虽然也拥有对银行有限的干预权，但并不承担对银行合规情况、清偿能力以及流动性水平等事项的日常监管职责。当 OSFI 决定启动对问题银行的重整程序时，通常会任命 CDIC 作为接管人。在接管期间，CDIC 行使其权力不受法院的监管，亦无须得到法院的同意或者批准。③ 第三类是由国家专门设立的金融公司或者重组基金会担任。以西班牙为例，根据《银行重整与清算法案》的规定，FROB 由西班牙经济与竞争力部（Ministerio de Economíay Competitividad）所任命的 9 人委员会管理。④ 当问题银行无法通过市场机制摆脱困境时，西班牙银行通常会任命 FROB 作为接管人接管问题银行，负责重整计划的制订和实施，并为此提供包括债务担保、资产收购以及注入资本金在内的各项公开援助。⑤

---

① IMF，"Australia：Financial Safety Net and Crisis Management Framework—Technical Note"，IMF Country Report No. 12/310，November 12，2012，pp. 19 – 22.

② 加拿大的金融监管实行的是联邦和省两级多头平行监管体制，除了联邦一级的 OSFI 之外，各省的政府也设立了专门的省级金融监管机构。银行和保险公司主要由 OSFI 监管，而对证券公司和投资基金的监管则由各省的证券监管委员会（Securities Commission）和金融服务委员会（Financial Service Commission）负责。联邦和省级金融监管机构是相互协调与合作的关系。加拿大财政部和中央银行不直接监管国家的金融系统。

③ Canada Credit Deposit Insurance Act，Article 10，27（1），39.

④ FROB 的 9 人委员会中有 4 名成员由西班牙银行提名，并由西班牙银行的副行长担任委员会主席；两名成员分别来自 MdE 和财政部；3 名成员来自西班牙存款和储蓄保险基金会，分别代表商业银行、储蓄银行和信用合作社。

⑤ IMF，"Spain：Safety Net，Bank Resolution，and Crisis Management Framework—Technical Note"，IMF Country Report No. 12/145，June 12，pp. 17 – 18.

三 混合型重整模式

特别值得注意的是，2007 年爆发的国际金融危机使得许多过去长期采取司法型重整模式的国家纷纷开始重新审视和评估本国的银行破产立法。在经历了大规模的金融法改革之后，其中相当一部分国家放弃了司法型重整模式，转而投入了监管型重整模式的怀抱，如法国、比利时、丹麦、葡萄牙和西班牙等国；也有少部分国家，如英国和德国，坚持走折中主义路线，试图通过采众家之长的方法将两种银行重整模式糅为一体，从而为银行重整立法提供了一种新的路径选择。与传统的司法型重整和监管型重整相比较，混合型重整模式的基本特征主要表现在以下两个方面。

第一，银行重整适用的法律以银行法上的特别规定为主，以破产法中的一般性规定为辅。举例而言，德国的破产重整程序主要是规定在其 1994 年通过并于 1999 年实施的《破产法》中。该法将 1935 年《和解法》中规定的破产和解程序与新引入的破产重整程序相融合，形成以强调债权人意思自治为特色的破产重整制度。首先，债权人会议有权决定是否启动重整程序；其次，债权人或破产管理人只有在经过债权人委员会的委托后才有权制订重整计划；最后，法律为了防止少数债权人阻碍重整计划的通过，还设定了严格的债权保障机制。① 与此同时，德国 2011 年颁布的《银行重整法》规定了两种适用于银行重整的法律程序。一是银行整顿程序，该程序适用于所有在德国有住所地的银行，只有问题银行才有权向 BaFin 发出需要整顿的通知。如果 BaFin 认为适当，将立即向法院提出执行整顿程序的申请，在得到法院的批准后，由其所任命的整顿委员会负责执行。因为问题银行股东和债权人的权利通常不会在整顿程序中遭到缩减或者剥夺，所以整顿方案的制订、通过与施行均无须经过债权人的同意。二是银行重建程序，该程序仅适用于具有系统重要性的银行，只有 BaFin 认为具有系统重要性的问题银行的破产风险会引发金融市场的系统性风险或者对金融市场构成生存威胁时，才会向法院提出执行重建程序的申请。如果重建方案涉及缩减或者剥夺问题银行债权人和股东的权利，法律规定

---

① 《德国破产法》第 148、156、157、218、245、251、253、272、284 条，法条译文，参见李飞《当代外国破产法》，中国法制出版社 2006 年版，第 63—106 页。

该方案必须在得到股东大会的通过和不同组别债权人的同意之后，才能送交法院确认并执行。[①] 显而易见，无论是整顿程序还是重建程序都是立法者为银行重整所专门设计的法律程序，而不仅仅是司法型重整模式下对破产法中关于重整程序的一般性规定做出的个别调整和修改。

第二，银行重整仍由法院主导或者由法院和行政机关分阶段主导。例如在德国，银行重整与普通企业重整一样，都是法院主导。尽管《银行重整法》赋予了 BaFin 广泛的参与权，例如根据该法第 2 条第 4 款的规定，在银行整顿程序中，BaFin 可以依照《银行法》第 45c、46、46b 条或者第 48a 至 48m 条的规定采取特定措施，随时结束整顿程序。[②] 但是从整个程序的运作机制来看，法院仍然牢牢占据着主导者的地位，其不仅有权决定是否启动整顿程序或重建程序，同时还享有对整顿方案的审批权以及对重整方案的确认权。而英国 2009 年《银行法》则将银行重整划分为实施稳定化措施和银行管理程序前后两个阶段：前一阶段主要由英格兰银行等监管机构负责决议并实施，目的是将问题银行的全部或者部分迅速转移给其他健康的银行；后一阶段由英格兰银行向法院提出申请并由法院任命破产管理人负责实施，目的是维持"剩余银行"的经营，以配合并保障前一阶段其他银行对已受让的问题银行资产和业务进行有效操作。在银行重整的过程中，英格兰银行与法院之间是分工合作、相互配合的平等关系。

综上所述，从目前各国银行破产立法的改革趋势来看，纯粹的司法型重整模式已经日渐式微，监管型重整模式和混合型重整模式逐渐成为银行重整的发展方向。英美两国分别是监管型重整模式和混合型重整模式的代表性国家，并且都拥有当今世界最为发达和成熟的金融市场，其银行破产法律制度也是很多国家和地区学习与借鉴的对象。有鉴于此，本章在接下来的篇幅中将对这两个国家银行重整立法模式的选择与制度架构进行深入的分析和探讨。

---

① ［德］马丁·阿伦斯：《〈信贷机构重组法〉规制下的德国银行的整顿与重组》，郝慧译，《中德法学论坛》2013 年第 10 辑。

② 孙珺：《德国〈信贷机构重整与有序清算法〉介评》，《德国研究》2012 年第 4 期。

第二节　美国：存款保险机构主导下的监管型重整

从法律渊源上看，美国的银行破产立法采取的是制定法为主、判例法为辅的形式，制定法包括美国国会颁布的法律、联邦行政机构和各州颁布的法律法规。由于美国各州的法律不得违反联邦法的基本原则，并且在实践中问题银行的破产处置通常是由 FDIC 实施，因此本书对美国银行重整立法模式及其制度构建的研究，将主要围绕联邦层面的法律展开。

一　美国银行重整立法的制度背景

诚如美国财政部金融事务前助理部长卡内尔教授所言："美国银行法是美国各个法律领域当中受到历史影响最为深刻的部门法之一。如果不了解美国银行的历史，就无法真正理解美国的银行法中许多看起来随心所欲，甚至是稀奇古怪的规定。"①

在美国建国伊始，银行仍然是国家经济中的新生事物，其设立必须经过立法机关颁发特别法案许可。截至 1790 年，全国只有在费城、纽约、波士顿和巴尔的摩开设了四家由州立法机关特许成立的商业银行（以下简称州立银行）。同年，时任财政部长亚历山大·汉密尔顿（Alexander Hamilton）向国会提交报告，建议模仿英国的英格兰银行成立一家全国性银行来履行公共管理职责。② 但是该提议遭到了以托马斯·杰斐逊（Thomas Jefferson）为代表的国会议员的坚决反对，双方围绕联邦政府是否有权通过特别立法设立全国性银行展开了激烈辩论。囿于独立战争后迫在眉睫的政府财政危机，汉密尔顿一派的观点取得了阶段性的胜利。1791 年，由美国国会投票通过，华盛顿总统签署法令，美国银行（Bank of United States，即美国第一银行）成立。美国第一银行既是美国中央银行的雏形，同时也是美国历史上最早的银行监管机构；但是前述反对组建全国性商业银行的异

---

① Richard Scott Carnell, Jonathan R. Macey, Geoffrey P. Miller, *The Law of Financial Institutions*, 5th Edition, New York: Wolters Kluwer Law & Business, 2013, p. 4.

② 汉密尔顿所提议设立的全国性银行在本质上仍然是一个私人所有的商业银行，其所承担的公共管理职责主要包括：（1）发行全国统一的纸币；（2）保管政府的公共资金（包括代收税款）；（3）向政府发放贷款。

议之声并没有随之消失，反而因为美国第一银行的存在激化了联邦与州之间争夺银行特许设立权的矛盾而越发激烈。在20年有效期届满后，美国第一银行因重新注册的议案遭到国会否决而被迫关闭。州立银行的数量迅速增加，但不久之后即因为缺少统一的联邦监管而陷入了严重的混乱局面。为了恢复银行业的经营秩序和处理南北战争期间产生的巨额债务，1816年，国会通过了成立美国第二银行的法案，其有效期也是20年。美国联邦最高法院首席大法官约翰·马歇尔（John Marshall）随后在1819年的"麦克洛诉马里兰州案"中判定国会有通过特别法案设立银行的权限。[1] 尽管美国第二银行成功地发展为具有现代意义的中央银行，但是由于代表各州的利益集团千方百计地阻挠，历史的滑铁卢再次重演：1832年，美国第二银行因重新注册法案被总统詹姆斯·麦迪逊（James Madison）否决而销声匿迹，美国银行业从此进入了长达近30年的自由银行时期（Free Banking Erase）。

在这一时期，设立银行的法律政策从特许主义转向了核准主义，所有的银行都是通过其营业所在地的州银行委员会颁发执照成立，从而使得在州注册成立的银行数量如雨后春笋般暴增，银行间的竞争日益激烈。各州出于"自我保护意识"，纷纷出台针对本州银行业的监管法规，不仅禁止其他州的银行在本州开设分支机构，同时也禁止本州银行跨州开展业务。此外，由于没有统一的国内货币，各州设立的银行主要依靠自己印制的银行券吸收资金，在缺少联邦政府统一监管的情况下，银行券滥发的现象十分普遍，野猫银行（Wildcat Banking）[2] 大量出现，导致银行信誉不佳，挤兑和破产不断发生。

为了统一货币流通和加强银行监管，国会于1863年通过了《国民银行法》（National Bank Act）[3]，允许在联邦注册成立国民银行（National Bank），并建立货币监理署（Office of the Comptroller of the Currency，简称OCC）对国民银行进行监管。立法者一开始希望州立银行能够主动申请加入国民银行，

---

　　[1]　McCulloch v. Maryland, 17 U. S.（4 Wheat.）316.

　　[2]　在1837—1866年的自由银行时期，各州成立的银行主要依靠发行自己印制的银行券吸收铸币或者黄金等硬通货，"野猫银行"是指那些在成立之时作为资本金的硬通货很少或者根本没有硬通货作为资本金但依然大量发行银行券的银行，它们往往将营业地区设置在遥远偏僻、野猫出没的地方，以逃避存款人用其发行的银行券兑现硬通货的银行业务，并因此而得名。

　　[3]　《国民银行法》于1863年在国会获得通过，在1864经过修订后正式颁布实施，因此有的学术著作或者论文中也将其称为1864年《国民银行法》。

因此《国民银行法》采取了"自愿监管原则",即如果符合条件的州立银行不申请转换为国民银行,就不受《国民银行法》的约束;但是"由于该法对最低资本金和准备金的要求严苛,并且禁止国民银行发放不动产抵押贷款,导致大部分的州立银行都不愿意申请国民银行的牌照"。① 为了使国民银行能够彻底取代州立银行,国会授权联邦政府于1865年开始向州立银行发行的银行券征收10%的惩罚性税款;但此后不久,州立银行即通过拓展支票业务重新为自己赢得了生存的空间,并为美国所特有的双重银行体制(dual banking system)这一银行业基本格局的形成奠定了基础。

美国现在的银行体系主要由商业银行(包括国民银行和州立银行)、储蓄银行(savings bank)②、储贷协会③和信用合作社(credit union)④ 共同组成。在双重银行体制下,联邦政府和州政府都拥有发放各个类型银行牌照的权力,而每一种类型的银行在设立时可以自由选择在联邦或州进行注册。美国现行的双层多头银行监管体系即建立在双重银行体制的基础之上:所谓双层,是指联邦政府和州政府都对银行拥有监管权;所谓多头,主要是指在联邦层面,有多个政府机构同时对银行进行监管,主要包括OCC、美联储、FDIC和NCUA等。尽管法律对各个监管机构的职责有比较明确的分工,但是它们的监管权限仍然存在一定程度的重叠。再加上银行类型繁多,从而使得美国的银行监管体系显得异常复杂。除了图3—1中所标明的监管关系,还有一些其他的公权力机构可以直接或者间接地对银行运作施加控制。例如,美国司法部有权对其认为构成市场垄断的银

---

① Murray N. Rothbard, *A History of Money and Banking in the United States: the Colonial Era to World War* II, Auburn: Ludwig von Mises Institute, 2002, p. 144.

② 从美国储蓄银行的发展历程来看,其传统职能是在工薪阶层中提倡节俭并为低收入人群购买住房提供低成本的贷款,是一种"互助"型的银行,由存款人共同所有;但是随着储蓄银行与商业银行和其他住宅融资来源之间的竞争日益激烈,近年来,许多互助制储蓄银行通过发行股票转变为股份制储蓄银行,并向消费者提供诸如信用卡、支票账户等方面的金融服务。根据1978年《银行管制暨利率控制法》(*Financial Institutions Regulatory and Interest Rate Control Act*)的规定,原本只能在州注册成立的储蓄银行被允许向FDIC投保,并且可以自愿转换为联邦储蓄银行。

③ 储贷协会是专门从事储蓄业务和居民住房抵押贷款的银行,起源于英国18世纪后半期出现的房屋信贷互助会(building societies),包括互助合作制和股份制两种形式。

④ 美国的信用合作社和其他银行实体一样,分为联邦信用社和州立信用社两种,所有的联邦信用社和95%以上的州立信用社加入了国家信用合作社保险基金(National Credit Union Share Insurance Fund),由国家信用社管理局(National Credit Union Administration,简称NCUA)统一管理。

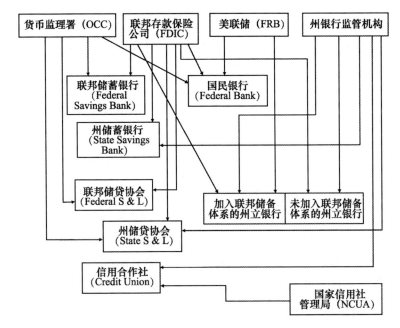

图3—1　美国的银行监管体系

说明：OCC 是国民银行、联邦储蓄银行和联邦储贷协会的注册机关和主要监管者。① 州银行、州储蓄银行和州储贷协会的注册机关是各州的银行监管机关。根据 1913 年《联邦储备法》（Federal Reserve Act）的规定，所有的国民银行必须是联邦储备体系的成员，而州银行可以选择加入，于是美联储成为加入联邦储备系统的州银行的主要监管者。因为绝大部分的银行都参加了存款保险，所以对于没有加入联邦储备系统但是参加了存款保险的州银行、州储蓄银行和州储贷协会而言，FDIC 是其主要的监管机构。NCUA 是联邦信用社的注册机关并负责对其进行监管，州立信用社的注册和监管则主要由各州的银行监管机构负责。

行并购进行干预，各州法院亦对银行违反州法律的行为拥有管辖权。

　　尽管这种银行监管体系因为缺乏整体性和协调性而在 2007 年金融危机爆发后饱受诟病，曾担任过 FDIC 主席的经济学家威廉·席德曼（William Seidman）就直言不讳地指出："面对这样一个复杂、低效、落伍而

①　在 2007 年金融危机之前，联邦储蓄机构管理局（Office of Thrift Supervision，简称 OTS）是联邦储贷协会和储蓄与贷款控股公司（Savings and Loan Holding Company，即储蓄银行或者储贷协会的控股公司）的主要监管机构，并对州储贷协会享有部分监管权。《多德—弗兰克法案》将 OTS 与 OCC 合并后，把 OTS 的职能分别转移给了以下三个银行监管机构：（1）对联邦储贷协会的监管权以及与储贷协会相关的监管规则制定权移交给 OCC；（2）除（1）之外对州储贷协会的其他职能移交给 FDIC；（3）对储蓄与贷款控股公司及其非存款机构附属公司的监管权移交给美联储。

陈旧的体系，向监管机构发问是徒劳无益之举，它们各自的地盘就是其唯一能够传递出来的信息。"① 美国财政部也曾经多次提议成立独立的机构，对所有的国民银行和州立银行实施统一监管，但这些议案始终未能在国会得到通过。笔者认为，美国银行业的发展及其监管体系的形成与演变，在很大程度上是地方分权主义和联邦集权主义这两种政治主张相互斗争和博弈的产物：前者认为美国的政治前景应当是一个弱势的联邦政府，从而使得各州可以保留更多的自主权，因此排斥权力以任何形式集中；而后者憧憬的却是一个可以带领美国走向繁荣富强的强势的联邦政府，其所担忧的恰恰是权力集中在联邦层面的缺失。只要人们关于权力分散与权力集中孰优孰劣的认识仍然存在分歧，只要联邦政府与州政府之间对银行控制权的争夺没有停止，双重银行体制与双层多头银行监管体系为美国银行重整立法和模式选择所奠定的政治经济基础和法律运行环境在未来很长一段时间内就不会发生根本性的改变。

根据美国宪法第 1 条第 8 款第 4 项的规定，"国会有权制定美利坚合众国全国的……统一的破产方面的法律"②；因此，破产立法权专属于国会。考虑到破产案件的专业性，国会在美国法典第 28 篇《司法机构与司法程序》（Judiciary and Judicial Procedure）中对破产案件的管辖做出了基本的授权规定，联邦地区法院对与破产有关的一切事项和争议均享有排他性的初审管辖权。③ 由于历史的原因，美国的银行业结构分散，各州注册成立的中小银行在数量上占有绝对优势；如果采取司法型重整模式，美国所有银行的破产处置都将交由联邦法院管辖，统一适用联邦制定的破产法，而州一级的银行监管部门和法院系统均无权置喙。这种权力分配方式和法律适用显然会被视为对各州权力的严重削弱，很难在国会获得通过。此外，由于银行数量众多，竞争激烈，破产倒闭的现象时有发生；特别是在历次金融危机中，陷入困境的银行更是数不胜数。在 20 世纪 30 年代的大萧条时期，美国的银行业几乎全军覆没；而后发生的储贷危机中亦有上千家银行

---

① Lewis William Seidman, *Full Faith and Credit：The Great S & L Debacle and Other Washington Sagas*, Washington, D. C.：Bread Books, 2000, p. 273.

② U. S. Const. art. Ⅰ, Article 8, cl. 4.

③ 28 U. S. C. , Article 1334（a）（b）.

濒临破产。如果全部交由联邦法院进行处置，对本已任务繁重的法院而言，无疑是雪上加霜，不堪负荷，同时也不利于对问题银行的快速处置。因此，采取监管型重整模式，在破产法之外通过银行法上的特别规定，构建起一套由监管机构主导的银行重整程序成为美国银行重整立法的必然选择。

二　监管型重整模式下美国银行重整制度的法律构建

美国问题银行破产处置立法长期以来奉行监管型重整模式。银行重整与普通企业破产重整在法律适用上的第一次明确分离，最早可追溯至国会1898 年颁布的《破产法》，该法第 4 条明确规定银行不适用《破产法》的相关规定。[①] 实际上，1863 年通过的《国民银行法》就已经将国民银行的破产处置权授予了其注册机关——OCC，而不是联邦破产法院。根据该法第 50 条的规定，OCC 可以任命接管人（receiver）实际占有破产银行的全部资产，对其进行清算。[②] 国会随后在 1876 年通过法案将国民银行的不安全和不稳健经营纳入 OCC 任命接管人的法定条件，并将对问题银行的破产处置方式从清算拓展至重整。[③] 各州立法机关迅速跟进，通过修改本州的银行破产法确立了州银行监管机关在州银行破产处置中的主导地位。

1933 年《银行法》（也称作 Glass-Steagall Act，即《格拉斯—斯蒂格尔法》）的出台，标志着新成立的 FDIC 取代 OCC 成为国民银行破产处置中的接管人，州银行监管机关也可以任命 FDIC 作为州银行的接管人。该法同时还规定，OCC 可以任命 FDIC 作为托管人（conservator），在不关闭陷入困境的国民银行的前提下，对其进行重整。[④] 此后，国会又通过了一系列

---

① 55 Cong. Ch. 541，July 1，1898，30 Stat. 544，Section 4.

② Herman Edward Krooss, *Documentary History of Banking and Currency in the United States*, Vol. 2，New York：Chelsea House Publishers，1977，pp. 1405 - 1406.

③ United States Statutes at Large，44th Congress（1875 - 1876），Sess. I. Chapter 156，1876.

④ 1933 年的《银行法》并没有授权联邦存款保险公司直接对参保银行的存款人进行赔付，而是将其作为联邦政府一个临时性机构，对新注册成立的存款保险国民银行（Deposit Insurance National Banks，DINBs）进行管理，通过向 DINBs 注资来完成对存款人的赔付。由于这一运作模式在实践中效率低下，1935 年的《银行法》授予了联邦存款保险公司对存款人直接进行赔付的权力，并将其作为永久性的联邦政府机构写入法律。参见 Robert DeYoung，Jack Reidhill，"A Theory of Bank Resolution：Technological Change and Political Economics"，FDIC，Division of Insurance and Research，August 8，2011，pp. 17 - 18。

的法案，如 1950 年《联邦存款保险法》、1982 年《存款机构法案》（也称作 Garn-St Germain Depository Institition Act，即《甘恩—圣杰曼存款机构法案》）、1987 年《银行平等竞争法》（*Competitive Equality Banking Act*）、1989 年《银行改革、复兴和加强法》（*The Financial Institutions Reform，Recovery，and Enforcement Act*）、FDICIA 和 2005 年《联邦存款保险改革法》（*The Federal Deposit Insurance Reform Act*）等，不断扩充和加强 FDIC 在银行重整中的主导权力，并使得美国银行重整的法律适用彻底独立于其破产法之外，形成与普通企业破产重整完全不同的法律体系。从重整制度的法律建构来看，美国的银行重整立法主要呈现出以下三个方面的特点。

（一）银行重整程序的启动与对问题银行的早期干预紧密结合

美国银行法对问题银行实行早期干预的主要法律依据是 FDICIA 规定的即时矫正措施（Prompt Corrective Actions）。FDICIA 根据各个银行的资本状况将其划分为资本良好、资本充足、资本不足、资本严重不足和资本根本性不足五个等级，如果联邦银行监管机构或者 FDIC 发现参保银行的资本水平降至某一等级规定的最低标准之下，监管部门就应当按照 FDICIA 的规定，采取相应的矫正措施，对问题银行的资本结构、业务经营和公司治理等方面进行整顿。关于银行资本水平的等级划分和与之相对应的各项具体矫正措施，请参见表 3—2 和表 3—3 的内容。

表 3—2　　　　　　　　美国银行资本状况分类示例①

资本状况分类	衡量资本状况的指标		
	杠杆比率	资本充足率资本总额与加权风险资产之比	核心资本充足率 1 级资本与加权风险资产之比
资本良好（well capitalized）	≥5%	≥10%	≥6%

① FDICIA 关于即时矫正措施的规定被收录在《联邦存款保险法》的第 38 条，根据该条 c 款第 2 项和第 3 项的规定，各联邦金融监管机构应以条例的形式具体确定有关银行资本状况的各项标准，以确定参保银行的资本水平。并且，OCC 和美联储等联邦银行监管机构对其承担主要监管责任的银行所制定的资本水平标准，在未经得 FDIC 同意的情况下，不得低于 FDIC 为参保的非联邦储备体系的成员银行所制定的标准。因此，表 3—2 仅以 FDIC 负责监管的非联邦储备体系成员的参保州银行为例，所列资本充足率、杠杆比率等监管指标和相应的数据来源于 Federal Deposit Insurance Corporation Rules and Regulations 2000，subpart B "Prompt Corrective Action"，§325. 103。

续表

资本状况分类	衡量资本状况的指标		
	杠杆比率	资本充足率资本总额与加权风险资产之比	核心资本充足率1级资本与加权风险资产之比
资本充足（adequately capitalized）	≥4%①	≥8%	≥4%
资本不足（undercapitalized）	<4%②	<8%	<4%
资本严重不足（critically undercapitalized）	<3%	<6%	<3%
资本根本性不足（significantly undercapitalized）	有形净资产占总资产比重≤2%		

表3—3 《联邦存款保险法》第38条关于即时矫正措施的规定（选译）

资本状况分类	强制性矫正措施	可选择性矫正措施
资本良好（well capitalized）	如果参保银行在资本分配或者向控制本银行的人员支付管理费用后将会导致资本不足，银行不得进行资本分配或者支付该管理费用	如果适格的联邦银行监管机构（在通知和举行听证后）认为，参保银行处于不安全和不稳健的状态，或者正在进行不安全或者不稳健的活动，可以将其降格为"资本充足"

---

① 根据 FDIC 制定的标准，通常情况下资本充足的银行，其杠杆率应当≥4%；或者一家银行的杠杆率≥3%，但在最近一次的"CAMEL"等级评定中，资本充足率达到1级并且其杠杆率在当下和未来都不会出现显著增长。

② 根据 FDIC 制定的标准，通常情况下资本不足的银行，其杠杆率应当<4%；或者一家银行的杠杆率<3%，但在最近一次的"CAMEL"等级评定中，资本充足率达到1级并且其杠杆率在当下和未来都不会出现显著的增长。

续表

资本状况分类	强制性矫正措施		可选择性矫正措施
资本充足 （adequately capital-ized）			如果适格的联邦银行监管机构（在通知和举行听证后）认为，参保银行处于不安全和不稳健的状态，或者正在进行不安全或者不稳健的活动，可以对其采取适用于"资本不足"银行的强制性矫正措施
资本不足 （undercapitalized）	如果参保银行在资本分配或者向控制本银行的人员支付管理费用后将会导致资本不足，银行不得进行资本分配或者支付该管理费用	在规定时间内要求银行提交资本重整计划；限制资本增长；银行获取权益、设立分支机构及开展新业务应事先征得适格银行监管机构的同意	适格的联邦银行监管机构可以在其认为必要时，对任何资本不足的银行采取适用于"资本严重不足"银行的强制性矫正措施
资本严重不足 （significantly under-capitalized） （包括资本不足而且未能在规定时间内向联邦银行监管机构递交可接受的资本重整计划或者未实质性地实施联邦银行监管机构已经接受的资本重整计划的银行）		要求银行对资本结构进行调整，包括出售股份或负债，要求该银行被其控股公司并购，或与其他参保银行合并；限制关联交易；限制利率；限制资产增长；限制从事过度风险性业务；改善管理；禁止吸纳来自代理银行的存款；银行控股公司分配资本应事先征得美联储理事会的批准；要求银行放弃或者清算其分支机构，或者要求对银行有控制权的公司放弃该银行的关联企业或者该银行本身； 限制对高级执行官的经济补偿	适格的联邦银行监管机构可以在其认为必要时，对资本严重不足的银行采取适用于"资本根本性不足"银行的强制性矫正措施

续表

资本状况分类	强制性矫正措施		可选择性矫正措施
资本根本性不足（critically undercapitalized）	如果参保银行在资本分配或者向控制本银行的人员支付管理费用后将会导致资本不足，银行不得进行资本分配或者支付该管理费用	限制业务经营活动；禁止偿还次级债；在银行发生资本根本性不足之日起90日内任命托管人或者接管人，除非适格的银行监管机构和FDIC认为有比托管和接管更好的处置方法。如果银行发生资本根本性不足之日后270日内，在季度平均水平上仍然存在资本根本性不足，联邦银行监管机构应当为其指定接管人	

说明：所谓"适格的联邦银行监管机构"（appropriate federal banking agency）是指对该类型的银行承担主要监管责任的联邦银行监管机构。

由表3—2和表3—3的内容可知，美国银行法所建立的即时矫正制度是"由触发点、矫正措施以及二者之间的特殊关联构成"[1]，其基本运作方式是：适格的银行监管机构首先依据其所制定的反映银行资本水平的一组量化指标，将其监管的银行归类到不同的等级之中；一旦发现银行资本的参数指标降至该等级的法定最低要求以下（主要是指被划分到资本不足、资本严重不足和资本根本性不足这三个等级的银行），监管机构就有义务立即采取相应的矫正措施，包括强制性的矫正措施和监管机构具有一定自由裁量权的可选择性矫正措施，促使银行的资本水平恢复到正常状态。如果银行的资本状况持续恶化并触及下一等级的法定最低要求，监管机构就必须采取更加严厉的矫正措施，逐级递进，直至FDIC被任命为问题银行的托管人或者接管人，启动银行

---

[1]　汪鑫：《银行即时矫正制度初论》，《暨南学报》（哲学社会科学版）2005年第4期。

重整程序。①

（二）银行重整适用银行法规定的特别程序

从美国的银行破产立法来看，银行重整的主要法律依据不是国会 1978 年通过的《破产法典》，而是《联邦存款保险法》等一系列银行法律法规。后者规定的适用于银行重整的接管程序和托管程序，与《破产法典》第 11 章规定的破产重整程序在很多方面存在差异。

第一，银行重整程序的启动权掌握在银行监管机构手中。根据美国《破产法典》的规定，凡与公司破产有利害关系的主体都可以提出重整申请，包括债权人、债务人以及债务人的股东。② 但是银行重整程序却是由问题银行的注册机关或者监管机构负责启动。换言之，《破产法典》上的重整程序实行的是私权启动模式，而银行重整实行的则是公权启动模式。根据《联邦存款保险法》的规定，FDIC 可以通过以下三种途径被指定为参保银行的接管人或者托管人：（1）如果

---

① 根据《联邦存款保险法》第 11 条 c 款第 5 项的规定，在下列条件下应当为银行任命托管人或接管人：（1）资不抵债；（2）重大浪费；（3）不安全和不稳健经营；（4）故意违反监管当局确定的停止和终止命令；（5）隐匿其账簿、文件、记录、资产或拒绝向任何检查人、适格的联邦银行监管机构或州银行监管机构提供其账簿、文件、记录或者其他备查事物；（6）无力偿债；（7）由于已经发生或可能发生的严重亏损将耗尽或者实质性耗尽其所有资本，并且无法合理期待其满足本法第 38 条规定的资本充足的条件；（8）任何因为违反法律、条例或者不安全、不稳健的经营，而可能①引起破产、严重浪费资产或盈余，②削弱该机构的财务状况，③以其他方式严重损害存款人或存款保险基金的利益；（9）经过参保银行董事会或者股东或者会员的决议，同意该项任命；（10）FDIC 决定终止参保银行的存款保险资格；（11）发生本法第 38 条规定的资本不足，并且①无法合理预期其再次符合资本充足的条件，②未能按照第 38 条（f）款第（2）项（A）分项的规定充分地提供资本，③未能在第 38 条（f）款第（2）项（D）分项规定的时间内向监管机构提交可接受的资本重整计划，④未能按照第 38 条（e）款第（2）项的规定实质性地履行已经提出并且被接受的资本重整计划；（12）发生本法第 38 条定义的或者其他形式的资本根本性不足；（13）洗钱罪。12. U. S. C，Article 1823（C）（5）从法律的规定来看，银行被接管的原因可以划分为五类：一是银行具有破产原因，如前述（1）（6）；二是银行濒临破产，如（7）（10）（12）；三是银行存在发生破产的可能，如（3）（8）（11）；四是银行存在违法违规行为，如（2）（4）（5）（13）；五是其他原因，如（9）。其中，第一类和第二类都可以归入银行破产重整的原因，第三类可以归入即时矫正措施的启动条件，由此可知，银行重整程序的启动必须以任命 FDIC 作为银行托管人或接管人作为开始，但是银行托管和接管的条件却不仅限于银行具有重整原因或者需要对银行实施即时矫正措施。

② 11 U. S. C.，Article 301，303.

该银行是在联邦注册成立的，包括联邦储蓄银行、联邦储贷协会和国民银行，由 OCC 作为主要监管机关根据自己的判断对 FDIC 进行任命；（2）如果该银行是在各州注册成立的，包括州储蓄银行、州储贷协会或者州立银行，则由其适格的州银行监管机构对 FDIC 进行任命；（3）在少数情况下，FDIC 也可以任命自己作为州参保银行唯一的接管人或托管人。①

第二，对被重整银行的管理由 FDIC 全权负责。尽管《破产法典》规定破产重整程序的主导机构是法院，但是被重整企业在原则上仍然由"占有中的债务人"（Debtor in Possession，DIP）自行管理②，债权人在破产重整程序中的参与度相对较高，其不仅有权提出重整方案，还对债务人提出的重整方案享有表决权。当事人可以对法院做出的决定（例如法院在债权人反对的情况下强行批准重整方案）提起上诉。在上诉期间，法院将暂缓执行其做出的决定。与之相反，根据《联邦存款保险法》的规定，FDIC 作为银行重整的主导机构，一旦被任命为问题银行的接管人或者托管人，即继受取得了问题银行及其股东、管理层和董事的所有权利，不仅取代问题银行的股东实际占有并管理问题银行，而且对问题银行的重整事务享有排他的单独决策权，并且全权负责重整方案的制订和实施，不受美国联邦和州的其他银行监管机构、政府部门以及法院的指导或者监督。"与此同时，当事人对 FDIC 所作决定的诉权受到了严格的法律限制，即使能够起诉，法院也通常只进行事后的司法审查，而不会打断 FDIC 对其决策的执行。"③

第三，有托管和接管两种不同的制度设计可供选择。与《破产法典》只设计了一套破产重整程序不同，《联邦存款保险法》为 FDIC 提供了

---

① 12 U. S. C. , Article 1821（c）.

② 根据美国《破产法典》的规定，在破产重整过程中，占有中的债务人企业的日常运营仍然由该企业原来的管理层负责；法院在有理由认为债务人存在欺诈、不正直、管理不当或者能力不足的情况下，可以任命破产管理人接管企业的财产和经营；有些情况下，法院可能会采用中间道路，即任命监督人对债务人的经营情况进行监督。参见 11 U. S. C. , Article 1106 – 1108。

③ Robert R. Bliss, George G. Kaufman, "A Comparison of U. S. Corporate and Bank Insolvency Resolution", *Economic Perspectives*, Federal Reserve Bank of Chicago, 2Q/2006, p. 49.

托管和接管两种程序来实施对问题银行的重整。尽管两者具有一定的相似之处，例如托管人和接管人都可以取得问题银行的全部资产及其股东、董事会成员和管理层的所有权利，都有权对该银行的经营进行管理等；但是从重整措施及其法律效果来看，两者存在一定的差异：托管期间采取的措施属于存续式重整，是在问题银行原有法人资格不被消灭的前提下，通过增加银行资本、禁止银行从事高风险性业务，以及重新选举董事会等措施，使问题银行恢复正常状态；接管期间采取的措施多属于出售式重整，主要是将问题银行的核心资产作为一个整体对外进行转让，最大限度地保存银行的持续经营价值。如果在法律规定的期限内，托管不能帮助问题银行摆脱困境，就必须转为接管。FDIC 在实践中对问题银行的重整，很少采用托管的方式，几乎都是通过接管完成的。[①]

第四，银行重整的时间短，效率高。《破产法典》第 11 章规定的破产重整程序，因参与决策的人数众多，利益协调困难而往往需要很长的时间才能完成；而银行重整的单一决策机制无疑为 FDIC 快速而高效地处置问题银行奠定了基础。在美国的银行重整实践中，许多问题银行都是在周五营业时间结束以后被其监管机构宣布启动重整程序，然后由 FDIC 作为接管人利用周末的两天时间完成并购重组，到了周一，银行又继续正常营业，即所谓"五一机制"。当银行重新开业时，很多存款人甚至并没有意识到他们的银行已经在周末易主。

（三）存款保险机构[②]在银行重整中具有双重身份

根据美国银行法的规定，银行重整过程中，存款保险机构具有双重身份。以 FDIC 为例，一方面，它作为存款保险机构，对没有加入

---

① 据统计，1934—2012 年，FDIC 通过接管方式处置了 2560 家商业银行，但是适用托管方式处置的只有 3 家（而且最后都转换为接管）。虽然在储贷协会危机中，FSLIC 通过托管方式处置了大量破产的储贷协会，但却是 FSLIC 无力对参保储贷协会的存款人进行赔付所致。参见 Richard Scott Carnell, Jonathan R. Macey, Geoffrey P. Miller, *The Law of Financial Institutions*, 5th Edition, New York: Wolters Kluwer Law & Business, 2013, p.497。

② 美国主要有两个存款保险机构，一是 FDIC，该公司在 1933 年 6 月依《格拉斯—斯蒂格尔法》成立，它为存款人提供最高限额为 25 万美元的存款保险；二是 NCUA，负责管理的国家信用合作保险基金，为由其注册和监管的信用合作机构提供存款保险，因此也具有存款保险的职能。本书对美国存款保险机构的研究，以 FDIC 为主。

联邦储备系统的州银行（包括州储蓄银行和州储贷协会）负有主要的日常监管责任，并对所有参保银行的存款人在法定最高限额之内承担着保险赔付责任；另一方面，FDIC 作为问题银行的接管人（或托管人），在通过法律运作取得问题银行及其股东、管理层和董事会成员的所有权利和资产的基础之上，肩负着制订和实施重整方案、挽救问题银行的重任。法律之所以赋予 FDIC 在履行存款保险及与之相关的监管职责的同时，承担起银行重整主导机构的职责，其目的是希望通过"双管齐下"的模式来维护银行系统的稳定和公众对银行业的信心。

在 1989 年的 FDIC 诉詹金斯案中，美国联邦第十一上诉巡回法院对 FDIC 在银行重整中的行为方式是这样描述的："如果一家银行经营失败，FDIC 将会被任命为接管人并由它来决定对该银行的处置措施。FDIC 通常有两种方案可供选择：一是'存款理赔'，即在受保的存款额度之内直接向该银行被保险的存款人进行偿付并对问题银行的资产进行清算；二是'购买与承接交易'，即促成其他健康银行收购经营失败银行的资产同时承接其被保险的存款。经营失败的银行将以被收购银行的名义重新开业，其对存款人提供的银行服务不会因此中断。……收购银行可以将其收购的问题银行资产中价值有限的那部分返还给作为接管人的 FDIC，作为保险公司的 FDIC 将从作为接管人的 FDIC 那里购买这部分被返还的资产，并通过后者将购买价款支付给收购银行，然后把处置这些资产所获得的收益用以填补存款保险基金的损失。"[1] 在 1977 年的 FDIC 诉戈歇尔案中，美国联邦第四上诉巡回法院同样观察到了 FDIC 在银行重整中行为方式的特殊性，并指出："当作为接管人的 FDIC 与作为保险公司的 FDIC 签署商业收购协议时，这是两个不同的行为主体。"[2]

多年以来，为了防止 FDIC 的双重角色所可能导致的利益冲突，美国联邦法院始终小心翼翼地维护着作为接管人（或者托管人）的 FDIC 与作为存款保险机构的 FDIC 之间的隔离墙，竭力将其在不同身

---

[1]　Federal Deposit Ins. Corp. v. Jenkins, 888 F. 2d 1573, C. A. 11 (Fla.), 1989.

[2]　Federal Deposit Ins. Corp. v. Godshall, 558 F. 2d 220, C. A. S. C. 1977.

份下的权利义务区分开来，并由此产生了一条重要的判例法规则：
FDIC 在履行其对银行的监管职责时做出的行为不能成为当事人对后
来作为该银行接管人（或者托管人）的 FDIC 起诉的事由；反之亦
然，FDIC 在作为问题银行接管人（或者托管人）期间的行为，也不
构成当事人向作为存款保险机构的 FDIC 主张权利或者进行索赔的诉
由。换言之，任何针对 FDIC 在问题银行进入重整程序之前行为的诉
讼请求，只能向作为保险机构的 FDIC 主张；任何针对 FDIC 在问题银
行进入重整程序之后的诉讼请求，只能向作为接管人（或者托管人）
的 FDIC 主张。请看以下案例的具体说明。

案例 1 大卫·威廉姆斯等人诉 FDIC 案（2010）[①]

华盛顿互惠银行（以下简称互惠银行）是一家在联邦注册成
立的储蓄银行。2008 年 9 月 25 日，OCC 宣布互惠银行破产并任
命 FDIC 作为接管人。作为接管人的 FDIC 随即将互惠银行的全部
资产通过"购买与承接交易"的方式出售给了摩根大通公司（JP
Morgan Chase）。2009 年 4 月 14 日，大卫·威廉姆斯向法院起诉
FDIC，称自己曾是互惠银行的雇员，根据其与互惠银行签署的
《管理权变更暨续聘津贴协议》（Change-in-Control, Retention and
Bonus Agreements，以下简称《变更协议》），因为出现协议中所定
义的公司控制权变更而离职的雇员，将获得额外的离职补偿金
（通常是其年薪的 1.5—2 倍）。在 FDIC 接管互惠银行之后，威廉
姆斯被限令离职，但互惠银行并没有依照《变更协议》向其支付
这一补偿金，故要求法院判令作为互惠银行接管人的 FDIC 遵照
前述协议向自己支付互惠银行拖欠的补偿金。在威廉姆斯向法院
起诉后，与互惠银行签署过《变更协议》的其他雇员以相同的诉
由将 FDIC 诉至法院；但是其中有五份诉状将"作为保险公司的
FDIC"（FDIC-Corporate）和"作为接管人的 FDIC"（FDIC-Re-
ceiver）都列为了被告。2009 年 9 月 2 日，法院决定对此案进行
合并审理。2009 年 11 月 8 日，FDIC 以存款保险公司的名义向法

---

① Williams, v. Federal Deposit Ins. Corp. , 2010 WL 5791627.

院提交动议，要求根据《美国联邦民事诉讼规则》（Federal Rules of Civil Procedure）第 12 条 b 款第 6 项的规定撤销案件。① 联邦地区法院驳回了原告对作为保险公司的 FDIC 的起诉，其主要理由如下。首先，作为保险公司的 FDIC 和作为接管人的 FDIC 在法律和功能上是完全不同的实体，原告起诉 FDIC 拒绝支付额外离职补偿金的行为只与作为接管人的 FDIC 相关，不能构成法院对作为存款保险公司的 FDIC 有管辖权的依据。其次，根据《联邦存款保险法》第 11 条 d 款第 2 项的规定，只有作为接管人的 FDIC 才能取得互惠银行的所有权利、资格、权力和特权，除非作为存款保险公司的 FDIC 向作为接管人的 FDIC 购买互惠银行的资产，否则作为存款保险公司的 FDIC 既不能取得互惠银行资产的所有权，也不能承担其债务；原告提出 FDIC 以双重身份在互惠银行与摩根大通公司的购买与承接协议上签字这一事实，并不能证明作为存款保险公司的 FDIC 继受了互惠银行的债务，因为根据该协议的约定，作为存款保险公司的 FDIC 只是为摩根大通公司承接互惠银行的所有存款（包括未受保的存款）提供辅助性的帮助。

第三节　英国：从司法型重整到混合型重整

由于英国的银行业历史悠久，长期以来实行自律监管和混业经营，其银行的类型纷繁复杂，卡洛·戈拉（Carlo Gola）和亚历山大·罗塞林（Alessandro Roselli）两位学者认为，英国的银行可以大致划分为存款银行（Deposit Bank）、二级银行（Secondary Bank）和准银行机构（Near-

---

① 根据《美国联邦民事诉讼规则》第 12 条 b 款规定，被告在答辩之前，针对以下事项有权提出要求法院撤销案件的动议：（1）缺乏事项管辖权或者无对人管辖权；（2）审判地不适当；（3）程序不充分；（4）送达程序不充分；（5）没有陈述救济请求；（6）不可或缺的当事人未参加诉讼。参见 Federal Rules of Civil Procedure, Section 12, Article（b）。

bank）三个组别。① 根据英国 2009 年《银行法》第 2 条的规定，"银行"是指在英国注册或者依据英国法律设立，获得 2000 年《金融服务与市场法》（Financial Services and Markets Act）的授权，从事吸收存款业务的机构，但不包括房屋信贷互助会（Building Society）、信用合作社和其他被财政部明令排除的机构。从这一定义上看，英国成文法上"银行"概念的外延比我国狭窄，但是根据该法第 84 条和第 89 条的规定，房屋信贷互助会和信用合作社可以参照适用该法所规定的与银行破产相关的法律制度。与美国相似，英国的银行破产立法同样采取了成文法为主、判例法为辅的形式；不同之处在于其银行重整的立法模式与制度构建于 2007 年金融危机前后发生了重大变革。

一 2007 年金融危机爆发前英国的银行重整立法

英国银行法的历史沿革深受其政治体制、经济政策和法律传统的影响，直到 20 世纪 70 年代，其银行监管体系还一直沿袭着以自律监管为主的传统，由英格兰银行在事实上履行着非正式的维护金融稳定的职责。②

---

① 存款银行在英国银行体系中居于核心地位，主要包括清算银行（Clearing Bank）和贴现银行（Discount House）。其中，以巴克莱银行（Barclays Bank）、国民西敏寺银行（National Westminster Bank）、米德兰银行（Midland Bank）和劳埃德银行（Lloyds Bank）为代表的清算银行（可以直接参加伦敦票据交换所进行的票据清算）长期以来在存款银行的零售业务中占据着垄断地位。贴现银行的主要职能是以国库券和其他票据作为担保向清算银行借入短期资金，同时对商业票据予以贴现，是英国银行体系独有的一种金融机构。二级银行主要包括承兑银行（Accepting House）、海外银行和外国银行，与存款银行相比，二级银行不能直接参与票据清算，主要是从批发市场而非通过零售业务吸收存款。承兑银行最初是由从事国际贸易并兼营承兑业务的商人发展起来的，其传统的业务是进行贸易融资和提供较大比例的承兑工具；现阶段，其业务范围已经扩大到企业融资、投资管理、贷款以及银团业务等领域。海外银行是指依照英国法律成立，但其主要资产在海外的银行；外国银行则是指不在英国注册或者依据外国法律设立的银行。与存款银行和二级银行相比较，准银行机构同样不能直接参与票据清算，但其吸收存款的主要途径还是银行的零售业务。吸收存款并为住房建设和购买提供融资的房屋信贷互助会、信用合作社和提供消费信贷的融资公司（Finance Houses）等金融机构都可以归类为准银行机构。参见 Carlo Gola, Alessandro Roselli, *The UK Banking System and Its Regulatory and Supervisory Framework*, New York：St. Martin's Press, 2008, pp. 5 – 7。

② 根据 1946 年《英格兰银行法》第 4 条第 3 款的规定，英格兰银行出于公共利益的需要，有权要求银行向其提供信息或者向银行提出建议；在给予银行陈述机会并获得财政部同意的情况下，英格兰银行还可以向银行发布指示（direction）。但是前述"建议"和"指示"均没有法律效力，在实际执行过程中，英格兰银行一般是通过与银行签订"君子协定"等非正式方式来矫正银行的不安全和不稳健行为。参见 Bank of England Act 1946, section 4 （3）。

后虽几经变革，将银行监管职能从英格兰银行剥离，并建立起了以
FSA 为核心的单一银行监管体制①；但是英国的金融市场与普通民众
对政府干预银行的市场退出，特别是利用公共资金救助问题银行或者
对其实施国有化等处置措施始终存有强烈的抵触情绪。从银行重整的
立法情况来看，在 2007 年金融危机发生之前，英国一直没有对银行
重整进行单独立法，而是与其他企业一样适用破产法中对重整的法律
规定。

　　英国的破产法律体系建立重整制度的时间相对较晚。直到 1977 年，
英国议会才任命肯尼斯·科克爵士（Kenneth Cork）领导的专门委员会对
破产立法和实践进行调查，以寻求破产清算程序的替代制度。经过数年
努力，科克委员会于 1982 年公布了其完整的调查报告，提出应当对破产
法进行大规模改革，并认为法律有必要引入破产重整制度，鼓励破产企
业作为一个运营实体继续维持下去。1986 年《破产法》就是在该报告的
基础之上出台的，其中与公司重整相关的法律规定主要由三个部分组成：

---

　　① 在 2007 年金融危机爆发前，英国的银行监管体系主要经历了以下四次变革：
（1）1979 年《银行法》建立“双层银行体系”（Two Tier Banking），将银行划分为“认
证银行”（Recognized Banks）和“牌照银行”（Licensed Institutions），并授权英格兰银行
对牌照银行进行正式监管，标志着英国银行监管体系开始走向法定化；（2）1987 年《银
行法》废除“双层银行体系”，规定所有的银行必须接受英格兰银行的统一监管，并在
英格兰银行的内部成立了银行监管委员会（Board of Banking Supervision），关于银行的监
管框架基本形成；（3）1998 年《英格兰银行法》将对银行的监管职能从英格兰银行剥
离，转移给 FSA；（4）2000 年《金融服务与市场法》结束了英国的分业监管格局，将
FSA 明确为包括银行、证券经纪商、保险公司等在内所有金融机构的统一监管机构，其
对银行的监管权力进一步扩大，除享有准立法性质的规则制定权，对银行进行信息收集
和调查之外，FSA 还有权对违法违规的银行实施纪律惩戒（disciplinary power），常见的惩
戒手段包括公开谴责（public censure）和罚款。参见苏洁澈《危机与变革：英国银行监
管体系的历史变迁》，《甘肃行政学院学报》2014 年第 1 期；Banking Act 1979，Section 3，
14 – 17；Bank Act 1987，Section 1 – 2，19 – 20；Bank of England Act 1998，Section 21 – 30；
Financial Services and Markets Act 2000，Section 1 – 2，22，138 – 156，165 – 177，205 –
211；HM Treasury，Bank of England and the Financial Services Authority，"Memorandum of Un-
derstanding Establishes a Framework for Co-operation between HM Treasury，the Bank of England
and the Financial Services Authority"，http：//www. bankofengland. co. uk/financialstability/
Documents/mou. pdf，last visit at 2018. 07. 15。

接管程序（receivership proceedings）①、公司自愿整理程序②和管理程序③。根据 1986 年《破产法》第 422 条和 1989 年《银行（管理程序）指令》[The Banks (Administration Proceedings) Order] 的规定，银行重整可以适

---

① 英国《破产法》上的接管程序源于英国衡平法院根据抵押权人的请求指定接管人负责收取抵押财产的孳息以偿还抵押利息，后逐渐发展为抵押权人指定接管人作为其代理人以收取抵押财产收益或者实现抵押权的一项制度。随着浮动抵押在英国的出现和普及，浮动抵押权人指定的接管人不仅有权收取公司财产的应得收益，还可以在公司经营陷入困境时，以公司代理人的身份全面接管其财产和业务，保障和实现债权人的担保权益。虽然使公司恢复盈利并不是公司接管人的终极目标，但是其将公司财产视为一个经营实体进行处置的方式却有助于保存公司的持续经营价值，因此，英国法中的接管制度一直被认为具有重整之功效。根据 1986 年《破产法》的规定，享有浮动抵押担保权的公司债券持有人或者其代表人有权任命破产职业者作为公司全部财产的管理接管人（administrative receiver），其拥有为管理公司业务和财产所必需的一切权利，包括占有、使用和出售公司财产，设立子公司，任命和解雇公司职员等。但是由于在实践中，浮动抵押权人任命的接管人常常漠视其他无担保债权人的利益，使得接管制度的公正性饱受诟病。根据 2002 年《企业法》（The Enterprise Act）对 1986 年《破产法》的修改，除法律另有规定以外，自 2003 年 9 月 15 日起，在公司财产上设定浮动抵押的抵押权人不能再为公司任命管理接管人，但是可以在法庭外任命管理人，启动管理程序。在以后的法律实践中，接管制度逐渐为公司自愿整理程序和管理程序所取代。参见 The Insolvency Act, Section 29 (2), Section 72A; The Enterprise Act 2002, Section 250, Schedule 16 – Schedule 16 to Insolvency Act 1986, paragraph 2。

② 公司自愿整理程序主要是为债务公司与债权人就债务清偿或者公司事务整理达成自主协议提供一个机会。根据 1986 年《破产法》的规定，公司自愿整理程序的启动无须向法院申请，只要关于公司自愿整理的方案得到了必要多数债权人和公司股东的同意（债权人会议要求出席会议的债权人过半数同意且其代表的债权额占无财产担保债权总额的 75% 以上；股东组的表决要求出席会议的股东过半数同意且其持有的股份占公司股本总额的半数以上），将直接对债务公司和全体债权人产生法律约束力。参见 Insolvency Act 1986, Section 1 –7B。

③ 国内有学者将 "administration proceeding" 译为 "行政程序"（参见莫丽梅《英国银行破产法律制度及启示》，《中国金融》1999 年第 3 期；杨学波：《我国银行业破产法律制度分析与构建》，博士学位论文，中国政法大学，2006 年，第 28 页），笔者认为此种译法存在一定的误差。从 1986 年《破产法》和 2002 年《企业法》的规定来看，启动 administration proceeding 的管理令由法院下达，管理人由法院任命，或者由浮动抵押权人或公司及其董事在庭外任命并且只能是法院的官员；虽然在银行重整过程中，英格兰银行、金融服务局等的银行监管机构有一定的参与权，但整个法律程序的主导者仍然是法院而非行政机关，故笔者以为，将 "administration proceeding" 译为 "管理程序" 更切合法律的本来含义，而且可以与行政机关主导下的银行重整程序加以区别。参见 Insolvency Act 1986, Section 9 (1); The Enterprise Act 2002, Section 248; Schedule B1 to Insolvency Act 1986, paragraph 2, 5。

用管理程序;① 而接管程序和公司自愿整理程序由于种种原因，被排除在银行破产重整的法律适用范围之外。② 由此可知，在 2007 年金融危机爆发前，英国的银行重整立法采取的是司法型重整模式，对问题银行的重整主要是通过 1986 年《破产法》中规定的管理程序进行，其法律制度构建的特点集中表现在以下三个方面。

（一）银行重整的申请人范围广，但启动条件严格

如果银行不能清偿到期债务或者存在不能清偿到期债务的可能性时，问题银行及其董事、债权人（包括或有债权人和未来债权人）和 FSA 可以单独或者联合向法院申请管理令（administrative order）。③ 尽管法律没有规定问题银行及其董事、债权人向法院申请管理令时必须经过 FSA 的同意，但是在实践中，没有得到监管机构支持的申请通常会被法院驳回。

---

① 根据 1986 年《破产法》第 422 条的授权，以及 1987 年《银行法》第 108 条第 1 款和附件 6 对前述条款所做修改，国务大臣在与英格兰银行会商并与财政部取得一致意见以后，有权以特别成文法令的形式宣布该法第一组别的规定中哪些条款可以适用（包括修改后适用）于根据 1987 年《银行法》成立的银行或者符合 1987 年《银行法》关于"银行"定义的机构。根据 1989 年《银行（管理程序）指令》的规定，自 1989 年 8 月 23 日起，依照 1987 年《银行法》设立的银行或者符合该法关于"银行"定义的并且满足 1985 年《公司法》第 735 条规定的公司，可以依照本法令所做修改适用 1986 年《破产法》关于管理程序的相关规定。参见 Insolvency Act 1986, Section 422; The Banking Act 1987, Section 108 (1), Schedule 6; The Banks (Administration Proceedings) Order 1989, Statutory Instruments 1989, No. 1276。

② 接管程序不适用于银行重整的原因源于 1983 年英格兰银行向所有银行和其他存款机构下发通知，禁止银行在其自有财产上为他人设定浮动抵押，而接管程序是以公司财产上存在浮动抵押为前提的。公司自愿整理程序不适用于银行重整主要有两个方面的原因：一是公司自愿整理程序没有自动冻结债权的效力（2000 年《破产法》明确地将银行排除在提出自愿整理方案时可以获得延期支付的公司范围之外）；二是公司自愿整理程序无法满足 FSA 和英格兰银行等监管机构参与银行破产重整的需要。参见 Bank of England Notice: "*Connected Lending*; *Accounts*; *Large Exposures*; *Fraudulent Invitations*; *Floating Charges*", BSD/1983/1, April 1983; Insolvency Act 2000, Schedule A1, Section 2。

③ 在英国破产法上，管理程序的启动方式有庭外和庭内两种途径：前者通过浮动抵押权人或者公司及其董事在庭外任命管理人的方式启动，无须取得法院的同意；后者通过法院根据当事人的申请发布管理令的方式启动，公司及其董事、债权人以及治安法院对公司课以罚金的司法行政官均对此享有申请权。但是根据 1989 年《银行（管理程序）指令》和 2000 年《金融服务与市场法》的规定，银行重整程序的启动，只能以当事人或者 FSA 向法院申请管理令的方式启动。参见 The Insolvency Act 1986, Section 8 – 9; The Banks (Administration Proceedings) Order 1989, Statutory Instruments 1989, No. 1276; Schedule B1 to Insolvency Act 1986, paragraph 2, 10 – 12, 14, 22 – 23, 27 (2); Financial Services and Market Act 2000, Section 359。

而且，与美国法把对问题银行的接管与其早期干预措施结合起来的做法不同，英国法没有将监管性标准引入银行重整程序的启动环节，法院对管理令申请进行审查主要还是依据资产负债标准和流动性标准，即银行的总资产小于总负债，或者银行无法满足存款人随时提取资金的要求。①银行不安全和不稳健的经营行为虽然会受到 FSA 的纪律惩戒，严重时可能导致该银行被 FSA 撤销银行牌照，但并不足以构成银行重整程序的启动原因。

（二）法院主导银行重整，监管机构参与程度较低

在管理程序中，法院对是否发布管理令、选任和更换管理人以及是否同意采取延期偿付的例外措施等重大事项享有广泛的自由裁量权，并且有权对管理人发出指示。②问题银行一旦进入管理程序，债务冻结制度即自动生效，在管理令的有效期间内不受债权人的追讨；但是管理人在履行其职责时必须保证全体债权人能够获得比没有经过管理程序而直接进行银行清算更多的清偿份额，并且无担保债权人对重整方案享有表决权。③虽然 FSA 在银行重整过程中享有一定的参与权，例如当问题银行及其股东、债务人向法院申请管理令时，FSA 可以列席法院举行的听证会，重整银行的管理人负有向 FSA 报告银行重整进程的义务，以及 FSA 有权以管理人未能合理有效地履行其职责为由向法院申请撤换管理人等。④但与美国法上 FDIC 直接介入并全面负责银行重整的运作机制相比较，英国的金融监管机构对银行重整的参与程度十分有限。

（三）银行重整遵循市场机制，耗时较长

只要利害关系人没有向法院主张自己的权益受损或者程序违法，法院就不会主动介入银行的重整过程。虽然管理人在问题银行的财产处置上享有比较广泛的自主权，例如在第一次债权人会议召开之前，管理人

---

① The Insolvency Act 1986, Section 123; The Banks (Administration Proceedings) Order 1989, Statutory Instruments 1989, No. 1276; Financial Services and Market Act 2000, Section 359 (3) (b).

② Schedule B1 to Insolvency Act 1986, paragraph 10, 13, 42 (4), 88, 90 – 95; Insolvency Act 1986, Section124A.

③ Schedule B1 to Insolvency Act 1986, paragraph 3, 43 – 44, 53, 68.

④ Financial Services and Market Act 2000, Section 362.

有权将银行的全部财产（除了设定固定财产担保的财产）和营业事务整体转让给第三人而无须获得法院的批准。① 但是由于银行重整基本遵循市场机制，管理人很难在第一次债权人会议召开之前寻找到合适的收购者，而银行重整方案又必须经过债权人会议通过后方能实施。通常情况下，管理人应当在管理程序启动之日起八周内提交重整方案并在十周内召开债权人会议进行讨论和表决。② 相较于美国法上 FDIC 对被重整银行快刀斩乱麻式的处置过程，适用英国破产法上的管理程序对银行实施重整显然需要花费更长的时间。

二　2007 年金融危机爆发后英国的银行重整立法

金融危机虽然导致大量银行破产倒闭，社会经济动荡不安，但是它也为各国检验其经济调整工具、政府决策和法律制度与体系的有效性提供了一次难得的契机。2007 年下半年，在由美国次贷危机引发的金融风暴中，以前述北岩银行挤兑事件为代表的一系列银行破产案充分暴露出英国银行重整立法在模式选择上的缺陷和弊端。

首先，通过法院主导下的管理程序对银行实施重整，很难充分顾及银行破产的特殊性。举例而言，由于在银行重整的启动环节没有引入监管性标准，只要问题银行的资产负债表显示其仍然具有偿债能力，法院就不能任命管理人从银行股东和高管人员手中取得对该银行的经营管理权；由此导致问题银行在进入管理程序后的商业价值严重缩水，管理人很难通过市场机制完成重整，只能求助于政府。另外，管理程序赋予了各方当事人广泛的参与权和决策权，程序烦冗，难以在短时间之内完成银行重整；加上法院"不告不理"的中立态度和监管部门严格受限的参与权，不利于对问题银行的迅速处置以及恢复公众对银行业的信心。

其次，虽然 FSA、财政部和英格兰银行于 2006 年签署《金融稳定谅解备忘录》（*Memorandum of Understanding for Financial Stability*），确立了

---

① Re Transbus International Ltd（In Liquidation）［2004］BCC 410；DKLL Solicitors v HM Revenue & Customs［2007］BCC 908.

② Schedule B1 to Insolvency Act 1986, paragraph 49（4）（5），51（2）.

三方合作框架，但是对彼此在银行重整中的职责分工不明确，当银行陷入财务困境时，有关部门相互推诿和扯皮的现象时有发生，延误了对问题银行进行重整的最佳时机。与此同时，由于立法没有对银行重整的损失分担机制以及政府利用公共资金向重整银行提供救助的行为进行规范，导致英国政府在2007年金融危机中利用国有化的方式解决银行重整问题时饱受抨击，甚至引发了民众大规模的示威游行，抗议政府使用纳税人的钱为私人银行家的冒险投机行为埋单。

痛定思痛之后，英国政府开始着手对本国的银行破产制度进行改革。本次修法在借鉴美国银行破产法律制度的基础之上，还广泛征求了IMF、世界银行和国际清算银行等国际组织以及英美等国学者、市场参与主体和银行监管机构的意见。以2009年《银行法》和2012年《金融服务法》为代表的一系列法案相继出台①，标志着英国的银行重整立法开始从司法型重整模式向混合型重整模式转变，其制度构建的主要特点表现在以下两个方面。

（一）通过特别立法重塑银行重整的法律框架

在2007年金融危机发生之前，英国实行的是由FSA作为所有金融机构的统一监管部门，与英格兰银行、财政部共同分担维护金融体系稳定责任的"三驾马车"式监管体系。2012年出台的《金融服务法案》对这一金融监管体制进行了彻底的改革，FSA被拆分为PRA和FCA两个各自独立的监管机构。PRA隶属于英格兰银行，主要负责对其授权经营的银行（包括房屋信贷互助会和信用合作社）、保险公司和一些重要的投资公司等金融机构进行审慎监管。FCA由FSA更名而来，负责对所有金融机构（包括被PRA监管的金融机构）进行行为监管，以及对不受PRA监管的其他金融机构（例如基金管理公司、保险中介公司和财务咨询公司等）

---

① 在2007年金融危机期间和危机结束之后，英国颁布的与银行破产重整相关的规范性法律文件包括：2008年《银行法（特别条款）》［Banking（Special Provisions）Act 2008，简称BS-PA］，2009年《银行法》《2009年〈银行法〉——特别解决机制：执行准则》，2012年《金融服务法》和2013年《金融服务（银行业改革）法》等。其中，BSPA是英国政府应对北岩银行危机而紧急出台的临时性法案，为政府对金融危机中的问题银行实施国有化制定了具体规则，后被2009年《银行法》所取代。

进行授权经营和审慎监管。① 在 PRA 和 FCA 各司其职、密切合作的同时②，英格兰银行内设的金融政策委员会（Financial Policy Committee）③可以向这两家监管机构发出指令，要求其对被监管对象采取相应的措施。由此可见，在改革后的"双峰"监管体制下，英格兰银行集货币政策制定与执行、宏观审慎管理与微观审慎监管于一身，不仅肩负着维护金融体系稳定的领导职责，还在银行重整中发挥着关键性的作用。

2009 年《银行法》所建立的问题银行特别解决机制（Special Resolution Regime）是英国银行破产法改革的主要成果。④ 该机制由稳定化措施

_____

① 由 PRA 授权和监管的对象分为三类：第一类是银行（包括房屋信贷互助会和信用合作社）；第二类是保险公司；第三类是可能对金融体系的稳定性造成影响的投资公司。在英国现行的金融监管体系下，前述金融机构取得营业许可必须同时满足英国财政部 2013 年发布的《2000 年〈金融服务与市场法〉准入条件法令》[The Financial Services and Markets Act 2000 (Threshold Conditions) Order 2013] 中由 PRA 和 FCA 各自设定的市场准入条件，并接受 PRA 的审慎监管和 FCA 的行为监管。如果根据前述法令的规定，一家银行开展的业务无须得到 PRA 的授权，则该银行只受到 FCA 的监管。参见 Financial Services and Markets Act 2000, Section 429 (1); The Financial Services and Markets Act 2000 (Threshold Conditions) Order 2013, 2013 No. 555, 2A - 2E, 3B - 3E, 5F; Bank of England, "The Prudential Regulation Authority's Approach to Banking Supervision", June 2014, available athttp://www.bankofengland.co.uk/pra/Pages/supervision/approach/default.aspx, last visit at 2018.07.15。

② 根据两家机构所签署的备忘录，FCA 和 PRA 不进行联合监管，但任何一家机构在对其监管的金融机构采取强制措施之前（例如撤销营业许可、申请重整或者破产清算等），应当与另一家机构进行事先协商。参见 FCA&PRA, Memorandum of Understanding (MoU) between the Financial Conduct Authority (FCA) and the Prudential Regulation Authority (PRA), Section 23, 43, available at http://www.bankofengland.co.uk/about/Pages/mous/mous2.aspx, last visit at 2018.07.15。

③ 金融政策委员会以英格兰银行理事会下设委员会的形式存在，其主要职责是：（1）通过识别和评估系统性风险监测英国金融体系的稳定；（2）向 PRA 和 FCA 发出指令，要求其针对被监管对象采取相应的监管措施；（3）向英格兰银行、财政部、FCA、PRA 或其他监管机构提出建议；（4）发布金融稳定报告。参见 Financial Services Act 2012, Chapter 1A, Section 9B, 9G, 9H, 9O-9R, 9W。

④ 随着英国金融监管体制改革的逐步推进，特别解决机制的适用范围已经从银行、建筑协会和信用合作社扩大到所有受 PRA、FCA 监管的金融机构，如保险公司、投资公司、金融控股公司等非银行金融机构，特别解决机制也由此成为英国在金融机构风险处置方面通行的法律制度框架。

（stabilization tools）、银行破产程序（bank insolvency Procedure）和银行管理程序（bank administration，procedure）三个部分共同组成。总体而言，稳定化措施是英国立法改革后银行重整制度的核心；银行破产程序是在1986年《破产法》的基础上，专门针对银行制定的破产清算程序；银行管理程序在某种意义上是对英国原有银行重整制度的保留，作为稳定化措施的配套程序加以适用。英格兰银行、PRA、FCA、财政部和法院都是特别解决机制的参与者，其具体运作流程如图3—2所示。

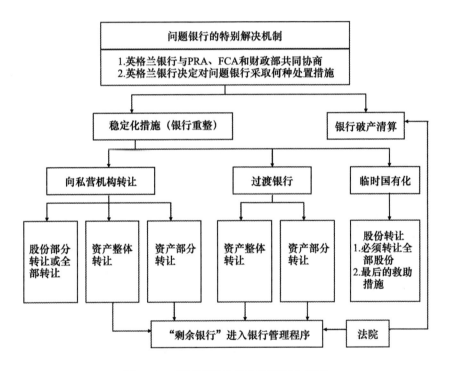

图3—2 英国银行破产的特别解决机制

如图3—2所示，英格兰银行是启动特别解决机制的决策机构。根据2009年《银行法》及其修正案的规定，启动特别解决机制必须满足以下两个条件：第一，问题银行被PRA或FCA判定为已经不能或者即将不能满足 2000 年《金融服务与市场法》等法律所规定的最低市场准入条件①；第二，该银行通过自力救济措施（例如停止向股东分红、出售部分资产以及与债权人签订债转股协议等）能够重新或者继续满足前述市场准入条件不具有合理的可能性。英格兰银行在与 PRA、FCA 和财政部协商的基础上，综合考虑各种因素后，如果认为问题银行满足以上两个启动条件，即可以启动对问题银行的特别解决机制。②

　　英格兰银行在考虑对问题银行采取何种破产处置措施时，应当充分考虑以下目标的实现：（1）保护和提高金融系统的稳定性；（2）保护和提高公众对银行系统稳定性的信心；（3）保护存款人利益；（4）保护公共资金；（5）避免以违反《欧洲人权公约》的方式干涉财产权。③对金

---

　　①　根据 2000 年《金融服务与市场法》和 2013 年《2000 年〈金融服务与市场法〉准入条件法令》的规定，银行的最低市场准入条件主要由五个部分的内容组成：（1）银行必须是公司法人或者合伙企业；（2）公司制银行的总部或者注册地在英国，或者合伙制银行的总部和业务都在英国；（3）为了满足审慎经营的要求，银行必须拥有适当的财务资源以满足监管机构在资本金、流动性和准备金方面的要求，以及非财务资源，例如资产评估能力、风险管理程序和管理能力等；（4）对该银行实施监管符合 PRA 和 FCA 的监管目标；（5）该银行能够受到 PRA 和 FCA 的有效监管。参见 Banking Act 2009, Financial Services Act 2012, Part 2, Amendments of Financial Services and Markets Act 2000, Section 11, 55B, 55E, 55F; The Financial Services and Markets Act 2000 (Threshold Conditions) Order 2013, No. 555。

　　②　根据 2009 年《银行法》及其修正案的规定，PRA 或 FCA 在判断问题银行是否符合特别解决机制的启动条件时，如果该银行此前曾经接受了英格兰银行或者财政部提供的财务援助，则其判断必须在前述财务援助没有发生的假设之下进行；但是英格兰银行的普通市场援助（ordinary market assistance）不在除外范围内。根据英国财政部在《2009 年〈银行法〉——特别解决机制：执行准则》中做出的解释，英格兰银行向问题银行提供的援助是否属于"普通市场援助"，需要结合英格兰银行的操作方式，问题银行接受流动性支持的市场环境等多种因素进行综合考虑。Banking Act 2009, Section 7; Financial Services Act 2012, Schedule 17, Amendments of Banking Act 2009, Part1, paragraph 8(2) -8(6), 28; The Financial Services and Markets Act 2000 (Threshold Conditions) Order 2013, 2013No. 555, 3B -3E, 5F; Banking Act 2009 -Special Resolution Regime: Code of Practice, Section 5.10.

　　③　《欧洲人权公约》（European Convention on Human Rights），即《保护人权与基本自由公约》（the Convention for the Protection of Human Rights and Fundamental Freedoms），是一个为保障欧洲人权与基本自由而由欧洲委员会各成员国缔结的国际公约，于 1950 年 11 月 4 日签署并于 1953 年 9 月 3 日生效。由于各国对财产权理解不同，该公约的初始文本并没规定对财产权的保

（转下页）

融系统稳定性不构成威胁的问题银行，经英格兰银行、PRA、FCA 或者财政部的申请，由法院依照 2009 年《银行法》规定的银行破产程序对其进行破产清算，并保证每个适格存款人的账户尽快转移至其他金融机构或者在合理时间内得到金融服务补偿计划（Financial Services Compensation Scheme，简称 FSCS）[①]的赔付。[②]英格兰银行在与 PRA、FCA 和财政部协商后，如果认为对问题银行实施破产清算不利于维护金融系统稳定和公众对银行系统的信心，并且无法满足保护存款人权益的需要，则应当

（接上页）护，直到 1952 年 3 月 2 日，《欧洲人权公约第一议定书》（*Protocol 1 of the European Convention on Human Rights*，以下简称《第一议定书》）签字生效之后，财产权才被纳入《欧洲人权公约》的保护范围。该议定书第 1 条规定："（1）自然人和法人有权不受干扰地享有其财产权，除基于公共利益的需要并满足法律和国际法的普遍原则所规定的条件外，任何人不得剥夺其财产；（2）但上述规定不得损害国家为了普遍利益或者出于税收安排、财产处罚或者其他需要而对自然人和法人的财产行使必要的支配权。"作为《欧洲人权公约》和《第一议定书》的缔约国，英国在 1998 年的《人权法案》中正式将公约中关于财产权保护的内容纳入了国内法。参见 Banking Act 2009, Section 4(4) -4(8); Protocol 1 of the European Convention on Human Rights, Section 1; Human Rights Act 1998, Section 1 (1) (b)。

① FSCS 是英国于 2001 年建立的，FSA 统一管理，由存款保险基金、证券投资者保护基金和保险投资者保护基金共同组成的综合体，覆盖范围包括存款、保险保单、保险经纪、投资业务以及家庭金融。当参保机构破产倒闭时，对受保人的赔偿是按比例计算的，同时还要受制于最高赔偿金额的限制，银行存款的最高赔偿金额为 85000 英镑。FSA 解体后，FSCS 被移交给 PRA 和 FCA 两家机构共同管理。

② 在英格兰银行决定将问题银行交由法院进行破产清算之前，应当与 PRA、FCA、财政部和 FSCS 进行协商。2009 年《银行法》规定的银行破产程序是在对 1986 年《破产法》中的普通破产清算程序进行修改后建立起来的，两者之间的差异主要表现在：（1）银行破产清算的申请权只赋予了英格兰银行、PRA、FCA 和财政部；（2）法院在问题银行无力或者可能无力偿还债务的前提下，必须综合考虑公共利益以及公平原则之后，才能颁布银行破产令；（3）法院所任命的银行清算人有两项目标：一是保证将每个适格存款人的账户尽快转至其他金融机构或在合理时间内得到 FSCS 的赔偿，二是对破产银行的事务进行清算，最大限度地保证所有债权人的整体利益。目标一相较于目标二具有优先性。（4）银行清算委员会的成员分别由英格兰银行、PRA、FCA、FSCS 任命。参见 Banking Act 2009, Section 95 -97, 99, 100; Financial Services Act 2012, Schedule 17, Amendments of Banking Act 2009, Part 2, paragraph 32 -34, 36, 45。

启动银行重整程序，采取稳定化措施对问题银行进行重整。①

具体而言，有三项稳定化措施可供监管当局选择：其一，向私营机构转让问题银行；其二，将问题银行转让给由英格兰银行设立的过渡银行；其三，对问题银行实行临时国有化（Temporary Public Ownership）。②从操作方式来看，向私营机构转让问题银行最为灵活，可以通过股份转让或者资产转让这两种途径来实现；资产转让和股份转让可以是整体，也可以是部分。过渡银行只能接受问题银行的全部或者部分资产；而临时国有化一般是通过股份整体转让的方式进行。在确有需要的情况下，前两项稳定化措施可以结合起来使用。从决策和实施机构来看，英格兰银行有权决定是否设立过渡银行，并负责向私营机构或者过渡银行转让问题银行；而财政部则有权决定是否对问题银行实施临时国有化，并与英格兰银行共同负责具体方案的实施。③

在将问题银行的资产转让给私营机构或者过渡银行之后，如果剩余的银行实体（residual bank），即"剩余银行"不能清偿到期债务或者存在不能清偿到期债务的可能性，则由法院根据英格兰银行的申请，启动银行管理程序，并任命破产职业者担任该"剩余银行"的管理人。④ 2009年《银行法》规定的银行管理程序是对1986年《破产法》规定的管理程序的某些规则进行修改后，作为稳定化措施的配套程序使用的。与英国传统的银行重整所适用的管理程序相比，新的银行管理程序主要具有以下三个方面的特色。首先，目标多样化。银行管理程序有两个目标：一是为私营机构或者过渡银行完成对问题银行资产的收购并实现有效运营

---

① 根据2009年《银行法》的规定，在以下两种情形，即使前述条件均得到满足，英格兰银行也不能启动银行重整程序，对问题银行采取稳定化措施：一是在银行重整过程中需要使用公共资金，财政部尚未表示同意的；二是财政部书面通知英格兰银行该稳定化措施与英国承担的国际义务相抵触。在后一种情况下，英格兰银行必须在考虑特别解决机制法定目标的前提下，重新选择替代性的破产处置措施；英国财政部对此可以提出相关建议和要求。参见 Banking Act 2009，Section 76，78。

② Banking Act 2009，Section 1（3）.

③ Bank of England，"The Bank of England's Approach to Resolution"，October 2014，available at http：//www. bankofengland. co. uk/financialstability/Pages/role/risk_reduction/srr/tools. aspx，last visit at 2018. 07. 15。

④ Banking Act 2009，Section 142.

提供必要的支持，二是通过"通常管理"（normal administration）最大限度地保存"剩余银行"的持续经营价值或者使"剩余银行"的全体债权人能够获得比"剩余银行"不经过管理程序而直接破产清算更多的清偿份额。① 相较而言，第一个目标居于首要地位，而与1986年《破产法》中的管理程序相同的第二个目标则处在次要地位。除非英格兰银行书面通知管理人，问题银行的受让方已经不再需要"剩余银行"提供支持，否则管理人在对"剩余银行"进行管理时就必须首先考虑第一个目标的实现，同时剩余银行也不能成立债权人委员会。② 其次，管理人的权利受限。根据1986年《破产法》的规定，管理程序的管理人在公司重整中享有十分广泛的自主权；而银行管理人却必须配合英格兰银行对"剩余银行"提出的要求进行管理，涉及出售银行资产、解雇职员、开展银行业务，以及申请破产清算等重要事项，银行管理人在做出决策之前都必须事先取得英格兰银行的同意。最后，英格兰银行对银行管理程序的干预和控制加强。与1986年《破产法》上的管理程序完全由法院主导不同，英格兰银行在银行管理程序中享有广泛的参与权，其不仅可以向管理人发出各项指示，而且有权在其认为对于"剩余银行"的管理已经达成第一个目标的时候向管理人发出通知，法院对此只有建议权，没有决定权。③

（二）注重对债务人和债权人的利益保护

新的银行重整制度沿袭了英国普通破产法关注重整中的多元化利益格局的传统。一方面，出于维护金融体系稳定、公众对银行系统信心以及存款人利益的需要，法律加强了以英格兰银行为代表的政府机构对银行重整的干预权；另一方面，为防止公权力过度膨胀而对私人权益造成侵害，法律通过授权财政部发布赔偿令的形式为保护处于破产链条上的各利益相关者的财产权建立起相应的保护和补偿机制。根据2009年《银行法》的规定，财政部经法律授权发布的赔偿令包括补偿计划令（compensation scheme order）、重组基金令（resolution fund order）和第三方赔

---

① Banking Act 2009, Section 137.
② Schedule B1 to Insolvency Act 1986, paragraph 50 – 58.
③ Ibid. , paragraph 63.

偿令（third party compensation order）。①

　　补偿计划令主要解决的是当英格兰银行将问题银行的股份或资产转让给私营机构或过渡银行，以及当财政部对问题银行实施临时国有化后，是否应当对问题银行或其股东进行补偿以及如何进行补偿的问题。英国财政部在其发布的《2009年〈银行法〉——特别解决机制：执行准则》中对补偿计划令的实施细节做出了进一步的解释。② 如果对问题银行的转让是通过拍卖等公开竞价方式完成的，无论作为收购方的私营机构出价高低，都应当认定作为出让方的问题银行自身或其股东获得了充分的对价，不存在因转让对价低于市场价值而由政府进行补偿的必要。如果问题银行没有通过公开竞价的方式即被转让，例如对该银行实施临时国有化，或者由英格兰银行设立的过渡银行接收其资产，财政部应当任命独立的评估师就问题银行或其股东在银行没有转让与强制转让这两种情形下的所得进行评估，独立核算问题银行或其股东在银行被强制转让后是否应当获得补偿以及具体的补偿金数额。财政部在其发布的补偿计划令中，可以对独立评估师开展评估工作提出原则性指导，包括评估方法、评估日期或期间、特殊问题特殊处理，以及排除考虑的因素等。法律同时要求评估师在计算对问题银行或其股东的补偿金额时（无论是否与前述原则性指导保持一致），应当将英格兰银行或财政部向问题银行提供的财务援助对银行市场价值造成的影响排除在外。换言之，评估师必须在这样的假设前提下对问题银行的市场价值进行估算，即英格兰银行或财政部撤回对问题银行的所有财务援助。这一评估原则最早是由2008年的《银行法（特别条款）》确立，后在2009年《银行法》中再次得到重申。③ 请看以下案例的说明。

案例2　SRM全球管理者基金公司等诉英国财政部案

　　北岩银行成立于1965年，是英国的五大抵押贷款银行之一，SRM全球管理者基金公司（SRM Global Master Fund LP）等原告是北

① Banking Act 2009, Section 49.
② Banking Act 2009 - Special Resolution Regime: Code of Practice, Section11.8, 11.9.
③ Banking Act 2009, Section 57（3）.

岩银行被收归国有前的股东。2007 年北岩银行由于受到美国次贷危机的影响而发生融资困难。在通过市场化途径重整无望的情况下，2008 年 2 月 17 日，时任财政大臣阿利斯特·达林（Alistair Darling）宣布对北岩银行实施临时国有化。2008 年 2 月 21 日，《银行法（特别条款）》在英国众议院和上议院获得通过后成为法律，正式授予了布朗政府将处于危机中的北岩银行收归国有的权力。英国财政部于 2008 年 3 月 12 日发布了北岩银行补偿计划令，任命英国德豪会计师事务所（BOD Stoy Hardward）的审计师安德鲁·德豪威尔（Andrew Caldwell）担任独立评估师。根据《银行法（特别条款）》第 5 条第 4 款的规定，独立评估师在计算财政部应当支付的补偿金额时，必须满足以下两个假设条件：（1）由英格兰银行或者财政部向问题银行提供的财务援助已被撤销或退还；（2）英格兰银行和财政部未来不会再向问题银行提供任何财务援助（英格兰银行通过公开市场操作提供的日常支持除外）。此外，英国财政部还在补偿计划令中明确指示独立评估师在对北岩银行的市场价值进行核算时，将其视为处于管理程序之下的不具有持续经营能力的实体对待。虽然北岩银行在被宣布国有化之前，其资产负债表显示该银行仍然具有清偿能力，银行的股票在伦敦证券交易所的价格为 0.9 英镑/股；但是由于英格兰银行和财政部此前曾分别向该银行提供了 270 亿英镑的贷款和 290 亿英镑的担保，德豪威尔认定假设两家政府机构撤回其提供的财务援助，北岩银行已经资不抵债，其市值应当归零，因此该银行的股东不能从临时国有化中获得任何补偿。北岩银行原有股东认为该银行股票公允的市场价值应当在 2—4 英镑，评估师的估价远低于该银行股票的市值，侵害了投资者的合法权益；并以 2008 年的《银行法（特别条款）》的上述排除性假设违反《欧洲人权法》的财产权利保护公约为由，向英国法院起诉，要求对股权赔偿方案进行司法审查。英国财政部则辩称政府向北岩银行提供财务援助的目的是出于公共利益的需要而不是为了使问题银行或其股东获益；如果没有政府的援助，北岩银行早已破产并且一文不值，银行及其股东无权从因政府财政援助而产生的收益中获得赔偿。在一审被英国高等法院判决驳回诉讼请求后，原告提起上诉。英国上诉法院（民事庭）经过审理后，认为依照欧洲人权法院判例法所确立的公共利益与私人利益平衡原则、比例原则和国家裁量余地原则（Doctrine of the Margin of Appreciation）①，除非政府基于公共利益所做出的决策明显缺乏合理依据，否则法院无权予以干涉。本案中，英格兰银行和财政部向北岩银行提供财务支持的目的不是为了使该银行或其股东获利，而是为了维护银行系统的安全和国家经济的稳定；2008 年的《银行法（特别条款）》第 5 条第 4 款的排除性假设也不是为了使政府取得任何收益，而是为了将问题银行放置在没有纳税人支持的情境中，以便独立评估师核算该银行股权真正的市场价值，这是政府基于国家裁量余地原则而做出的决策，不符合"明显缺乏合理依据"的要求。因此，法院不应对独立评估师做出的股权赔偿方案进行司法审查。②

重组基金令主要解决的是在过渡银行接收问题银行的资产后再向私营机构出售时，应否将资产转让的对价返还给"剩余银行"的问题；以及财政部将问题银行收归国有后再出售给私营机构，问题银行的原股东能否获取股份转让收益的问题。重组基金令和补偿计划令在适用范围上存在一定的重叠，根据 2009 年《银行法》的规定，除了向私营机构转让问题银行只能适用补偿计划令以外，在实施过渡银行和临时国有化这两项稳定化措施时，补偿计划令和重组

---

① 本案涉及的诉讼程序较为复杂。北岩银行的股东首先以《银行法（特别条款）》第 5 条第 4 款规定违反《欧洲人权法》关于财产权利保护公约为由向高等法院的行政庭起诉。2009 年 2 月 13 日，英国高等法院一审驳回了原告的诉讼请求，原告提起上诉。2009 年 7 月 28 日，英国上诉法院二审驳回了原告的上诉请求，原告再次上诉；2009 年 12 月 16 日，英国最高法院拒绝了北岩银行股东的第二次上诉请求。北岩银行的股东随后以英国政府为被告向欧洲人权法院起诉，2012 年 8 月 1 日，欧洲人权法院第四庭再一次驳回了原告的诉讼请求，并在判决书中对前述英国高等法院和上诉法院的判决表示支持。参见［2009］EWHC 227（Admin）；［2009］EWCA Civ 788；UKSC 2009/0179；Dennis GRAINGER and thers v. the United Kingdom, European Court of Human Rights, Fourth Section Decision, Application No. 34940/10。

② 为了促使《欧洲人权公约》确立的人权标准实际发挥效用，同时兼顾各个缔约国的特殊情况需要，欧洲人权法院通常利用国家裁量余地原则来解决国家利益与个人权利之间的冲突，其具体内容是：考虑到众多缔约国具有不同的历史文化背景与传统，在各国尚未就某些事务达成统一标准或者共识之前，容许各国保留一定的自由裁量余地。

基金令可以选择适用。① 根据财政部在《2009 年〈银行法〉——特别解决机制：执行准则》所做出的政策性解释，如果财政部发现问题银行在收归国有之前曾经接受过政府机构提供的大笔公共资金贷款或其他财政援助，或者已经合理预见到该银行在被国有化之后的一段时间内无法通过市场机制出售给私营机构，那么重组基金令就不是一个适当的选择，应当通过发布补偿计划令的方式来解决对问题银行或其股东的利益返还问题。另外，在计算问题银行或其股东能够从银行转让中获取的收益时，必须扣除其所对应的稳定化措施的实施成本。例如英格兰银行成立过渡银行接收问题银行的资产，"剩余银行"所能获得的处置收益＝私营机构支付的收购对价 - 银行重整的实施成本。后者不限于该问题银行此前所接受的公共资金援助，还应当包括英格兰银行在实施问题银行资产转让的过程中付出的管理成本，例如专家咨询费、资产评估费，以及过渡银行的注册费用等。

第三方赔偿令解决的是除问题银行及其股东以外的第二方在银行重整中的权益保护问题，这部分内容既可以通过单独法令的形式发布，也可以被写入前述补偿计划令和重组基金令之中。② 问题银行在重整过程将部分资产对外转让最容易引发第三方权益受损的争议。因为通常情况下，被转让出去的都是问题银行最具有可持续经营价值的优质资产，相较于已经随之转移至其他健康的私营机构或者过渡银行的债权人，被滞留在"剩余银行"的部分债权人往往处于更加弱势的地位。2009 年《银行法》除了通过银行管理程序对"剩余银行"实施标准化管理，为全体债权人争取更大利益之外；还明确授权财政部制定相关细则，以保证"剩余银行"进入破产清算程序以后，其债权人能够得到与问题银行没有转让该部分财产而直接进入破产清算程序的情形下相同的利益补偿。③ 根据财政部 2009 年 2 月 21 日出台的《2009 年〈银行法〉（银行部分转让时第三方赔偿安

---

① Banking Act 2009, Section 50 - 51.
② Ibid. , Section 59.
③ Ibid. , Section 60.

排）实施细则》[Banking Act 2009 (Third Party Compensation Arrangements for Partial Property Transfers) Regulations 2009]，在对问题银行实施部分资产转让的过程中，财政部必须发布第三方赔偿令，确保"没有债权人变得更糟"（No creditor worse off）这一目标能够实现。具体做法是任命独立的评估师对所有债权人在银行破产清算与通过部分转让实施重整两种情形下的所能获得的清偿进行估算对比。如果评估师发现有债权人的清偿份额在问题银行进行部分资产转让后发生了"恶化"，应当立即核算前述债权人应受赔偿的金额，并且有权要求财政部在剩余银行的破产清算程序完结之前，提前向这些债权人支付补偿金。①

第四节　各国银行重整立法模式构建的经验借鉴

纵观各国银行重整制度的法律框架设计，我们可以发现，在对银行重整的立法模式进行选择时，普遍需要考虑两个问题：一是法律适用的问题；二是重整主导权的分配问题。从本章的前述分析可知，大陆法系和普通法系的国家在进行立法模式选择时，彼此之间的泾渭并不分明。同属大陆法系国家，如日本、韩国和奥地利等国，破产法中规定的重整程序同样适用于银行；而法国、意大利和德国等国却制定了专门适用于银行重整的特别程序。普通法系亦是如此，在澳大利亚、加拿大和美国，银行重整程序由监管机构或者存款保险机构负责实施，而英国长期以来却是由法院启动银行重整程序并主导重整进程，直到 2007 年金融危机的发生才促使其做出重大调整。笔者认为，国外银行重整立法模式的选择及其发展变化，对我国未来银行重整立法具有以下三个方面的启示。

一　需要在普通破产法之外进行特别立法

关于银行重整在法律适用上的路径选择，有三种解决方案：一是沿用破产法中的规定，并通过补充或者修改个别条款的方式来满足银行重

---

① Banking Act 2009 (Third Party Compensation Arrangements for Partial Property Transfers) Regulations 2009, Section 4 – 5, 8.

整特殊性的需要；二是在破产法之外，通过银行法中的特别规定建立专门适用于银行重整的程序和规则；三是以银行法中的特别规定作为银行重整的主要法律依据，同时以破产法中的一般性法律条款作为补充。

选择对银行重整适用破产法上的重整程序，主要是建立在对银行破产一般性的认识基础之上。首先，银行与其他工商企业一样，都以追求利润最大化为目标，自负其责地参与市场竞争，理应共同遵循优胜劣汰的市场退出规则。其次，破产法在本质上仍然属于私法，对银行重整适用破产法中的重整程序，不仅是因为银行与普通企业在破产处置中具有诸多共性，同时也是私法上主体平等原则的具体体现，不能因为银行在经济活动中发挥着重要作用而直接推导出其在法律适用上也应当给予特殊对待的结论。因此，没有必要专门制定适用于银行重整的法律程序。

选择对银行重整进行特别立法，主要源自对银行破产特殊性的强调和重视。银行在社会资源配置中处于核心地位，个别银行的破产倒闭不仅会对国家经济造成巨大的负外部效应，而且其破产风险具有很强的传导性，极易引发银行业的系统性危机。此外，银行与社会公共利益密切相关，银行重整的目的不单纯是为了挽救问题银行或者最大限度地保存问题银行的可持续经营价值，更为重要的是维护金融系统的稳定和民众对银行业的信心，防止金融风险在系统内的扩散和蔓延。因此，银行重整的制度设计不仅需要从公平、公正的角度考虑债务人、债权人等利益相关方的权益平衡，还需要从效率的角度考虑如何迅速有效地采取措施，化解问题银行的破产风险，降低银行破产给整个银行体系带来的冲击。如果直接将破产法中的重整程序和重整规则适用于银行重整，往往不具备现实可操作性；仅在破产法原有规定的基础上进行个别条款的增减和修改，亦无法充分满足银行重整的特殊需要，所以有必要通过单独立法的方式建立专门适用于银行重整的法律程序和相关规则。

2007 年金融危机爆发后，许多过去不对银行与其他企业加以区别而统一适用普通破产法的国家开始逐渐认识到银行重整与银行清算在法律适用上存在的巨大差异：银行和普通企业在清算阶段面临着许多相似的法律问题，例如破产债权的确认和甄别、破产财产的评估与变现，以及破产财产的分配顺序等，就其实际操作而言往往大同小异，参照适用破产法上的规定并无不妥。但是在银行重整的过程中却产生了许多新的法律问题，如果完全依照破产法上的规定按部就班地对银行重整进行法律调整，不利于维护金融体系的稳定和民众对银行业的信心；彻底摒弃破产法，另起炉灶的做法又有背离法律传统的隐忧。因此，一些原来采用司法型重整模式的国家在对银行重整制度进行立法修改时采取了折中路径，选择以特别立法为主、普通破产法为辅的方式来解决银行重整的法律适用问题，英国现行银行重整制度就是一个典型代表。

二　法院主导与监管机构主导各有利弊

在银行重整由法院主导还是监管部门（包括存款保险机构）主导进行立法选择时，必须首先牢记一点，即两种银行重整的权力配置方式有其各自的优点和缺陷，并没有一个堪称"完美"的制度范本可供借鉴。

将银行重整主导权赋予法院，最大的优势是建立了一个由法院控制，债务人及其股东、债权人等利益相关方参与的多边协商机制，从而为问题银行的债权人和股东在银行重整过程中表达意愿、提出异议提供了有效的司法途径，因此具有较高的公正性和权威性。尽管采取这种重整模式的国家在立法时通常也赋予了监管机关广泛的参与权，但是行政权的介入仍然是在法院主导的司法程序之下进行，这就从根本上保证了银行重整在维护公共利益的同时，始终不会背离保护债权人和债务人合法权益的制度宗旨。但与此同时，法院主导银行重整的缺点亦十分突出。第一个问题是效率低下，法院管辖之下的重整程序烦冗复杂，需要耗费大量的时间成本，将其适用于银行重整，很难在短时间之内完成对银行的风险处置，反而有可能加速问题银行资产的市值蒸发，动摇公众对银行体系的信心，诱发对其他银行的挤兑风潮。第二个问题是缺乏专业性。与普通企业的破产重整相比较，问题银行在重整过程中会涉及许多专业性和技术性很强的问题，尽管有监管机构的参与，法院及其指定的破产管理人在一时之间也很难全面掌握问题银行的资产状况、信用程度、市场竞争力及其存在的问题等各方面的信息，并对此做出及时准确的判断。这不仅容易错失挽救问题银行的最佳时机，还有可能直接影响到银行重整的成败。

将银行重整的主导权赋予监管机构，主要有以下两个方面的优势。首先，有利于提高银行重整的效率。监管机构在行为方式上相较于法院具有很强的主动性和灵活性，能够迅速启动重整程序并运用多种手段对问题银行进行风险处置，及时遏制金融风险在体系内传播的势头，稳定公众对银行业的信心。其次，监管机构更胜任银行重整的专业性要求。作为对银行的市场准入、日常经营进行监督管理的专门机构，监管当局对问题银行方方面面的了解都比法院更加深入和全面，因此在面对银行重整过程中涉及的各种专业技术问题时更加得心应手。由监管机构负责制订的重整方案往往更切合问题银行的实际情况，所谓"对症下药，药到病除"，不仅能够增加银行重整成功的可能性，还可以缩短问题银行恢复正常经营水平所需要花费的时间。与法院主导下的银行重整相比较，监管机构取得银行重整控制权的最大弊端在于不能为问题银行及其债权人、股东等利益相关各方提供充分的法律保障。法院主导重整的一个重要特征就是破产管理人做出重要决定或者采取重整措施需要首先获得法院的同意，法院有权对该项决定或措施进行事前的司法审查，问题银行及其股东、债权人等利益相关方可以在审查过程中对此充分发表意见。如果由监管机构主导银行重整，监管当局做出决定和采取措施时，权利受到影响甚至被剥夺的问题银行及其股东、债权人等利益相关主体，几乎都没有在事前发表意见和提出异议的机会。虽然事后的审查和赔偿机制为当事人提供了一种权利救济途径，但它并不能在真正意义上及时阻止监管机构的不当行为。

三 立法模式的选择必须因地制宜

虽然不同的银行重整模式就其自身而言并没有明显的优劣之分，但是各个国家和地区在进行立法时必须考虑其在本国现实的制度环境中的运行效果；同时，已经做出的选择仍然有可能随着制度环境的变化而面临新的挑战。

美国的银行数量庞大，最多时曾达到18000家，即使在经历了2007年次贷危机的洗礼之后仍然保持了7000家左右的水平，并且以实行区域化经营的中小银行居多。① 由于激烈的市场竞争，银行破产频繁发生，仅

---

① Tally of U. S. ，"Banks Sinks to Record Low"，*Wall Street Journal*，December 3rd, 2013, http：//www. wsj. com/articles/SB10001424052702304579404579232343313671258，last visit at 2018. 07. 15.

在本轮的次贷危机中，就有 417 家银行进入重整或清算程序。① 如果完全适用《破产法典》第 11 章的规定，在破产法院的主导下实施银行重整的话，可以预见这些案件的处理肯定是旷日持久的，非但处置成本居高不下，法院也必然不堪重负。选择监管型重整模式来进行问题银行的风险处置，不仅有利于提高银行重整的效率，还可以有效控制银行的重整成本。立法之所以将银行重整的主导权赋予 FDIC 而不是其他的银行监管机构，一个很重要的原因是美国双重银行体制和双层多头银行监管体系的存在。双重银行体制使得联邦和州的银行注册机构（同时也是银行的监管机构）为争夺银行控制权而存在竞争；双层多头监管体系中不同的监管机构之间很自然地产生了"管辖势力争端"。为了将更多的银行纳入自己的管辖范围，各个监管机构甚至不惜竞相降低监管标准，或者赋予被监管银行更多的自由来巩固自己的地位。在这种情况下，无论把银行重整的主导权赋予哪一个监管机构，都可能引发其他监管机构的强烈不满，并使得联邦政府和州政府之间的权力之争进一步升级。FDIC 作为存款保险机构为几乎所有在联邦和州注册成立的银行提供了存款保险，使其取得了超然于其他联邦监管机构之外的中立性，由其负责并主导银行重整可谓是众望所归。

相比之下，英国在选择银行重整的立法模式时，一开始并没有像美国那样进行特别立法，而是将 1986 年《破产法》中关于管理程序的规定直接适用于银行重整，并交由法院管辖。之所以采取这样的立法模式，首先当然是基于现实因素的考量：英国的银行数量有限，在其本土注册成立的银行只有 140 多家②，银行破产也鲜少发生。此外，银行监管体系的形成时间较晚，金融市场对国家干预银行的市场退出极度排斥，以及相对保守和传统的文化价值理念等，也是促使英国选择司法型重整模式的原因。在司法型银行重整模式实行多年以后，2007 年金融危机的爆发，特别是北岩银行挤兑事件才使英国政府意识到原有的银行重整立法模式

---

① 数据来源：美国 FDIC 官方网站 "Failed Bank" 专题，2018 年 7 月 15 日（http://www. FDIC. gov/bank/historical/bank/）。

② 数据来源：英格兰银行官方网站 "Banks & building societies lists" 专题，2018 年 7 月 15 日（http://www. bankofengland. co. uk/pra/pages/authorisations/banksbuildingsocietieslist. aspx）。

已经不再适应金融市场发展的需要。在司法型重整模式下，由于 1986 年《破产法》对管理程序的启动条件有严格限制，只要银行的资产负债表显示银行仍然具有偿债能力，监管部门就不能向法院申请启动重整程序。与此同时，监管部门自身又缺乏自行处置的手段和法律依据，只能眼看着问题银行的资产价值不断蒸发，最终以国有化和纳税人埋单的方式收场。以 2009 年《银行法》和 2012 年《金融服务法》为代表的一系列法案相继出台，标志着英国银行重整的立法模式选择从单一的司法重整模式转向了混合型重整模式。

第 四 章

我国银行重整立法的缺陷检讨与模式选择

古人云：他山之石，可以攻玉。对国外银行重整立法进行比较研究，归根结底还是为了给我国银行重整立法的模式选择提供借鉴和参考；但无论选择哪种银行重整模式，其能否在一国的法律体系中发挥作用，又能在多大程度上发挥作用，通常并不取决于该模式本身，而是需要考虑该模式以外的因素，如一国现实的经济水平、法律传统、金融体制等因素。因此，我国在选择银行重整的立法模式时，必须坚持立足本国的实际情况，在深入反思我国现行银行重整立法的基础上，才能做出科学的判断和合理的选择。

第一节　我国现行银行重整立法的缺陷与不足

对我国问题银行处置的立法考察，最早可以追溯至 1986 年颁布的《中华人民共和国企业破产法》（以下简称《企业破产法（试行）》，该法第 2 条规定："本法适用于全民所有制企业。" 当时我国银行业的改革发展还处于起步阶段，中国工商银行、中国农业银行、中国银行和中国建设银行四大国家专业银行开始同其他经济组织一样推行企业化改革。[①] 根据 1986 年《中华人民共和国银行管理暂行条例》（以下简称

[①]　新中国成立以后，我国在计划经济体制下形成了"大一统"的银行体制，各类商业银行及其他金融机构相继撤并，中国人民银行几乎垄断了全国所有的金融业务，既办理存款、贷款和汇兑等商业银行的金融业务，又担负着国家宏观调控的中央银行职责。"文化大革命"开始后，金融体系遭到严重破坏，中国人民银行总行被并入财政部，其各级分支机构则与当地财政局合并，银行实际上沦为政府的"大钱库"和"出纳员"。随着"文化大革命"的结束和经济体制改革的迅速展开，我国银行业的改革也被提上日程。1979 年，主管农村金融业务的农业银行、主

《银行管理暂行条例》）第 13 条的规定，"专业银行都是独立核算的经济实体，按照国家法律、行政法规的规定，独立行使职权，进行业务活动"①；从法律性质上分析，国家专业银行归属于全民所有制企业，在法律没有明确排除适用的情况下，也应当受到《企业破产法》的规范和调整，但是该法中并没有对问题银行的风险处置做出特别规定。②1993 年国务院在《关于金融体制改革的决定》中提出金融体制改革的目标之一，就是实现政策性金融与商业性金融的分离，把国家专业银行转变为国有独资商业银行，并建立以国有独资商业银行为主体、多种金融机构并存的金融组织体系。中国人民银行 1993 年出台的《金融机构管理规定》③在第 8 章 "金融机构的终止" 中第一次对包括银行、保险公司、证券公司和

（接上页）管外贸信贷和外汇业务的中国银行与主管长期投资和贷款业务的建设银行陆续恢复和重建；1984 年，中国工商银行从中国人民银行分离，接办中国人民银行原有的信贷和储蓄等商业银行业务。这四家银行的设立并不是按照商业银行的思路进行的，而是延续了计划经济的行业管理思想，因此在成立之初，四家银行的业务领域各有分工、互不干涉，故称为国家专业银行。在专业银行体系恢复和建立后，中国人民银行则专司中央银行职能，从此形成以中国人民银行为领导、四大国家专业银行为骨干的二元银行体制。

① 根据《国务院关于废止 2000 年底以前发布的部分行政法规的决定》（国务院令第 319 号，发布日期：2001 年 10 月 6 日），该条例已被 1995 年 3 月 18 日全国人大通过并公布的《中华人民共和国中国人民银行法》、1995 年 5 月 10 日全国人大常委会通过并公布的《商业银行法》、1998 年 7 月 13 日国务院发布的《非法金融机构和非法金融业务活动取缔办法》代替，故予以废止。

② 《企业破产法》在第四章 "和解与整顿" 中规定，企业由债权人申请破产的，在人民法院受理案件后三个月内，被申请破产的企业的上级主管部门可以申请对该企业进行整顿，整顿的期限不超过两年。整顿申请提出后，企业应当向债权人会议提出和解协议草案。企业和债权人会议达成和解协议，经人民法院认可后，由人民法院发布公告，中止破产程序。和解协议自公告之日起具有法律效力。全民所有制企业的整顿由其上级主管部门负责主持。虽然从目的上看，破产整顿与破产重整具有共通性，都是力图振兴企业以使其免遭破产清算的厄运，但是从《企业破产法》的相关规定来看，两者之间仍然存在本质性的差异：首先，重整与和解是两个相互独立的法律程序，而整顿却被置于和解程序之中，其得以启动的前提是债权人与债务人之间已达成和解协议，达不成和解协议，整顿程序就无法启动；其次，重整程序的启动条件比破产原因宽泛，而整顿程序的启动条件却与破产原因同一化。参见《企业破产法》第 3 条、第 17—22 条。

③ 根据《中国银监会关于制定、修改、废止、不适用部分规章和规范性文件的公告》，自 2007 年 7 月 3 日起，银行业监管机构在履行监管职责和行使监管职权时，不再适用《金融机构管理规定》。

信托投资公司等在内的金融机构的风险处置问题做出了初步的规定。1995 年颁布的《商业银行法》则为国家专业银行转变为国有独资银行奠定了法律基础，同时也为问题银行的风险处置从法律层面上提供了基本的制度安排和操作规则。尽管《企业破产法》第 134 条第 2 款明确规定："金融机构实施破产的，国务院可以依据本法和其他有关法律的规定制定实施办法。"但由于各种原因，由银监会负责起草的《商业银行破产风险处置条例》迟迟未能出台。[①] 从我国现行的法律规范体系来看，有关问题银行处置的规定主要零散地分布于各项法律、行政法规和部门规章之中，笔者对此做了一个简单的统计，详见表 4—1。

表 4—1　　　　　　　我国关于问题银行处置的主要法律法规

法规名称	实施救助		收购或者兼并	接管	行政关闭（撤销）	破产重整	破产清算
	增资扩股	再贷款					
《中华人民共和国公司法》			第 172—174 条、第 179 条和第 180 条		第 180—186 条和第 188—189 条		第 187 条、第 190 条
《中华人民共和国中国人民银行法》		第 28 条					
《商业银行法》	第 24 条		第 25 条、第 69 条和第 72 条	第 64—68 条	第 70 条、第 72 条		第 71—72 条

① 早在 2007 年金融危机爆发之前，银监会就已开始起草银行业金融机构破产条例。由于金融危机的影响，考虑到市场环境和人们的信心等因素，加上相关部门意见僵持，立法进程异常缓慢。银监会在 2017 年 5 月 18 日下发的《2017 年立法工作计划的通知》中，曾明确将《商业银行破产风险处置条例》列入代拟行政法规，但依照 2018 年 3 月 13 日，十三届全国人大一次会议表决通过的国务院机构改革方案，银监会与保监会均不再保留，将组建中国银行保险监督管理委员会取而代之，并且将银监会与保监会拟订银行业、保险业重要法律法规草案和审慎监管基本制度的职责划入中国人民银行。机构改革后，原来由银监会负责起草的《商业银行破产风险处置条例》何时能够出台，尚未有时间表。

续表

法规名称	实施救助		收购或者兼并	接管	行政关闭（撤销）	破产重整	破产清算
	增资扩股	再贷款					
《银行业监督管理法》			第38条、第40条	第38条、第40条	第16条、第39—40条	第16条	第16条
《企业破产法》						第2条、第134条	第2条、第134条
《金融机构撤销条例》					所有条款		
《中华人民共和国外资银行管理条例》			第59条	第59条	第60—61条		
《中国人民银行紧急贷款管理暂行办法》		全部条款			第127条	第129条	
《个人债权及客户证券交易结算资金收购意见》					全文		
《商业银行资本管理办法（试行）》			第157条	第153条、第157条、第159条	第157条		
《农村中小金融机构行政许可事项实施办法》						第73条	第73条

从银行重整的角度来看，我国关于问题银行处置的立法无论是在宏观的制度框架层面，还是在微观的规则供给层面，均存在着较为明显的缺陷和不足。

一 银行重整的法律规制框架不清晰

根据我国现行的法律规定，银行重整既可以在法院的主导下，适用《企业破产法》中的重整程序；也可以在监管机构的主导下，适用接管、托管等有别于普通企业重整的特别程序。但是立法对于两者在银行重整法律体系中的定位和彼此之间的关系语焉不详，由此引发了法律适用和法律衔接等方面的诸多问题。

（一）银行接管与银行破产重整

自 1994 年《金融机构管理规定》第 58 条首次对接管做出规定以来，经过 20 多年的立法与实践，我国已经初步建立了金融机构接管的法律制度。《银行业监督管理法》第 38 条规定："当银行已经或者可能发生信用危机，严重影响存款人和其他客户合法权益时，国务院银行业监督管理机构可以依法对该银行实行接管。"《商业银行法》也对商业银行接管程序的启动条件、决策机构、接管行为的法律效力和期限等问题做出了规定。与此同时，根据《企业破产法》第 134 条第 1 款的规定，商业银行有本法第 2 条规定情形的，银监会可以向人民法院提出对该银行进行重整或者破产清算的申请。由此可知，法院主导下的重整程序也可以适用于银行重整。

从法律的相关规定来看，银行接管与银行的破产重整确实存在许多相同或者相似之处。首先，《商业银行法》第 64 条第 2 款将银行接管的目的定位为"保护存款人的利益，恢复商业银行的正常经营能力"，这与破产重整力图帮助债务人摆脱困境并使其恢复正常的经营能力具有一致性。其次，接管程序和破产重整程序的启动条件有相当部分是重合的，债务人资不抵债、明显缺乏清偿能力或者有明显丧失清偿能力之可能，既是法院审查破产重整申请的判断标准，同时也符合"银行已经或者可能发生信用危机"这一接管程序的启动条件。最后，依照《企业破产法》第 134 条第 1 款的规定，接管程序启动后，能够产生和破产重整程序类似的"冻结效力"，人民法院可以根据监管机构的申请中止以问题银行为被告或者被执行人的民事诉讼程序或者执行程序。

但银行接管与银行破产重整之间也存在着本质性的差异：首先，依据《商业银行法》第 64 条和《银行业监督管理法》第 38 条的规定，接管程序开始的实质条件是银行已经或者可能发生信用危机，严重影响存款人和其他客户合法权益，这比《企业破产法》规定的重整原因覆盖面更为宽广。其次，银行接管的主导机关是银行监管机构，而银行的破产重整则是在法院的监督控制下进行。最后，同时也是最为重要的，从法律性质上分析，接管是银行监管机构对问题银行实施的一种金融管理行为，具有行政强制性，因此无法被《企业破产法》上以司法权为主导的重整模式所吸纳。

由于现行立法没有对银行接管与银行破产重整这两种制度的功能和定位做出清晰、明确的界定，在银行重整的法律适用层面引发了一系列的难题与争议。

首先，银行的接管与破产重整之间究竟是前后衔接的关系、择一使用的关系，还是应当将接管视为破产重整的替代性措施，理论界和实务界对此存在不同的看法。章于芳博士认为，为了提高银行接管以及接管救助不成后的破产程序的效率，节约救助与清算成本，当接管计划失败时，应当迅速进入破产清算程序，没有对接管失败的问题银行再适用破产重整的必要。[1] 吴林涛博士则认为，应当将接管定位为银行进入破产重整程序的选择性前置程序，对于那些规模较小、不易引发金融和社会体系动荡或系统性风险可控的问题银行，可以无须接管而直接对其进行破产重整。[2] 但在由银监会负责起草的《商业银行破产风险处置条例（草案）》第 39 条却规定，"接管工作完成后，商业银行有《企业破产法》第 2 条规定情形的，银行业监督管理机构或者接管人经银行业监督管理机构授权，可以向人民法院申请对商业银行进行重整"。[3] 据此可以推断，我国的银行监管部门更倾向于将接管定位为银行破产重整或破产清算的必经前置程序，对银行实施破产重整必须是在接管工作完成

---

[1]　章于芳：《后危机时代我国银行接管法律制度研究》，博士学位论文，华东政法大学，2010 年，第 63 页。

[2]　吴林涛：《涅槃抑或坠落——论商业银行破产重整制度》，法律出版社 2014 年版，第 279 页。

[3]　《商业银行破产风险处置条例》仍在起草过程当中，本书所引用《银行破产条例（草案）》内容出自 2009 年的草案文本。

后的大前提之下进行。就银行重整的制度设计而言，这种衔接方式虽然有助于最大限度地挽救问题银行，却存在着因重复救助而浪费社会资源的隐患。

其次，根据《企业破产法》第70条的规定，债权人、债务人和出资额占债务人注册资本1/10以上的出资人都有权向法院申请重整。[①] 虽然法律对银行破产重整程序的申请权做出了一定程度的限制，[②] 但如前所述，银行接管程序的启动条件比《企业破产法》上规定的重整原因要宽泛得多，被接管的银行即使"已经或者可能发生信用危机"，但也许仍然可以通过"拆东墙补西墙"等方法应对支付到期债务的要求。在这种情况下，如果问题银行或其债权人、股东向法院提出重整申请，就会发生接管程序和破产重整程序之间的竞合问题。

（二）银行托管、银行接管与银行破产重整

由于我国现行法律并没有对银行托管的内涵做出明确界定，国内学者在探讨这个问题时存在着较大的分歧。有学者认为，托管是指"为了顺利实现资产重组，持续公司的经营活动，或者为了使公司的退出过程更加平稳、有效，以稳定市场信心，避免风险的大面积扩散，由委托人与受托人签订委托合同，对委托对象进行的经营或处置活动"[③]。也有学者认为，托管是指"有关金融监管部门委托一家机构介入高风险的银行，在规定的托管期间内行使行政管理权，以改善高风险银行的财务状况，为下一步的处置做准备"[④]。

---

① 《企业破产法》第70条：债务人或者债权人可以依照本法规定，直接向人民法院申请对债务人进行重整。债权人申请对债务人进行破产清算的，在人民法院受理破产申请后、宣告债务人破产前，债务人或者出资额占债务人注册资本1/10以上的出资人，可以向人民法院申请重整。

② 如《商业银行法》第71条规定："商业银行不能支付到期债务，经国务院银行业监督管理机构同意，由人民法院依法宣告其破产。"此外，根据《农村中小金融机构行政许可事项实施办法》第76条的规定，农村商业银行、农村合作银行、农村信用社和村镇银行在向法院申请破产前，必须首先向银监会提出申请并获得批准。由于我国《企业破产法》采取的是"大破产"的概念，在该法前7章中使用的"破产"一词，实际上包括重整、和解和清算三种程序；而《商业银行法》和《农村中小金融机构行政许可事项实施办法》等法律法规并没有对"破产"一语做出明确限定之前，因此，从广义上理解这里的"破产"也应当包括破产重整。

③ 倪浩嫣：《论危机证券公司托管》，《东岳论丛》2006年第2期。

④ 刘涛：《处置高风险银行的有效路径》，《西南金融》2007年第10期。

　　笔者认为，根据我国现行法律对托管的职能定位不同，可以划分为清算托管与营业托管两种类型。在清算托管模式下，托管人的主要职责是完成对被撤销金融机构的清算工作，包括清理银行的财产，编制资产负债表和财产清单；处理与被撤销的银行有关的未了结业务；清理债权债务，催收债权和处置资产等。① 吴志攀教授则进一步指出，在我国，对被关闭银行的托管是由金融监管部门指定一家银行，通常是大型国有商业银行来进行的。管理的目的主要是完成从关闭之日起未完成的在途票据结算工作等。托管结束后，该银行进入清算程序。清算完毕，原银行解散。② 在营业托管模式下，托管人的主要职责是有效防范和控制金融机构的经营风险，维护金融客户的合法权益和金融秩序的稳定，如《证券公司风险处置条例》第 9 条对营业托管模式下托管机构的职责所做的规定。

　　《企业破产法》第 134 条第 1 款只是简单地将托管与接管并列，共同作为问题银行的破产处置措施，没有指明此处的"托管"究竟是指清算托管还是营业托管抑或两者兼而有之。清算托管与接管、破产重整之间的区别较为明显，因为前者只发生在银行的清算阶段；但是营业托管与接管、破产重整都具有一定的相似性。从目的上看，营业托管的最初意图在于"通过设置合理的托管期间，有关主体（包括监管部门、竞购方和有关中介机构）可以对目标金融机构的真实情况和风险程度进行考察，确定其处置方式和最终归宿"③，这与我国的银行监管机构将接管定位为银行破产的前置程序可谓不谋而合。从法律效力上看，托管程序一旦启动，监管机构即可向法院申请中止与问题银行有关的民事诉讼程序和执行程序，也与破产重整程序有共同之处。从银行托管的实际应用来看，监管部门采取银行托管的目的更多的是为了稳定金融秩序，防止挤兑风潮。例如中国人民银行在宣布关闭海南发展银行（以下简称海发行）后，

---

　　① 根据《金融机构撤销条例》第 12 条的规定，在对被撤销的金融机构进行清算期间，清算组可以将清算事务委托中国人民银行指定的金融机构办理。

　　② 吴志攀：《商业银行法务》，中国金融出版社 2005 年版，第 251 页。

　　③ 章于芳：《后危机时代我国银行接管法律制度研究》，博士学位论文，华东政法大学，2010 年。

将其债权债务交由中国工商银行海南省分行托管。① 中国工商银行对境外债务和境内居民储蓄存款本金及合法利息保证支付，其余债务等清算后支付。如何界定托管与接管以及破产重整之间的关系，我国学者王希军坦言："实践证明，缺乏市场经营经验和企业管理专才的监管部门光凭行政接管就能实现接管目的是行不通的；同样地，缺乏行政权力和调动行政资源能力的托管组，光凭其经营经验和管理专才就能实现对高风险银行的托管也是不可能的。"② 笔者认为，营业托管实际上是监管机构在做出接管决定后，将问题银行的经营管理权委托给金融资产管理公司或商业银行等的金融机构行使，在保障银行业务正常合规运行的情况下，进一步核实问题银行的风险，为接管方案的选择奠定基础并赢得更多的时间，这与接管人的选任实质是相同的。因此，在问题银行破产风险处置立法中，无须再另行对银行的营业托管做出规定。

二　银行重整程序的启动条件不明确

根据《企业破产法》第 2 条和第 134 条第 1 款的规定，如果银行不能清偿到期债务，并且资产不足以清偿全部债务或明显缺乏清偿能力；或者银行有明显丧失清偿能力可能的，可以依照本法规定进行重整。《商业银行法》和《银行业监督管理法》将银行接管的启动条件概括为"当银行已经或者可能发生信用危机"。从比较法的视角来看，对银行重整程序启动条件的立法体例主要有两种模式：一是列举主义，如美国《联邦

---

① 海发行是在改组合并海南省 5 家信托投资公司的基础上向全国公开募集股本组建的一家区域性股份制商业银行，于 1995 年 8 月正式宣告成立，股本总额 16.77 亿元，由海南省人民政府控股。海发行的建立并没有解决信托投资公司早已存在的庞大债务和巨额亏损问题，反而在成立之初就背上了 44 亿元的债务。1997 年 5 月，海南省的许多城市信用合作社发生支付危机，中国人民银行于 1997 年 12 月决定由海发行合并其中的 28 家发生大面积支付危机的城市信用合作社，并对另外 5 家已经实质破产的城市信用合作社的债权债务进行托管，以保证对存款本金和利息的支付。但储户的挤兑行为并未因合并和托管而停止，反而使得海发行受到挤兑风潮的牵连而陷入困境。在海发行发行债券的计划宣告失败后，中国人民银行陆续向海发行提供了近 40 亿元的再贷款，仍然无法挽救其支付危机。为防止风险进一步蔓延而引发区域性金融危机，中国人民银行于 1998 年 6 月 21 日发布公告称对海发行进行关闭清算。参见 "1998 年中国人民银行大事记"，2018 年 7 月 15 日，中国人民银行网站（http://www.pbc.gov.cn/publish/bangongting/91/2011/20111220095627560465214/20111220095627560465214_.html）。

② 王希军：《对高风险金融机构的托管与接管》，《金融时报》2005 年 6 月 13 日。

存款保险法》上对 FDIC 接管事由的详细规定；二是概括主义，如菲律宾1993 年《新中央银行法》第 29 条将银行接管的法定条件规定为"持续处于无力或不愿保持充足的流动性以保护存款人或其他债权人利益"。在我国，无论是法院主导下的破产重整，还是监管机构主导下的接管，均采取概括主义的立法模式，没有对问题银行"明显缺乏清偿能力""有明显丧失清偿能力可能"以及"信用危机"等用语做出进一步的说明或者提供具体的判断标准。采取概括主义立法模式的初衷本来是为了赋予监管机构和法院更多的自由裁量权，使其能够根据个案中的具体情况，充分权衡各种因素后做出判断。但笔者认为，我国现行法律对银行重整程序启动条件的规定至少存在以下两个方面的问题。

首先，法律对银行重整程序启动条件的表述过于模糊。何谓"信用危机"，如何判断银行"已经或可能发生信用危机"，以及"已经或可能发生信用危机"和"严重影响存款人利益"二者间的关系，均不甚明了。在实践中，1995 年中国人民银行接管中银信托投资公司时公告的接管理由是"存在违法经营、经营管理混乱、资产质量差等问题，严重影响存款人利益"；显然，无论是"违法经营"还是"经营管理混乱"，都已经突破了"信用危机"的范畴。①

其次，法律对银行重整程序启动条件的规定存在冲突。关于银行接管的条件，《商业银行法》第 64 条的规定是"商业银行已经或者可能发生信用危机，严重影响存款人的利益"；而《银行业监督管理法》第 38条的规定是"银行业金融机构已经或者可能发生信用危机，严重影响存款人和其他客户合法权益"。两相对照，可以发现后法比前法多了一个"其他客户的合法权益"的表述，由于两者具有同等的法律效力，究竟以哪部法律的规定为准还需要立法的进一步说明和澄清。

值得注意的是，在司法实践中，最高人民法院经常根据国务院的整体部署、银行监管机构或者地方政府的请求，以"三中止"通知的形式，对已经进入风险处置阶段的问题银行做出中止相关司法程序的决定，即尚未受理的暂缓受理，已经审理的中止审理，对该金融机构作为被执行

---

① 中国人民银行：《关于接管中银信托投资公司的决定》，2018 年 7 月 15 日，北大法宝引证码 CLI. 4. 13463。

人的案件中止执行。① 法院采取这种处理方式的原因在于银行风险的暴露具有突发性，监管机构发现并采取处置措施后，通常需要有一段时间来查明问题银行的基本情况，并拟订处置方案。在此期间，如果法院受理了针对问题银行的破产申请，极有可能妨碍监管机构的处置进程。笔者认为，"三中止"措施恰好从另一个侧面印证了银行重整程序启动条件不明确的尴尬现状。从表面上看，法院似乎对是否启动《企业破产法》上的重整程序享有极大的自由裁量权；但是考虑到银行破产的特殊性，在缺少一套清晰具体的法律规则和可量化标准的情况下，为了避免处理不慎引发群体事件和社会震荡，法院不得不采取退避三舍的态度来配合监管机构对问题银行的风险处置，以保证在维护金融秩序和社会稳定等"大是大非"的问题上与国家的权力中枢保持一致。这是司法机关追求自身现实利益的理性选择，但却在客观上进一步加大了实践中丧失对问题银行最佳处置时机的风险。

三　银行重整的规则供给不具有可操作性

《企业破产法》所设计的破产重整程序主要针对的是普通企业，没有充分考虑到银行破产的特殊性，将相关法律规定生搬硬套地适用于银行重整往往是不现实的，或者社会代价巨大，耗资惊人。以重整方案（或称重整计划）为例，它既是破产重整制度的核心，也是破产重整制度成功与否的关键所在；但是如果将《企业破产法》中关于重整方案制订、通过与认可的相关规定适用于银行重整，在实务操作层面却存在着诸多弊端和困难。

---

① 我国法院对"三中止"措施的适用，最早可以追溯至最高人民法院 1995 年 12 月 21 日发布的《关于中银信托投资公司作为被执行人的案件应中止执行的通知》，要求凡涉及中银信托作为被执行人的案件，在接管、清理期间，各级法院应裁定中止执行。在此之后，"中止"措施的适用对象逐渐扩展至所有进入风险处置程序的金融机构及其分支机构；适用范围不再局限于案件的执行，还包括案件的受理和审理等环节。在对以城市信用合作社、城市商业银行以及股份制商业银行为代表的中小银行风险处置工作中，"三中止"措施得到了大规模的运用。例如，根据最高人民法院 2002 年 11 月 18 日发布的《关于审理城市信用合作社清理整顿期间相关民事案件有关问题的通知》，如果城市信用合作社依照国务院《金融机构撤销条例》的规定被撤销后，对以其为被告而起诉的民事案件，人民法院不予受理；已经受理的，则中止审理。对以停业整顿的城市信用合作社为被告起诉的民事案件，人民法院暂不受理；已经受理的，中止审理。

第一，问题银行自身或者法院指定的管理人难以胜任重整方案的起草工作。根据《企业破产法》第 80 条的规定，关于破产方案的制订，我国遵循的是"谁管理谁负责"原则：如果债务人自行管理，由债务人负责起草重整方案；如果是法院指定的管理人负责管理，由管理人负责制作重整方案草案。[①] 如前所述，银行实行高负债经营，其运营资金的主要来源是存款等负债而非银行的资本金；在问题银行出现财政危机的情况下，由问题银行继续管理营业并负责制订重整方案会加剧债权人对问题银行的不信任，激化双方之间的对立和矛盾。法院指定的破产管理人虽然可以取信于问题银行的债权人，但是管理人作为外部人员很难在短时间内全面掌握问题银行的资产状况和业务经营等各个方面的信息，其所起草的重整方案不一定切合问题银行的实际，甚至有可能"号错脉，开错方"。

第二，《企业破产法》上规定的重整方案的制订和表决机制烦冗复杂，不利于迅速有效地处置问题银行。根据《企业破产法》的规定，债务人或者管理人应当在法院裁定债务人重整之日起 6 个月内提交重整方案的草案；有正当理由的，还可以向法院申请延期三个月。[②] 重整方案必须由债权人分组表决通过，并经法院审查批准以后，才能成为正式的重整方案并对债务人和全体债权人产生法律拘束力。如果重整方案涉及出资人的权益调整事项，还应当设出资人组对该事项进行表决。部分表决组未通过重整方案草案并且拒绝再次表决或者再次表决仍未通过的，在符合法律规定条件的情况下，债务人或者管理人可以申请法院强行批准重整方案草案。[③] 众所周知，银行的债权人不仅数目庞大、分布广泛，而且债权构成复杂、数额差异巨大，通过分组的方式来表决通过重整方案需要耗费大量的时间，再加上重整方案的制订期限以及债权人与问题银行出资人之间的冲突和博弈，通过重整方案的时间成本就更加高昂；而

---

① 《企业破产法》第 80 条：债务人自行管理财产和营业事务的，由债务人制作重整计划草案。管理人负责管理财产和营业事务的，由管理人制作重整计划草案。

② 《企业破产法》第 79 条：债务人或者管理人应当自人民法院裁定债务人重整之日起 6 个月内，同时向人民法院和债权人会议提交重整计划草案。前款规定的期限届满，经债务人或者管理人请求，有正当理由的，人民法院可以裁定延期 3 个月。

③ 参见《企业破产法》第 84—87 条。

对于建立在市场信誉基础之上的银行而言，一旦传出破产的消息，其所拥有的资产就会迅速地发生贬值，很可能在重整方案得以实施之前，银行资产的市场价值就已经蒸发殆尽，从而使得挽救问题银行，维护金融稳定的重整目的彻底化为泡影。因此，银行在濒临破产时，很可能没有时间依照《企业破产法》的规定召集债权人会议，分组讨论那些需要法院批准方能生效的重整方案草案。

虽然《商业银行法》规定的接管制度在一定程度上克服了《企业破产法》中关于重整程序规定的缺陷和不足，但是相关法律规定过于粗疏，导致实践中很多陷入困境的银行在接管过程中缺少必要的规则指引和法律约束，同样面临着许多问题。特别是没有在权力约束机制的情况下，现行银行接管法律的缺陷则更加明显。例如，《企业破产法》对破产管理人的选任及其职责范围均有明确的规定，而《商业银行法》中没有一个具体的条款对接管人的选任机制及其职责范围进行说明，导致实践中接管人的权力行使常常超出合理性的必要范围。此外，由于法律对接管期间监管机构或接管人可以采取的重整措施规定不明确，监管机构或者及其指派的组织在接管问题银行后的行动不仅没有法律依据，而且随意性极大；问题银行的股东和债权人等相关利益主体基于法律所享有的各项权利在银行重整的特殊时期内往往在没有法律明确授权的情况下被限制或者剥夺。

此外，由于现行法律没有确立银行重整的最小成本原则，行政部门为了遏制短期内金融风险的爆发，往往不计代价地采取各项措施救助问题银行，由此产生的不良后果：一是增强了银行对公权力的依赖性，破坏了银行业公平竞争的市场环境；二是变相鼓励了问题银行在陷入困境后从事高风险行为，为更严重的系统性风险爆发埋下了伏笔；三是公共资金在银行重整中无节制的支出，不仅增加了国家的财政负担，还有可能导致央行的货币供给量超出预定目标，影响货币政策的独立性和有效性。

综上所述，如果要用一句话来概括我国银行重整立法的现状，那就是在宏观层面缺乏统一的法律框架设计，在微观层面缺乏具有可操作性的规则供给。立法者在银行重整模式选择上的犹豫不决是造成这种局面最根本的原因，而由此产生的一个必然结果就是在我国问题银行的风险处置实践中，政府只能通过"不确定的、非系统性的和次优的政策性调整来取代法律调整"①。

第二节　我国银行重整实践的缺陷检讨

诚如苏力教授所言，法律的本土资源并非只存在于历史中，更重要的是当代人的社会实践已经形成或正在萌芽发展的各种非正式的制度。②研究、总结我国问题银行风险处置工作中的经验和教训，可以让我们从另一个角度来思考应当如何理性、合理地构建我国银行重整的立法模式。③

一　我国银行重整的实践历程与案例评析

回顾我国银行业的发展历程，也曾经出现过利用公共资金对大型商业银行进行注资或剥离不良资产的案例。例如 1998 年，财政部发行了2700 亿元的特别国债对中国工商银行、中国农业银行、中国银行和中国建设银行进行注资，以提高其资本充足率，使其达到巴塞尔资本协议的要求。1999 年，财政部出资 400 亿元成立四大金融资产管理公司，收购前述四家银行的不良资产。2004 年、2005 年和 2008 年，财政部又使用外汇储备再次对这四家银行实施了注资。尽管从技术手段上分析，我国财政部采取的这些措施与 2007 年金融危机期间英、美等国政府在问题银行处置过程中的做法较为相似，但是从目的和时间上分析，两者之间存在本质性的差异：被实施注资或不良资产剥离的四家银行虽然在某种意义上也存在财务问题（资本充足率不达标），但是财政部向银行注资有其特殊的历史背景，或是为了帮助银行甩掉历史包袱，或是为银行实施股份制改革做准备等，其直接目的并不在于挽救问题银行，维持民众对银行系统的信心。基于上述分析，我国财政部对前述四家大型商业银行采取的措施不能认定为本书所讨论的银行重整范畴。

---

① 何畅：《现行商业银行破产法律制度存在的缺陷及完善对策》，《金融论坛》2003 年第12 期。

② 苏力：《法治及其本土资源》，中国政法大学出版社 1996 年版，第 14 页。

③ 参见《中国财政年鉴》1998—1999 年、2004—2005 年、2008 年。

作为我国改革开放进程中深化金融体制改革的产物,以城市信用合作社和城市商业银行为代表的各类中小规模的银行在特定的历史时期,为拓宽融资渠道,推动中小企业和地方经济的发展做出了应有的贡献;但是由于基础差、包袱重、规模小,以及违规经营和无序竞争等方面,许多中小银行发生了财务危机而成为风险程度最为严重的金融机构。自1979年全国第一家城市信用合作社成立以来,中小银行在不断发展与成长的同时,也伴随着问题银行风险处置工作在不断试错的过程中艰难前行。

(一)城市信用合作社的清理整顿

城市信用合作社曾经是我国金融机构体系的一个重要组成部分。20世纪70年代末,随着我国经济体制改革的逐步开展,城市信用合作社作为一种新型金融机构开始在一些城市出现。1986年出台的《银行管理暂行条例》对城市信用合作社的法律地位做出了明确规定;同年7月12日,中国人民银行下发《城市信用合作社管理暂行规定》,明确了城市信用合作社的法律性质、服务范围和设立条件等问题。自20世纪80年代中期开始,随着城市信用合作社在全国范围内大量出现,其规模小、股权结构不合理、风险控制和治理结构不健全等问题日益突出,为此,国家曾先后三次对城市信用合作社展开大规模的清理整顿工作。

1. 第一次整顿(1989—1991年)

1989年12月,根据中央治理整顿的精神,中国人民银行发出《关于进一步清理整顿城市信用合作社的通知》,组织了对城市信用合作社的第一次清理整顿工作。从1990年到1991年,各地放缓了对申请设立城市信用合作社的审批速度,并对经营管理不善的城市信用合作社进行撤销或合并,两年间被撤销的机构达到了75家。①

2. 第二次整顿(1994—1997年)

第一次清理整顿工作结束后,我国经济进入高速发展时期,城市信用合作社的数量急剧扩大,"到1994年末,全国共有城市信用合作社

---

① 穆林:《中国西部地区非正规金融发展:模式选择、制度设计与政策建议》,博士学位论文,西北大学,2009年。

5200 家，资本金 111.05 亿元"①。大量资金被违规投入了房地产、经济开发区等高风险行业，埋下了严重的金融隐患。从 1993 年下半年起，中国人民银行开始大力清理整顿金融秩序，对越权超规模审批城市信用合作社的问题进行集中清理。为了防范和化解城市信用合作社的风险，1995年 9 月 7 日，国务院下发了《关于组建城市合作银行的通知》，决定在城市信用合作社基础上组建城市合作银行（后改名为城市商业银行）。② 同年 3 月 31 日，中国人民银行下发《关于进一步加强城市信用社管理的通知》，明确要求"在全国的城市合作银行组建工作过程中，不再批准设立新的城市信用合作社"。截至 1997 年年末，全国共有 1638 家城市信用合作社被纳入了新组建的 71 家城市商业银行。③

3. 第三次整顿（1998—2012 年）

针对一部分城市信用合作社管理不规范、经营水平低下、不良资产比率居高不下，以及抵御风险能力差等现实情况，1998 年 10 月 25 日，国务院办公厅转发了中国人民银行的《整顿城市信用合作社工作方案》，要求各地在地方政府的统一领导下，选择不同方式处置和化解城市信用合作社出现的支付风险。④ 截至 1999 年年底，除了对少数严重违法违规经营的城市信用合作社实施关闭或停业整顿外，共有约 2300 家城市信用

---

① 刘明康主编：《中国银行业改革开放 30 年（1978—2008）》（下册），中国金融出版社 2009 年版，第 472 页。

② 在对城市信用合作社进行清理整顿的过程中，最初的改革方案是在城市信用合作社的基础上组建城市合作银行。1995 年 2 月 13 日，中国人民银行设立了城市合作银行领导小组，统一组织城市合作银行在全国的组建工作。国务院在《关于组建城市合作银行的通知》中，将城市合作银行定位为在城市信用合作社的基础上，由城市企业、居民和地方财政投资入股组成的股份制商业银行。中国人民银行在 1997 年 6 月 20 日颁布的《城市合作银行管理规定》（已废止）第 2 条亦明确规定，城市合作银行是股份有限公司形式的商业银行。但从法律形式上看，一股一票的股份制与一人一票的合作制存在根本性差异；因此，中国人民银行在 1998 年《关于城市合作银行变更名称有关问题的通知》中指出，鉴于城市合作银行是股份制商业银行，不具有"合作"性质，经国务院同意，将"××城市合作银行"名称变更为"××市商业银行股份有限公司"。

③ 兰京：《中国银行业内生差异化发展规律探索研究》，《中国行政管理》2010 年第 12 期。

④ 根据《整顿城市信用合作社工作方案》的要求，化解城市信用合作社出现的支付风险，应本着"谁组建，谁负责组织清偿"的原则，由当地人民政府组织组建单位或股东单位采取有效措施化解风险。属地方政府违法违规干预城市信用合作社经营管理而造成支付风险的，由当地政府负责组织清偿有关债务。中国人民银行各分支机构要在清产核资的基础上对城市信用合作社进行分类处置，可以选择的处置方式包括自我救助、收购或兼并，以及行政关闭或破产清算。

合作社被纳入了 90 家城市商业银行的组建工作。① 2000 年 10 月，中国人民银行下发了《关于对城市信用社整顿工作进行全面检查及进一步推进整顿工作的通知》，明确了采取保留、改制、合并重组、收购、组建城市商业银行和撤销六种方式分类处置城市信用合作社的基本方针政策。2012 年 3 月 31 日，随着全国最后一家城市信用合作社——宁波象山县绿叶城市信用合作社被改制为宁波东海银行股份有限公司，城市信用合作社的分类处置工作全部完成。

案例 3　1997 年红枫城市信用合作社接管案②

贵阳市清镇红枫城市信用合作社（以下简称红枫信用社），是在贵州省 1987 年大力发展城市信用合作社时期成立的一家具有独立法人资格的银行业金融机构。由于存在规模小、基础差、内控体制不健全等先天不足的缺陷，其经营管理一直十分混乱。此外，该信用社家族化特征突出，其法人代表以权谋私的现象时有发生，因此潜伏着巨大的金融风险。到 1996 年年末，该信用社的不良资产率上升至 100%，实际亏损加上资产损失高达其注册资本金的 2.2 倍，资不抵债的情况十分严重。

1997 年，当时的中国人民银行贵州省分行和贵阳市分行（即现在的中国人民银行贵阳中心支行）决定对红枫信用社实施依法接管。③ 在向贵阳市委、市政府汇报并获得大力支持后，1997 年 4 月，中国人民银行贵阳市分行派出工作组接管了该信用社（红枫信用社同时也成为了全国第一家由中国人民银行接管的城市信用合作社），更换法人代表，并采取了一系列措施迅速稳定局面。其后，为从根

---

① 白林、岳文婷、李俊义：《藁城城信社清算 12 年企业 3 亿存款何时还》，《经济参考报》2013 年 6 月 19 日。

② 案例素材来自彭士学《依法监管，确保金融稳健运行》，《银行与经济》2000 年第 3 期；《历史钩沉·贵阳金融大事记（十二）》，《贵阳农商财富》2014 年第 4 期，第 66—68 页，内容选自《贵阳市志·金融志》。

③ 1998 年 11 月 20 日，中国人民银行根据《国务院批转中国人民银行省级机构改革实施方案的通知》精神，决定撤销中国人民银行贵州省分行，同时撤销国家外汇管理局贵州分局，设立中国人民银行成都分行贵阳金融监管办事处；中国人民银行贵阳市分行改为中国人民银行贵阳中心支行，设立国家外汇管理局贵阳分局。

本上化解该社的金融风险，经中国人民银行总行批准，1998 年 8 月 18 日，贵阳市商业银行对红枫信用社实施兼并，并将其改组为贵阳市商业银行清镇支行。一年后，经过中国人民银行成都分行和贵阳中心支行的共同验收，红枫信用社作为贵阳市商业银行的分支机构已恢复正常的经营能力，金融风险得到化解。

评价：中国人民银行接管红枫信用社是在城市信用合作社第二次整顿中出现的典型个案。导致该信用社发生资不抵债除了经营管理不善之外，还有一个重要的原因是出资人的投资动机不纯。主要表现为出资人没有足额出资或者出资以后以各种方式抽回出资额，使得信用社没有足够的资本金来抵御经营过程中出现的风险和损失；当信用社陷入财务困境以后，出资人并不是想方设法地向其注入资金进行自救，而是采取各种手段，例如巨额的关联交易等以获取丰厚的投资回报。事实上早在1994 年，中国人民银行清镇市支行就已经发现了红枫信用社的乱象，并提出了处理意见，也曾试图着手进行清理整顿；但是由于当时《中国人民银行法》尚未出台，金融法制不健全，监管部门在无法可依的情况下，缺乏必要的监管手段，再加上一些外来因素的干扰，使得红枫信用社的经营风险一直不能得到有效化解，反而助长了其法人代表的嚣张气焰，信用社在经营中的违法违规行为愈演愈烈，资产质量每况愈下，到最后被接管时，已经沦为一个名副其实的空壳信用社。

案例 4　2001 年泰安市城市信用合作社联合重组案①

1986 年，泰安市成立了山东省境内的第一家城市信用合作社——泰山城市信用合作社；随后泰安市内又相继成立了 8 家城市信用合作社。由于经营管理不善，加上盲目扩张，9 家城市信用合作社的存款水平持续下降，贷款质量不断恶化，支付形势严峻。尽管中国人民银行和这些城市信用合作社为化解信用危机采取了一系列措施，如增资扩股、压缩贷款规模、加大存款吸收力度，以及实行

---

① 案例素材节选自韩伟《政府参与风险化解的社会效率：泰安市城市信用合作社合并重组个案》，《金融研究》2003 年第 1 期。

等级社管理等；但始终未能从根本上解决城市信用合作社积蓄已久的经营风险。在 2001 年 5 月底重组工作开始之前，泰安市 9 家城市信用合作社的资产负债比率为 108%，备付率为 4.6%；不良贷款累计总额为 5.9919 亿元，不良贷款率为 65.9%。全市城市信用合作社当年的亏损额为 1598 万元，累计亏损总额则高达 1.9058 亿元，实际净资产为 -5.584 亿元。

针对泰安市多家城市信用合作社濒临破产的现实情况，泰安市政府牵头组建了由中国人民银行、经济体制改革委员会、财政局、审计局等相关单位参加的工作小组，确立了对城市信用合作社进行分类处置的总体工作思路和详细的重组方案。

重组方案的第一项安排是将 3 家尚未出现资不抵债的城市信用合作社合并重组为泰安市城市信用合作社（以下简称泰安信用社）。为了实现这一目标，泰安市政府要求重组后城市信用合作社的注册资本金必须达到《商业银行法》所规定的组建商业银行的最低注册资本要求，并确定泰安信用社的股本总额为 1.52 亿元，由地方政府、机构投资者和原城市信用合作社职工分别出资入股。首先是泰安市财政局作为第一大股东出资 3200 万元，并由泰安市基金担保投资公司担任国有股代表。然后由市政府、中国人民银行和城市信用合作社等部门与泰山华信科技投资公司（以下简称华信投资）等 6 家企业协商谈判投资入股事宜。2001 年 5 月 21 日泰安市政府与华信投资等入股企业签订了重组泰安信用社的发起人协议书，共募集到法人股 1 亿元。最后由这 3 家城市信用合作社的职工入股 2000 万元。

重组方案的第二项安排是对 6 家资不抵债的城市信用合作社进行停业整顿和资产重组。首先由中国人民银行泰安市中心支行对这 6 家城市信用合作社下达停业整顿通知书，并对信用社的个人债务实行全额兑付，因此而产生的资金缺口由泰安市政府和中国人民银行分别通过注资的方法进行填补。按照对城市信用合作社分类处置的工作要求，泰安市财政局以中央财政专项借款的方式向原来由泰安市政府组建的 3 家城市信用合作社注入 51594 万元资金；中国人民银行则向由其组建的 3 家城市信用合作社提供了 10358 万元的紧急贷款。然后由重组后的泰安信用社收购这 6 家城市信用合作社的剩余有效资产，并承担相应的债务，在前述工作完成后对这 6 家城市信用合作社进行撤销和清算。

在泰安市政府的统一领导与协调下，上述重组方案得以顺利实施，全部重组工作完成仅花费了三个月的时间。2001 年 6 月 18 日，新组建的泰安信用社正式开业。截至 2002 年 6 月末，该信用社的实际净资产为 1.5578 亿元，不良贷款率降为 14.85%，实现盈利 284 万元。从以上数据对比可以看出，重组后的泰安信用社已成功走出困境，恢复了正常的经营能力。

评价：泰安市城市信用合作社联合重组案是在城市信用合作社的第三次整顿中出现的典型案例。通过研究本案例，可以得出一个基本结论：在地方性金融机构的风险处置中，地方政府发挥着十分重要的作用。事发之时，泰安市原 9 家城市信用合作社中已有 6 家发生了严重的资不抵债，剩余 3 家城市信用合作社的资产状况亦不容乐观，此时仅仅依靠城市信用合作社的自我救助已经无力消化积蓄已久的风险；如果完全交由市场这只"看不见的手"来解决问题，就只能选择破产清算。因为面对如此高额的负债与呆坏账率，在政府没有提供任何优惠条件和政策扶持的情况下，很难在市场上吸引到民间资本或者其他健康的银行自愿参与重整。但是对城市信用合作社实施破产清算的负外部效应，是难以预料的。首先，破产清算将产生极其高昂的社会成本，包括失业人员安置、银行资产的回收、评估与变现等；其次，破产清算会增加公众对银行特别是地方中小银行的不信任感，当破产清算的消息在社会上传播开来，甚至有可能引发对其他地区城市信用合作社的连锁挤兑，造成区域性社会经济动荡。因此，泰安市政府在权衡各方面的利弊后，最终做出了主导信用社进行联合重组的决定。

（二）城市商业银行的风险化解

城市商业银行是 20 世纪 90 年代中期在城市信用合作社的基础上组建发展起来的，尽管其初衷是为了集中化解城市信用合作社积累的巨大风险，但是由于组建之初清产核资不严格等，"很多城市商业银行在成立之初就背负了沉重的历史包袱，加上组建后相关体制改革的配套措施未能及时跟上，导致城市商业银行在承接了原城市信用合作社的历史风险的

同时，新问题、新风险不断出现"①。2004 年 11 月 16 日，银监会发布了
《城市商业银行监管与发展纲要》，提出按照"依靠地方、多策并举、化
解风险、乘势治本"基本思路，采取资产置换、增资扩股、债务重组、
收购兼并等多种方式化解城市商业银行的风险，提高其资产质量。

案例 5 2007 年万州商业银行重组案②

万州商业银行（以下简称万州银行）是一家地方性城市商业银
行，由重庆市万州区的 13 家城乡信用合作社及 24 家法人单位于
1998 年 2 月 16 日共同发起设立。在成立之初，有关股东通过不良债
权入股、贷款入股及存款转股金等方式形成了虚假资本金 0.67 亿元，
拥有不良贷款 3.51 亿元，不良贷款率高达 45%，并且已经形成 0.79
亿元的巨额亏损；成立之后，由于长期经营不善、内部管理薄弱、原
有的 14 家自办经济实体脱钩不彻底等新问题，加上库区经济很不发达
等外部环境因素，万州银行长期处于高风险运行状态。截至 2005 年年
末，万州银行的资本充足率为 - 14.55%，账面不良资产率高达
30.16%，拨备缺口已达 4.29 亿元，面临巨大的支付压力。2006 年年
初，银监会对全国 110 家城市商业银行进行了风险分类，其中有 7 家
被列为高风险机构，万州银行即名列其中。2007 年 3 月 27 日，银监会
发出"最后通牒"，要求该行最迟于 2007 年下半年提交重组方案。

考虑到万州银行地处三峡移民库区，负有维护社会稳定的艰巨
任务等实际情况，银监会和地方政府经过反复磋商，达成了"以地
方政府为主导，坚持市场化运作"的共识。2007 年 7 月 19 日，重庆
市国有资产监督管理委员会牵头组建了由重庆市金融工作办公室、
中国人民银行重庆营业管理部、重庆市银监局和重庆国际信托投资
有限公司（以下简称重庆国投）等多个部门和单位参加的万州银行

---

① 肖璞：《后危机时代中国有效金融监管问题研究》，博士学位论文，湖南大学，2013 年，
第 101 页。

② 案件素材选自刘明康主编《中国银行业改革开放 30 年（1978—2008）》（下册），中国
金融出版社 2010 年版，第 483—485 页；陈蹊《万州商业银行重组为三峡银行》，《重庆商报》
2008 年 2 月 6 日；《重庆三峡银行（前万州商行）重组大事记》，《中国经济时报》2008 年 2 月
26 日，2018 年 7 月 15 日（http://jjsb.cet.com.cn/show_45591.html）。

重组改革领导工作小组，并决定由重庆国投作为万州银行的重组牵头人。2007 年 12 月 3 日，银监会向重庆银监局下发了《中国银监会关于万州商业银行重组有关问题的意见》，原则上同意重庆银监局对万州银行重组方案的审核意见。

重组方案的主要内容如下。（1）清理规范万州银行长期存在的虚假资本金问题。通过减持、折价、以股抵债、转让和退出等方式将原 1.41 亿股的注册股本缩减为 0.75 亿股，其中，对该行设立时各信用社以净资产和股权作价入股的 0.42 亿股进行减持处理；对 21 户以本行股权质押向万州商业银行借款，且大部分逾期未还的法人股，按每股作价 1 元抵偿其借款本金或将其现有股权向其他合格投资者进行转让，转让款项用于偿还银行借款。（2）由重庆国投牵头组织，通过定向募集的方式对万州银行进行增资扩股。对于新增股本，由重庆国投以现金方式认购 7 亿股（在其认购的股份中，有 15% 是预留给海外战略投资者的），剩余部分由境内的合格投资者（限法人单位）认购，重组后万州银行的总股本扩大至 20 亿股。参加重组的新老投资者都将按每股 1.6 元的现金认购，原股东可按 1.6 : 1 的比例将原有股份折换为新股。（3）运用信托计划剥离不良资产，实现自办实体真实脱钩。以每股 1.6 元募集股本，将每股中的 0.6 元，共计 12 亿元资金委托重庆国投设立万州银行不良资产处置集合资金信托计划，并将该 12 亿元信托资金作为注册资本成立重庆三峡资产管理公司，由该公司整体收购和承接万州商业银行 12 亿元的不良资产及其自办经济实体，并负责剥离后的管理与清收处置工作。不良资产处置收入在扣除合理成本后，作为信托收益依法归受益人万州银行享有。

在重庆市政府的推动下，上述万州银行的重组方案得以顺利实施。重庆银监局提供的资料显示，截至 2007 年 12 月 31 日，万州银行的主要经营指标发生根本变化，资本充足率从 - 13.75% 上升至 150.83%，不良资产率下降至 3.2%，拨备充足率达到 87.19%，累计实现税后利润 2419 万元，全面恢复了正常经营能力。2008 年 2 月 4 日，中国银监会批准万州银行更名为重庆三峡银行股份有限公司。

评价：万州商业银行在重组过程中，创造性地采用了发行专项信托计划整体剥离不良资产，并由新老股东共同承担银行重组风险的方法，为运用市场化手段化解城市商业银行的破产风险提供了一种新的思路。与此同时，我们也必须看到政府在城市商业银行风险处置中发挥着绝对的主导作用。这既是出于稳定金融秩序、维护公共利益的需要，同时也是由城市商业银行的大股东通常是地方政府这一特殊股权结构所决定的。因此，在城市商业银行的重整实践中，"无论是通过传统的资产置换、收购兼并的方式，还是通过创新型的新老股东共担方式，都离不开政府的重视和大力支持"。①

二　我国银行重整实践中存在的问题及其成因分析

检视我国问题银行风险处置的实践历程，不难发现，无论是《企业破产法》上规定的重整还是《商业银行法》和《银行业监督管理法》等法律规定的银行接管，在实际操作中都很少得以运用。迄今为止，我国尚未有适用《企业破产法》对问题银行实施重整的个案出现；而真正意义上的银行接管案例也只有寥寥几例，并且基本发生在银监会成立之前，年代久远。② 如果说在本节之前的分析和探讨中，主要进行的是对理论的推演和对不同国家立法例的比较，那么在本节中，笔者将主要采用观察的方法来得出结论。由于信息公开不充分样本分布不均衡，这种实证考察的结果有可能是片面的，但却是必不可少的。通过对我国问题银行重整处置工作的总结和反思，我国银行重整在实践中主要存在以下三个方面的问题。

（一）行政干预色彩浓厚，缺少市场化运作

泰安市多家信用社和万州银行的重整是在当地政府的统一组织领导下完成的，而红枫信用社的重整则由中国人民银行通过接管的方式实施。

---

① 银祖峰：《推进城市商业银行风险处置》，《中国金融》2009 年第 8 期。

② 除了红枫信用社接管案之外，比较具有影响力的还有深圳金威城市信用合作社接管案。深圳金威城市信用合作社（以下简称金威信用社）的发起人在申请设立过程中通过虚假注资的手段骗取了验资报告和金融主管机关的批准文件；在信用社开业后又违规经营，谋取非法收入。中国人民银行深圳经济特区分行于 1995 年 2 月 8 日发布公告对金威信用社实施接管；随后，接管工作组又进一步发现了该信用社的其他违法事实。1995 年 5 月 30 日，中国人民银行深圳经济特区分行发布公告，依法吊销金威信用社的《经营业务许可证》，并组成清算组对其进行关闭和清算。同时，接管工作依法终止。参见《中国人民银行深圳经济特区分行关于接管深圳金威城市信用合作社公告》《中国人民银行深圳经济特区分行关于关闭深圳金威城市信用合作社的公告》。

从重整工作的启动到重整方案的制订，从重整措施的实施到相关各方的利益协调，行政权力在每一个环节都发挥着至关重要的主导作用，事必躬亲，无处不在；而负责居中裁判的司法权却全程保持缄默，几乎消失得无影无踪。之所以会出现这种"强行政，弱司法"的权力格局，除了本书前面已经论及的现行银行重整立法只有概念性规定，缺乏具有可操作性的规则等因素以外，还有一个很重要的原因是源自我国政府浓厚的"父爱主义"① 情结。中国是一个拥有数千年人治历史的国家，服从政府管理和接受政府安置早已成为社会大众普遍接受的观念和根深蒂固的习惯，由此导致的一个必然结果就是"政府职能无限扩张，政府越来越多地承担了本来完全可以由社会或市场自己去履行或完成的事务，政府权力深入到纯粹属于个人生活的私领域"②。虽然鉴于银行破产的特殊性，行政权力介入银行重整有其充分的必要性；但是在这种父爱主义思维定式的影响下，我国的银行重整带有浓厚的行政干预色彩，并且严重缺乏透明度。贵阳市商业银行对红枫信用社的兼并、泰安市9家信用社之间的联合重组都不是建立在市场化的基础之上实施并购的金融机构和参与重组的出资企业完全由政府一手"圈定"；万州银行的重整方案虽然在一定程度上引入了市场化的运作方式，但是在筛选参与重组的牵头出资人时，重庆市政府仍然没有采用公开竞价的方式，重庆国投最后的胜出仍然难以彻底摆脱"暗箱操作"的阴影。③ 从政府自身的角度分析，其对银

① 父爱主义（Paternalism），亦称家长主义，原意是指像父亲那样行为，或者像家长对待孩子一样对待他人。从表现形式上看，父爱主义可以细分为软父爱主义（Soft）和硬父爱主义（Hard）。软父爱主义只对受到削弱的决定，即"强制、虚假信息、兴奋或冲动、被遮蔽的判断，推理能力不成熟或欠缺"的结果进行限制和干预。硬父爱主义是指管理人出于增加当事人利益或使其免于伤害的善意考虑，不顾当事人的主观意志而限制其自由的行为。参见孙笑侠、郭春镇《法律父爱主义在中国的适用》，《中国社会科学》第2006年第1期。

② 王小卫：《宪政经济学》，立信会计出版社2006年版，第91页。

③ 万州银行陷入困境后，重庆市政府曾先后与香港三山公司、长城资产管理公司、国家开发银行、重庆国投和重庆渝富资产经营有限公司等境内外多家机构进行过非公开的接触，商讨重组事宜，详细内容参见李涨涨《三大资本暗战，万州商业银行重组迷雾重重》，《重庆日报》2006年6月8日第3版；李涨涨、叶果《万州商业银行重组疑云未散，三山公司入驻延期》，《重整日报》2006年7月27日第3版；熊宇家《万州商行重组或仍纸上谈兵》，《华夏时报》2007年10月15日第13版；华强《万州商业银行重组修成正果 三峡银行起锚三年后上市》，《华夏时报》2008年3月3日第13版。

行重整中并购方的选择通常只着眼于化解眼前迫在眉睫的信用危机与社会矛盾，至于重整方案实施以后在未来较长一段时间内可能产生的影响，例如银行重组后的可持续发展前景、企业的凝聚力，甚至可能发生的企业文化冲突等问题，则鲜少被顾及。

　　这种完全用行政手段取代市场机制的银行重整实践，其实质是由政府为银行提供隐性担保和承担兜底责任。虽然从个案来看，政府的行政干预确实有助于迅速化解问题银行的财务危机，遏制破产风险在银行业体系内的传导；但是隐性担保的长期存在，严重扭曲了银行和存款人的行为预期。一方面，存款人因为相信政府会为银行风险给自己造成的损失埋单，失去了甄别与监督银行的动力，从而助长了银行的冒险投机行为；另一方面，对于银行而言，政府的隐性担保使其产生了侥幸心理，特别是在银行陷入困境时往往为追逐利益最大化铤而走险。此外，在法律缺位的情况下，政府对银行重整的行政干预更多的是依靠强制性命令及其权威地位，用政策调整代替法律调整将产生两个严重的问题：一是权力的行使与责任的承担失衡，政府在决策失误甚至行政不作为的情况下也无须承担法律责任，削弱了政府的社会公信力；二是行政权力的介入具有强烈的应急性，仓促之间难免会疏忽甚至漠视对相关利益主体的权利保护，而法院在此过程中的缄默不语，无疑使得私权利主体在银行重整中处于更加弱势的不利地位。海发行作为新中国成立以来第一家被行政关闭的省级商业银行，使其发生支付危机的导火索正是相关政府部门在对城市信用合作社进行重整处置的过程中，通过行政命令要求本已包袱沉重的海发行对发生大面积支付危机的城市信用合作社进行吸收合并和债权债务托管，最终使得海发行被卷入了挤兑风潮，走上了破产倒闭的不归路。因此，我国未来的银行重整立法不仅要特别重视和强调引入市场化运作方式，还必须严格约束行政权力的行使，否则建立问题银行市场退出机制的初衷将难以实现。

　　（二）重整程序的启动时间晚，处置效率低

　　虽然从规范层面分析，无论是《企业破产法》上规定的重整原因还是《商业银行法》和《银行业监督管理法》等法律规定的银行接管条件，都比破产原因要宽松得多，并不要求问题银行具备不能清偿到期债务并且资不抵债或者明显缺乏清偿能力的事实，而只需证明其有不能清偿或者发生信用危机之虞即可。但是在上述三个案例中，银行重整程序启动时，红枫信用社和泰安市的多家信用社都已经发生了严重的资不抵债，不良贷款比率均超过 50%；万州银行的资本充足率已经跌至 – 14.55%，而根据当时的《商业银行资本充足率管理办法》的规定，对资本充足率不足 4% 或核心资本充足率不足 2% 的商业银行，银监会就可以对其进行接管或者促成机构重组，直至撤销。① 笔者认为，有关部门之所以在决定是否对问题银行启动重整程序时犹豫不决、瞻前顾后，除了前已述及的法律机制不完善，缺乏具有可操作性的规则指引之外，还有以下两个方面的现实原因。

首先，中国几乎所有的金融资源都集中在银行，作为与国民经济和人民群众生活密切相关的准公共企业，银行面对着大量的公众债权人，一旦重整中出现问题或者重整失败，不仅会引发挤兑风潮，甚至有可能发生上访、冲击政府等群体性事件。与此同时，在世界经济一体化趋势日益明显的情况下，其他国家和地区对我国经济发展的状况十分关注，使得问题银行风险处置的政治敏感度升高，处置结果的好坏直接影响到外界对我国金融体制和政府信誉的评价，监管部门和地方政府在进行决策时不得不采取慎之又慎的态度。

其次，各地政府之于地方银行的多重角色诉求及其与银行监管机构之间的矛盾和冲突，妨碍了对银行重整程序的及时启动。由于历史的原因，我国的各级地方政府与以城市信用合作社和城市商业银行等为代表的地方银行之间长期以来形成复杂而微妙的法律关系：一方面，地方政府是地方社会经济的管理者，争取金融资源、推动地方经济扩张的动机十分强烈；② 另一方面，地方政府对本辖区内的地方银行负有一定的监管

---

① 《商业银行资本充足率管理办法》第 38 条：根据资本充足率的状况，银监会将商业银行分为三类：（一）资本充足的商业银行：资本充足率不低于 8%，核心资本充足率不低于 4%；（二）资本不足的商业银行：资本充足率不足 8%，或核心资本充足率不足 4%；（三）资本严重不足的商业银行：资本充足率不足 4%，或核心资本充足率不足 2%。第 41 条：对资本严重不足的商业银行，银监会除采取本办法第 40 条所列的纠正措施外，还可以采取以下纠正措施：（一）要求商业银行调整高级管理人员；（二）依法对商业银行实行接管或者促成机构重组，直至予以撤销。在处置此类商业银行时，银监会还将综合考虑外部因素，采取其他必要措施。本法规自 2004 年 3 月 1 日起施行，后根据 2006 年 12 月 28 日中国银行业监督管理委员会第五十五次主席会议《关于修改〈商业银行资本充足率管理办法〉的决定》修正，现已被《商业银行资本管理办法（试行）》所取代，于 2013 年 1 月 1 日起被废止。

② 马雪彬、赵晶晶：《地方政府之于地方性金融机构监管职责的角色》，《哈尔滨商业大学学报》（社会科学版）2012 年第 5 期。

职责。与此同时，地方政府还是地方银行的主要出资人之一，在地方银行的公司治理结构中多处于控股股东的地位。这些不同的职能定位与利益诉求交织在一起，使得地方银行的重整已经演变为一个地方政府处于强势地位、多方博弈的过程。陷入困境的地方银行，不仅需要接受银监会、中国人民银行等银行监管机构的垂直管理，同时还不得不听从地方政府的指令。这些监管机构与具有多重身份的地方政府之间，既相互依赖但同时又面临着矛盾和冲突：就帮助问题银行摆脱困境、维护金融秩序和社会稳定而言，地方政府与监管机构的目标是一致的；同时，由于绝大多数银行重整的过程中包含着股权重组和变更，作为地方银行控股股东的各级地方政府，因为担心股权结构的调整或变革将影响到自己日后获得金融资源的便利性，通常不愿意放弃或者削弱对地方银行的控制权。这在很大程度地阻碍了地方政府组织、参与银行重组的积极性。此外，在实践中，地方银行经营风险的成因也有一部分与地方政府的行为密切相关，例如地方政府为发展本地经济，要求银行"向其推荐的项目或企业提供贷款或担保贷款，以获取地方经济增长；强令向已处于困境的企业提供贷款以维护社会稳定或收取税金；要求地方银行兼并经营已经处于困境的地方金融机构，以维护经济社会稳定；强制性要求购买某些资产；拒绝其他银行如股份制银行的兼并要求等等"①。这些行政性干预不仅大大增加了银行在运营中所面临的信用风险；而且，一旦银行因此陷入财务危机，作为始作俑者的地方政府往往不愿意主动向银行监管机构通报金融风险。

综观上述 3 个案例，无一例外都是等到问题银行发生严重的资不抵债，几乎走到穷途末路以后才由地方政府和银行监管机构组织实施重整。在泰安市信用合作社联合重组案中，一开始只有 3 家城市信用合作社面临着较高的流动性风险，但是由于当地政府和监管机构行动迟缓，延误了对城市信用合作社进行重整的最佳时机，以致其破产风险逐步蔓延，最后造成全市范围内城市信用合作社的系统性危机。虽然几经波折重整成功，但是政府和有关方面却为此付出了高昂的救助成本。有鉴于此，

---

① 辛子波、张日新：《地方政府干预地方银行行为分析》，《财经问题研究》2001 年第 12 期。

我国未来的银行重整立法不仅需要确立及时处置的基本原则，细化重整程序的启动条件，还应当注重加强对银行的纵向监管和信息披露的力度，以约束地方政府的行为，减少因其自身利益诉求与监管责任之间的矛盾而对银行重整造成的妨碍，提高问题银行的处置效率。

（三）主要依靠公共资金救助，损失分担机制不合理

尽管在我国的银行重整实践中，已经出现了银行股东参与银行重整的资金供给和损失分担的个案，例如万州银行的重整方案就对该银行部分股东持有的股份进行了减计处理，并且参加增资扩股的银行原有股东可以按照每股 1.6 元的价格进行现金认购；但是这些处理方式要么有其特殊的处置背景，如万州银行在重整时对部分银行股份进行减计的原因是为了解决该银行在成立之初就存在的虚假出资问题；要么不具有强制性，如万州银行的重整方案并没有要求该银行的原有股东必须参与增资扩股，因此难以总结形成能够普遍适用的统一规则在全国范围内进行推广。从总体上看，公共资金仍然是我国银行重整实践中最主要的资金来源，其具体表现形式主要有两种：一是中国人民银行以最后贷款人的身份向问题银行提供的紧急贷款，例如泰安市信用合作社在进行联合重组时，中国人民银行向由其组建的 3 家城市信用合作社提供了 10358 万元的紧急贷款；二是地方政府的财政支持，后者在地方银行的重整过程中往往扮演了更加重要的角色。同样是在泰安市信用合作社的重组过程中，泰安市财政局不仅承担了对新成立的泰安信用社的 3200 万元的注资义务，还向原来由泰安市政府组建的 3 家城市信用合作社提供了总计 51594 万元的资金用以填补资金缺口；如果没有地方政府提供的公共资金救助，这一信用社联合重组就很难取得成功。与此形成鲜明对比的却是，问题银行的股东仅以出资为限承担相应的法律责任，而银行的债权人，特别是公众存款人通常无须承担任何损失即可通过公共资金救助获得全额兑付。

由于我国银行重整立法的滞后，相关政府部门在问题银行重整的过程中使用公共资金时，往往不是依据法律的明确授权，而是通过行使自由裁量权的方式进行。在缺少最小成本原则约束的情况下，公共资金投入银行重整的随意性和非程序性现象十分突出。这种"银行倒闭，政府埋单"的单一损失分担机制不但助长了问题银行对公共救助

的惯性思维和盲目依赖，同时也给相关政府部门带来了许多深层次的问题。以中国人民银行为例，虽然《贷款管理暂行办法》第 5 条对问题银行向中国人民银行申请紧急贷款应当符合的条件做出了具体的规定，明确提出"借款人已采取了清收债权、组织存款、系统内调度资金、同业拆借、资产变现等自救措施，自救态度积极、措施得力"的要求；但是在实践操作中，中国人民银行却很少审查问题银行自我救助措施的实施情况，只要发生了支付危机，中国人民银行对问题银行提出的紧急贷款申请几乎是有求必应。最后贷款人制度泛化使用的结果，并非仅使货币政策的独立性受到影响，大量无谓贷款的发放必然导致货币供应量的增加，甚至可能引发更为严重的通货膨胀危机。对于各级地方政府来说，处置问题银行完全依靠公共资金的投入，则往往意味着地方财政将背上沉重的债务包袱。例如，在 2000 年河南省永城市城市信用合作社接管案中，事发地是一个只有 130 多万人口、财政收入年仅 1 亿多元的县级城市，当地政府为处置濒临破产的城市信用合作社不得不大规模举债，巨额的债务负担压得地方财政喘不过气来，严重影响了当地经济的规划和发展。[①]

　　综上所述，在实践中我国问题银行的重整处置长期以来与法律规定严重脱节。一方面，现行法律规定在制度架构层面存在整体性缺陷，同时又缺乏清晰、明确的处置规则，政府部门出于维护金融稳定，保障公共利益的需要，只能赤膊上阵；另一方面，自改革开放以来，中国的金融体制就

---

　　① 河南省商丘市所辖永城市内有站南、淮海、青年和健康四家城市信用合作社。2000 年 12 月 22 日，站南城市信用合作社因发生支付危机而停付，由此引发了健康、淮海和青年城市信用合作社的大面积挤兑风潮。从 2000 年 12 月 23 日至 27 日五天的时间内，大量无法取款的储户四次围攻永城市政府和金融监管机关。2000 年 12 月 28 日，永城市政府组织由财政、税务、中国人民银行、公检法等部门组成的接收工作组，接管了前述四家信用社的 19 个营业机构。经河南省政府同意和中国人民银行济南分行批准，2001 年 1 月 1 日，永城市政府发布公告，宣布对这四家城市信用合作社实施停业整顿。工作组经过清理后发现，截至 2000 年年末，四家城市信用合作社的资产总额共计 4.4241 亿元，负债总额为 6.0891 亿元，考虑各项尚待处理的费用和贷款以外的难以收回的应收款项，确定资不抵债的金额为 4.3845 亿元。永城市政府针对这四家机构制订了《居民储蓄存款兑付实施方案》，按照储蓄存款金额的大小，分 8 批全额兑付了共计 5.8 亿元的居民储蓄存款度及其合法利息。资料来源：郑相华：《机制性因素：县域金融机构风险的隐患——来自一起金融风波的思考》，《中国审计》2003 年第 12 期；田钢：《对金融危机应对机制实务的研究》，硕士学位论文，中国人民大学，2006 年。

一直处在改革发展的进程中，伴随金融改革的深入，国家也加强了金融法规的建设，这些金融法规的制定虽然为金融体制改革的深化和金融秩序的稳定提供了法律基础，但同时也需要随着改革的发展而不断地完善和改进，社会生活的复杂性决定了法律的变化与发展总是具有相对滞后性。

虽然在特定的历史时期内，政府主导下的银行重整实践为维护金融秩序和社会稳定发挥了重要的促进作用，但其暴露出来的诸多弊端，特别是"过度倚重行政管制，忽视市场机制和私权保护"等结构失衡的问题已经到了不得不反思的地步。"资本市场的发展历史告诉我们，自治、自律和管治三种机制之间是互补和竞争的关系，恰当协调三种机制的作用是资本市场发展的必由之路。"① 在未来的银行重整立法中，必须建构起一种"以市场机制为基础，司法权与行政权和谐共生，相关各方权益得到均衡保护"的银行重整制度。

第三节　混合型重整模式：我国银行重整立法的理性选择

一　影响我国银行重整立法模式构建的现实因素

由于各个国家的金融体制不同，所处的经济发展水平与社会环境不同，所以每个国家和地区在对问题银行进行重整和救助时遇到的问题和困难也各不相同。在探讨我国银行重整立法的模式选择问题时，应当从中国的现实国情出发，分析影响我国银行重整立法模式选择的各种现实因素。

（一）金融资源高度垄断

中国的金融体制在经历了 30 余年的改革之后，虽然在很多方面取得了显著的成效，但是中国金融市场处于高度垄断，多层次市场尚未形成的基本格局依然没有得到根本性的改变。

首先，银行业牢牢占据着金融业的主导地位。从资产数量来看，截至 2017 年年末，我国银行业金融机构的总资产已经达到了 252.4 万亿元；而保险业总资产规模才达到 16.7 万亿元，证券公司的总资产只有 6.14 万

---

① 冯果、李安安：《问题券商市场退出法律机制之审思——在资本市场法治化的拷问之下》，《证券法苑》2010 年第 2 期。

亿元。① 根据中国人民银行发布的《中国金融稳定报告（2017）》，截至 2016 年年末，信托公司受托管理的资金信托余额为 17.5 万亿元，公募基金、私募基金、证券公司资产管理计划、基金及其子公司资产管理计划、保险资产管理计划的规模分别为 9.2 万亿元、10.2 万亿元、17.6 万亿元、16.9 万亿元、1.7 万亿元；而银行表内表外理财产品资金余额已达 29 万亿元。就目前国内财富管理市场而言，银行理财仍然是规模最大、覆盖客群最广、最具有影响力的资产管理业务。② 从融资比例来看，中国人民银行发布的《2017 年社会融资规模存量统计数据报告》显示，2017 年社会融资规模存量为 174.64 万亿元，其中，对实体经济发放的人民币贷款余额占同期社会融资规模存量的 68.2%，而非金融企业境内股票和企业债券合计余额占比仅为 14.3%。③ 与 2002 年相比，虽然直接融资占社会融资规模的比例由 2002 年的 6.7% 提高到了 2017 年的 14.3%，融资结构有所改善；但是"这一比例不仅远低于市场主导型的美国的 73% 和英国的 62%，同时也远低于银行主导型的德国的 39% 和日本的 44%"④。

其次，在银行业中，金融资源主要集中在少数几家国有大型商业银行。经过 30 多年的改革和发展，中国的银行业逐渐形成以中国银行、中国工商银行、中国建设银行、中国农业银行和交通银行 5 家大型国有商业银行为主导，股份制商业银行、城市商业银行、农村商业银行、农村合作银行和村镇银行等其他各类银行参与竞争的寡头垄断格局。根据银监会发布的统计数据，截至 2017 年年末，我国五大国有商业银行、股份制商业银行、城市商业银行、农村金融机构和其他类金融机构资产占银

---

① 数据来源：《银行业监管统计指标季度情况表（2017 年）》，2018 年 7 月 15 日，原中国银监会网站 http：//www.cbrc.gov.cn/chinese/home/docview/44E986F2C2344E508456A3D07BC885B6.html；《2017 年保险业经营情况表》，2018 年 7 月 15 日，原中国保监会网站 http：//bxjg.circ.gov.cn/web/siteo/tab5201/inf04101485.htm；《中国证券监督管理委员会年报》，2018 年 7 月 15 日，中国证监会网站 http：www.csrc.gov.cn/pub/newsite/zjhjs/zjhnb/。

② 中国人民银行金融稳定分析小组：《中国金融稳定报告（2017）》，第 117 页，2018 年 7 月 15 日，中国政府网（http：//www.gov.cn/xinwen/2017－07/06/content_5208092.html）。

③ 中国人民银行：《2017 年社会融资规模存量统计数据报告》，2018 年 7 月 15 日，中国人民银行网（http：//www.pbc.gov.cn/diaochatongjisi/116219/116225/3461227/index.html）。

④ 刘立峰：《我国金融体系发展及其对融资工具创新的影响》，《中国经贸导刊》2013 年第 3 期。

行业总资产的比例分别为 36.77%、17.81%、12.57%、13.00% 和 19.84%。① 在英国《银行家》杂志联合世界知名品牌评估机构 Brand Finance 发布的《2018 年全球银行品牌 500 强排行榜》中，中国内地共有 15 家银行进入百强榜，其中，中国银行、中国农业银行、中国工商银行和中国建设银行四家大型国有商业银行均进入了全球银行品牌前 10 名。②

由此可见，我国金融市场结构属于典型的银行导向型，其结构特征可以概括为国有大型商业银行控制下的寡头垄断市场，呈现出以下两个方面的显著特点：一是银行业几乎垄断了整个社会的金融资源；二是国有大型商业银行在银行业内部居于主导地位。探究我国银行业一家独大的成因，郁方博士认为，历史条件约束是国家资源配置集权实现经济复苏和赶超战略；理论约束则是计划经济、公有制和金融主权三大主流思想的共同作用。③ 尽管自 1978 年开始改革开放以来，政府一直致力于积极推进银行业向市场化和企业化转型，但正如经济学家道格拉斯·C. 诺斯（Douglass C. North）在研究制度变迁的路径依赖理论时所言，制度一旦形成就有其惯性，而制度变迁中绝大部分都是渐进的。④ 因此，在这一场事关国计民生的银行业改革中，主导力量仍然是由政府充当。为此，学者张杰明确指出："中国的改革不是转轨，而是循着原有历史逻辑持续性变。"⑤ 于是，30 年金融体制改革的结果，就是我国银行业从 100% 的独家垄断转化为国有大型商业银行的寡头竞争格局。

（二）民间资本进入银行业面临重重障碍

银行是一种高风险行业，为了保障金融秩序的稳定，防止资质不良

---

① 农村金融机构包括农村商业银行、农村合作银行、农村信用社和新型农村金融机构；其他类金融机构包括政策性银行及国家开发银行、外资银行、非银行金融机构和邮政储蓄银行。数据来源：《银行业监管统计指标季度情况表（2017 年）》，2018 年 7 月 15 日，中国银监会网站（http://www.cbrc.gov.cn/chinese/home/docView/44E986F2C2344E508456A3D07BC885B6.html）。

② Brand Finace，"Banking 500 2018"，the annual report on the world's most valuable banking brands，available at brandfinance.com/knowledge-centre/reports/brand-finance-banking-500 – 2018/，last visit at 2018.07.15.

③ 郁方：《中国银行业垄断与规制研究》，博士学位论文，华南理工大学，2010 年。

④ ［美］道格拉斯·C. 诺斯：《制度、制度变迁与经济绩效》，刘守英译，上海三联书店 1994 年版，第 111 页。

⑤ 张杰：《经济变迁中的金融中介与国有银行》，中国人民大学出版社 2003 年版，第 136—143 页。

的投资者对银行业造成损害，我国政府对银行的设立采取了严格的核准主义并且对银行的市场准入条件提出较高的要求，但是民间资本①进入银行业早已有迹可循。事实上，早在 20 世纪 80 年代城市信用合作社的设立兴起之时，民间资本就已经以个体工商户投资的形式参与其中。近年来，在国家政策、法律和相关部门的支持下，大量民间资本通过多种渠道参与到各类银行的组建、改制和股权优化活动中。根据银监会公布的统计数据，截至 2016 年年底，已有 7 家城市商业银行在沪深交易所上市，8 家城市商业银行在香港上市，1 家城市商业银行在新三板上市；而在农村中小金融机构的股本中，民间资本的占比已经达到 86.3%，其中在农村商业银行股权占比 88.3%，在村镇银行股权占比 71.9%。②尽管如此，曾任银监会办公厅主任、现任中国华融资产管理股份有限公司董事长的赖小民仍然认为，相对于资金雄厚、利润充沛的国有商业银行而言，民间资本所占有的市场份额实在太小。③

　　民间资本取得银行牌照的途径主要有两个：一是资本准入，即民间资本通过参与银行的增资扩股或者购买银行的股份，成为银行的控股股东；二是机构准入，即以民间资本为主发起设立民营银行④。但无论选择哪条途径，民间资本在取得银行控制权时经常会面临各种看得见的硬性法律限制和看不见的软性市场壁垒。

　　从法律的角度分析，由于我国传统的关于国有、集体、民营的资本

---

　　①　关于民间资本的含义，我国理论界尚未形成统一认识。多数学者认为，民间资本是一个国家或地区内部的非国有资本和非外商资本的总和，主要包括以下四种类型：（1）经营型民间资本，指民间法人投资和个人投资的实业资本；（2）金融型民间资本，指居民的储蓄存款及居民持有的国库券、企业债券、股票、外汇券等各种有价证券；（3）现金型民间资本，指城乡居民手持现金总额；（4）不动产型民间资本，指民间法人和民间个人所拥有的并用以获取收益的房屋和土地等。参见张希军、王悦《甘肃省启动民间资本参与全面小康社会建设的新思路》，《甘肃金融》2003 年第 10 期。

　　②　《中国银行业监督管理委员会 2016 年年报》，2018 年 7 月 15 日（http：//www.cbrc.gov.cn/chinese/home/docView/5F0858ECD7B442AA8B56365B2992E8B1.html）。

　　③　张亚雄：《民营银行迷局》，《小康·财智》2013 年第 11 期。

　　④　当前学术界对民营银行的定义大致可分为产权结构论、资产结构论和治理结构论三种。产权结构论认为由民间资本控股的就是民营银行；资产结构论认为民营银行是主要为民营企业提供资金支持和服务的银行；治理结构论则认为凡是采用市场化运作的银行就是民营银行。本书在此采用的是第一种定义方式，即产权结构论。

划分观念根深蒂固，许多人仍然认为只有国有资本才靠得住；与此同时，民间资本自身存在的分布散、实力弱，独立投资决策能力不足，以及入股动机不纯等问题，也使得监管部门出于审慎监管的考虑，不得不对民间资本进入银行业设限。具体而言，主要表现在以下三个方面。首先，主体资格限制，如根据《农村中小金融机构行政许可事项实施办法》（以下简称《农村中小金融机构许可办法》）第 28 条的规定，村镇银行的主发起人必须是银行业金融机构，这成为以民间资本为主发起设立村镇银行所面临的最大法律障碍。虽然银监会在 2012 年 5 月 26 日发布的《关于鼓励和引导民间资本进入银行业的实施意见》（以下简称《实施意见》）中将村镇银行主发起人的最低持股比例由 20% 降低为 15%，但是这仍然没有从根本上改变村镇银行的市场准入政策对民间资本的"所有制歧视"，民间资本单独设立村镇银行仍然存在法律障碍。其次，审慎条件严苛。例如《中资商业银行行政许可事项实施办法》（以下简称《中资银行许可办法》）对境内非金融机构作为中资银行的法人机构发起人时，在年终分配后的企业净资产值、权益性投资余额、入股资金来源等方面均设置了明确的法律条件①，而这些要求对许多民间资本来说往往是难以达到的。最后，对民间资本持股比例的限制，在《中资银行许可办法》和《农村中小金融机构许可办法》等行政法规中对境内非金融机构及其关联方作为银行发起人的持股比例，都存在着严格的法律限制，② 民间资

---

① 《中资银行行政许可事项实施办法》第 12 条：境内非金融机构作为中资商业银行法人机构发起人，应当符合以下条件：……（七）年终分配后，净资产达到全部资产的 30%（合并会计报表口径）；（八）权益性投资余额原则上不超过本企业净资产的 50%（合并会计报表口径），国务院规定的投资公司和控股公司除外；（九）入股资金为自有资金，不得以委托资金、债务资金等非自有资金入股，法律法规另有规定的除外；（十）银监会规章规定的其他审慎性条件。

② 《中资银行许可办法》第 11 条：单个境外金融机构及被其控制或共同控制的关联方作为发起人或战略投资者向单个中资商业银行投资入股比例不得超过 20%。《农村中小金融机构行政许可事项实施办法》第 12 条：单个境内非金融机构及其关联方合计投资入股比例不得超过农村商业银行股本总额的 10%。并购重组高风险农村信用社组建农村商业银行的，单个境内非金融机构及其关联方合计投资入股比例一般不超过农村商业银行股本总额的 20%，因特殊原因持股比例超过 20% 的，待农村商业银行经营管理进入良性状态后，其持股比例应有计划逐步减持至 20%。第 29 条第 1 款：村镇银行主发起人持股比例不得低于村镇银行股本总额的 15%，单个自然人、非金融机构和非银行金融机构及其关联方投资入股比例不得超过村镇银行股本总额的 10%。职工自然人合计投资入股比例不得超过村镇银行股本总额的 20%。

本很难取得对银行的控股权。

　　从市场的角度分析，现有的银行无论是在营业网点的布局，还是在银行的口碑与信誉度以及技术管理水平等各个方面，都拥有巨大的优势，民间资本如欲组建新的银行，必须付出更大的经营成本，才能在竞争中取得一席之地；而现有银行的股东，尤其是当地方政府作为大股东时，往往不愿意其股权遭到稀释，进而影响到其控股股东的地位，因此对增资扩股的积极性不高，在具体实施过程中也更青睐国有资本，甚至想方设法限制民间资本的进入。这些看不见的市场壁垒导致民间资本在进入银行业时往往呈现出两种异化现象。一是实际准入门槛的异化。举例而言，根据《农村中小金融机构许可办法》第 26 条的规定，村镇银行的最低注册资本分别为 100 万元和 300 万元。但是从已经设立的村镇银行来看，其注册资本却普遍在千万元以上。例如，湖南省注册资本数额最高的湘西长行村镇银行，其注册资本金为 2 亿元，即使是该省注册资本数额最低的平江汇丰村镇银行，其注册资本金也有 1000 万元。① 由于银行市场的实际准入门槛远高于法律的规定，使得许多实力不足的民间资本只能望而却步。二是股权结构的异化。根据《农村中小金融机构许可办法》第 35 条和《实施意见》的规定，村镇银行的主发起人必须是银行业金融机构，并且最大股东持股比例不得低于村镇银行股本总额的 15%。立法的初衷本来是在确保发起银行控制权的同时，尽量分散股权，以实现有效的公司治理；但根据中国人民银行湘西州中心支行课题组 2012 年 7 月对湖南、湖北、江西三省 54 家村镇银行的调查表明：村镇银行的主发起人绝对控股现象十分普遍，主发起行控股 50% 以上的有 46 家，占比 85.19%，其中控股 90% 以上的 15 家，占比 28.78%。② 主发起人在村镇银行中的"一股独大"，使得村镇银行变相地成为前者在农村地区设立的一个分支机构，民间资本进入银行业的努力又一次撞上了"看不见的天花板"。

　　2014 年 3 月 11 日，银监会在官方网站发布新闻稿披露，启动民营银

---

　　①　中国人民银行湘西州中心支行课题组：《民间资本进入银行业法律限制和制度障碍调查》，《金融经济》2013 年第 3 期。

　　②　同上。

行试点。[①] 从进展情况来看，截至 2017 年年底，银监会共批准设立 17 家民营银行，其中首批试点的 5 家已于 2015 年 5 月底之前全部如期开业，第二批 12 家民营银行也已于 2017 年年底前全部开业。2015 年 3 月 5 日，国务院总理李克强在政府工作报告中明确提出，"推动具备条件的民间资本依法发起设立中小型银行等金融机构，成熟一家，批准一家，不设限额"。尽管备受关注，但是作为一种新生事物，在银行业审慎监管的格局下，通过发起方式设立民营银行很难在短时间内出现爆发式的增长，因此，在未来相当长的一段时间内，对于民间资本而言，银行牌照仍然属于供不应求的稀缺资源。

（三）存款保险制度已经出台

2015 年 2 月 17 日，国务院正式发布了《存款保险条例》，从而标志着在我国已经酝酿了 22 年之久的存款保险制度终于取得实质性的进展。在过去很长一段时间，中国的银行业因为实行政府隐性担保而饱受诟病，"在中国目前的阶段建立显性存款保险制度，其利弊得失与国际主流研究和实践所提供的结论或许不完全相同"[②]。在国际层面，建立存款保险制度的主要目的是通过为广大小额储户提供保险理赔，来减少因恐慌而发生群体性挤兑的可能性；而在中国，存款保险制度的实际保障范围要比之前长期实施的政府隐性担保低，因此，在中国推出存款保险制度的意义并不在于进一步提高银行体系的安全性，而在于通过将风险显性化，提高公众和银行的风险意识，同时为问题银行的破产处置创造条件。

2009 年，巴塞尔银行监管委员会（Basel Committee on Banking Supervision）与国际存款保险机构协会（International Association of Deposit Insurers）在其联合发布的《有效存款保险制度核心原则》第 4 条说明中明确指出，没有任何单一职权可以普遍适用于所有的存款保险机构。[③] 从目前各国的立法例来看，存款保险机构根据职责范围不同，可以划分为以下两种类型。一是"付款箱"（pay box）型的存款保险机构，仅负责在

---

① 《自担风险民营银行首批试点名单确定》，2018 年 7 月 15 日，银监会网站（http://www.cbrc.gov.cn/chinese/home/docView/B3EEFFF20E6B476DA85B0E443BDBD88E.html）。

② 曾刚：《中外有别，存款保险制度这样看》，《当代金融家》2015 年第 1 期。

③ Basel Committee on Banking Supervision, International Association of Deposit Insurers, Core Principles for Effective Deposit Insurance Scheme, June 2009, p. 13.

投保银行进行重整或者清算时对存款人在法律规定的最高限额内进行赔付，或者为鼓励和促成其他金融机构对问题银行的收购，对收购行为提供财务或资金上的支持，英国的 FSCS 就是这种类型的典型代表。二是复合型存款保险机构，除了履行前述保险赔付和救助职能以外，通常还承担破产处置（包括重整和清算）、日常监管等职能中的一项或者多项。美国的 FDIC 就是其中的典型代表，作为一家独立的联邦政府机构，FDIC的职责范围十分宽广，不仅可以对从事不安全和不稳健经营的银行及其管理人员进行罚款、发布停业整顿命令、撤换银行的董事和高级管理人员等，还拥有保险理赔、作为接管人或托管人处置问题银行以及提供营业援助等职责。日本存款保险公司除了承担在保险事故发生后对存款人进行保险理赔的职责外，还负有担任问题银行管财人与清算人的职责，并且可以债权人的身份追究银行原经营者的法律责任；但是它不属于金融监管机构，不承担对银行的日常监管职责。

对于存款保险机构在我国未来银行破产立法中的角色定位，理论界和实务界存在不同的意见。有学者认为，我国暂不宜赋予存款保险机构救助职责，并且为了避免重复监管带来的无效率与高成本，也不宜赋予其监管职责，而应当将存款保险机构定位于付款理赔和在司法破产程序中的破产管理人。① 2006 年 8 月，中国人民银行曾派时任金融稳定局副局长张建华去美国 FDIC 工作考察半年。考察归来后，张建华的最大体会是，存款保险制度若想真正发挥作用，必须要附加监管或及时纠正功能，单一的"付款箱"模式绝对不适合中国。② 笔者认为，存款保险机构之所以在各国的银行破产处置中的角色定位存在差异，与一国的银行业结构密切相关。以美国为例，其银行市场上存在着大量的中小银行，银行之间的激烈竞争使得银行有强烈的动机去参与高风险活动，无论是 20 世纪 80 年代末的储贷危机，还是 2007 年爆发的金融危机，都已经充分揭示出美国银行业的脆弱性。为了避免存款保险基金遭受不必要的损失，国会

---

① 马宁、周泽新：《我国存款保险人的职能定位——兼论我国银行破产立法模式与破产程序控制权配置》，《甘肃政法学院学报》2013 年第 9 期。

② 樊殿华、王双红、张玉洁：《二十年纠结　存款保险从起点再出发》，《南方周末》2013年 8 月 16 日。

不得不在危机发生后，一次又一次地强化和扩充 FDIC 在银行日常监管和破产处置中的权限。相反，欧洲各国在经历了长时间的银行业兼并后，中小银行的数量比较少，抵御风险的能力相对较强，银行破产事件的发生频率也远低于美国，这使得欧洲国家普遍缺乏足够的动力来扩张存款保险机构的权限。由此可知，我国的存款保险机构除了向存款人承担理赔责任以外，是否还应当被赋予在银行重整中的接管、救助等职责，必须与我国具体国情结合起来分析。

二　我国银行重整的立法体例与主导权分配

（一）我国银行重整立法体例的选择

我国《企业破产法》第 134 条第 2 款规定："金融机构实施破产的，国务院可以依据本法和其他有关法律的规定制定实施办法。"尽管《商业银行破产风险处置条例》尚未出台，但从《企业破产法》的前述法律规定来看，立法者在银行重整立法体例的问题上已经做出了明确选择，即通过单行的行政法规的形式对银行重整中涉及的特殊法律问题进行调整和规范。之所以采取这种立法体例，除了考虑到银行重整的特殊性之外，也是出于我国现实国情的实际需要。一方面，相较于其他经济领域，我国在金融业尤其是银行业方面的改革步伐明显滞后，银行重整实践中的行政干预色彩十分浓厚，而对私权利的保护却严重缺位。为了防止公权力滥用，实现银行重整中的权益平衡，有必要通过特别立法对行政权力行使的方式、方法加以明确的规定和限制。另一方面，尽管随着我国金融体制改革的不断深化，银行股权多元化的格局日趋明显，但是在以国有大型商业银行为主的银行体系中仍然存在大量的国有资产。对银行国有资产的管理除了加强监管部门的监管和审计部门的监督之外，还需要对银行破产制度进行审慎设计，以避免大量国有资产在银行的市场退出过程中被侵吞或者白白流失。采用特别立法的方式对银行重整中涉及的相关问题加以专门规定，能够在一定程度上加强对银行国有资产的特别保护。

值得注意的是，《企业破产法》第 134 条所确立的我国银行重整的立法体例也存在上位法与下位法冲突的可能性。《企业破产法》是由全国人民代表大会常务委员会通过的法律，而正在起草过程当中的《商业银行破产风险处置条例》则是《企业破产法》授权国务院制定的行政法规。

从法律的位阶层级上分析，《商业银行破产风险处置条例》显然要低于《企业破产法》；但是它又必须考虑到银行重整的特殊性，其相关条款完全有可能突破《企业破产法》中的一般性规定。根据《中华人民共和国立法法》（以下简称《立法法》）第92条的规定，"特别法优于一般法"的适用规则仅存在于同一机关制定的法律和行政法规之间。① 因此，当《企业破产法》和《商业银行破产风险处置条例》对同一事项存在不同规定时，就可能引发上位法与下位法之间的法律适用冲突。根据《立法法》第88条的规定，法律的效力高于行政法规。这种情况下，《商业银行破产风险处置条例》在起草的过程中必须特别注意，在兼顾银行重整特殊性的同时，避免与《企业破产法》发生冲突。

（二）我国银行重整主导权的分配

关于银行重整主导权的分配问题，我国学者尚未形成统一的认识。支持法院主导银行重整的学者认为，在我国这样一个司法孱弱、行政威权文化与传统却极为深厚的国家，将问题银行交由行政权进行封闭运作，既不利于对银行债权人利益的平等保护，同时也有害于市场机制的有效运作，因此应当坚持法院主导下的银行重整模式。② 主张银行重整应由监管机构主导的学者则强调，监管机构拥有熟悉金融业务运营的专业人员及相应的设备设施，可以对破产金融机构处置事项做出准确的决断、快速的反应和妥善的处理，更重要的是监管机构能够对问题银行迅速地进行干预，以较低的成本防止系统性风险。此外，监管机构在组织重整方面享有较多资源和更多的便利性，可以提高重整的成功率。③

国内还有一些学者提出我国银行重整的主导权应当由法院和监管机构分享，主要理由是法院主导银行重整与监管机构主导银行重整各有优劣，作为一项法律制度安排，将主导权一分为二可以扬长避短，在银行重整的

---

① 《中华人民共和国立法法》第92条：同一机关制定的法律、行政法规、地方性法规、自治条例和单行条例、规章，特别规定与一般规定不一致的，适用特别规定；新的规定与旧的规定不一致的，适用新的规定。

② 参见马宁、周泽新《我国存款保险人的职能定位——兼论我国银行破产立法模式与破产程序控制权配置》，《甘肃政法学院学报》2013年第9期。

③ 楼建波：《破产金融机构处置：商事审判权与行政权的平衡》，《中国商法年刊》2013年；吴敏：《银行破产中的权力结构分析——行政权与司法权在银行破产中的均衡》，《财贸研究》2006年第3期。

制度构建中实现快捷性、灵活性、权威性和公正性的有效结合。但是关于司法权与行政权的具体职责划分和职权范围，学者之间存在较大的分歧。有学者提出，应当将银行重整中涉及专业性、技术性的事项交由监管当局来决定，而涉及财产性权利的确认、变更和终止等事项则仍然归属法院负责。① 也有学者建议，应当由监管机构监督并实质审查重整过程中对问题银行实体权利义务的处分，法院只做一般形式审查并最终裁决。②

　　笔者认为，前述学者提出的关于法院和监管机构分享银行重整主导权的立法建议在实际操作层面面临着许多困难。首先，银行重整涉及千头万绪，诸多事务，法律无法通过完全列举的方式一一说明哪些事项具有专业性和技术性，哪些事项涉及实体权利义务的确认、变更和灭失，如果监管当局和法院都认为自己对某一事项享有裁决权，则将导致司法权和行政权发生冲突。其次，如果只要求法院对监管当局在银行重整中做出的决定或者采取的措施进行形式上的事前审查，而将启动重整程序、批准重整方案以及终止重整程序等重要事项的实质审批权都交由监管机构行使，则使得司法权对银行重整的控制难免有走形式主义的嫌疑；而且，如果赋予法院广泛的事前审查权，则监管当局必须花费大量的时间在准备、提交起诉书、参加法院听证会以及司法裁定等程序性环节上，必将延误银行重整的进程，可谓得不偿失。

　　从国外银行重整立法的经验来看，重整由法院主导还是由监管机构主导，应当与本国的经济、法律以及社会文化传统等相关因素结合起来考察。在未来我国银行重整法律制度的构建中，应当将银行重整的过程划分为监管重整和司法重整两个阶段。监管机构通过银行接管程序对问题银行实施重整是银行重整的"主战场"，同时也是对问题银行进行破产清算的必经前置程序。如果在接管期间对问题银行实施了资产转让，可以根据需要在法院的主导下，通过《企业破产法》上的重整程序对"剩余银行"进行二次重整。具体理由如下所述。

---

① 刘仁伍：《金融机构破产的法律问题》，社会科学文献出版社 2007 年版，第 227—228 页；刘华、许可：《不完备法律理论框架下的金融机构破产立法模式》，《金融与法》2007 年第 10 期。

② 杨学波：《我国银行业破产法律制度分析与构建》，博士学位论文，中国政法大学，2006年，第 59 页；吴林涛：《涅槃抑或坠落——论商业银行破产重整制度》，法律出版社 2014 年版，第 119 页。

1. 银行重整应当以监管机构主导下的接管为主

首先，通过监管机构主导下的接管程序对问题银行实施重整，有利于在金融资源高度垄断的情况下，及时启动对问题银行的处置。如前所述，我国金融市场的结构属于典型的银行导向型，金融资源的高度集中，不仅仅意味着银行掌握了整个社会的大部分金融资产，成为社会资金供求无可替代的重要枢纽，同时也意味着金融风险的高度集中。在银行市场的倒金字塔结构之下，大型国有商业银行和股份制商业银行中的任何一家发生危机所产生的传染效应，都足以引发我国银行业的系统性危机，甚至威胁到整个国家经济的稳健运行。此外，我国的国民储蓄率从 20 世纪 70 年代至今一直稳居世界第一，根据汇丰人寿 2010 年 3 月发布的《汇丰保险亚洲调查报告》显示，我国内地的消费者将每月收入的 45% 用于储蓄。[①] 储蓄率居高不下的原因，除了受到节俭与储蓄传统的影响之外，中国的老百姓还有这样一种固有观念，即放在银行里的钱是最安全的，因为即使银行破产了，国家也会义不容辞地确保老百姓的存款不会因为银行破产而遭受损失。从过去中小银行风险处置的实践来看，政府确实也是按照这种思路对问题银行的所有存款人进行全额赔付。由"全民储蓄"导致的一个必然结果就是，一旦银行发生破产，就会引发剧烈的社会动荡。正如中国银监会政策法规部主任黄毅在由全国工商业联合会与吉林省政府共同举办的"2012 年中国民营经济发展（长白山）论坛"上所言："所有的金融资源都集中在银行，同时国家的风险，金融的风险都在银行。社会各方面的压力也集中在银行。……所以，银行业面临着极大的压力。"[②] 这就要求我国银行重整立法在进行权力配置时，必须以保证金融安全和维护社会稳定作为第一目标来划分行政权与司法权的界限。法院主导的破产重整程序，其启动条件受到《企业破产法》的严格限制，难以满足银行重整立法关于及时介入的原则要求；而监管机构主导的银行接管程序可以通过在接管程序的启动条件中引入监管性标准，确保监管机构能够提早介入并及时启动对问题银行的重整程序，有效减少银行重整造成的负外部效应。

---

① 《汇丰人寿：国内居民近半月收入用于储蓄》，《证券时报》2010 年 3 月 10 日。

② 黄毅：《金融资源全集中银行　金融风险也在银行》，2018 年 7 月 15 日，和讯网（http：//news. hexun. com/2012 - 08 - 22/145024048. html）。

其次，通过监管机构主导下的接管程序对问题银行实施重整，有利于提高法的执行效率。根据许成钢和皮斯托（Pistor）两位学者提出的"不完备法律理论"①，我国正处在一个经济快速增长、社会结构急剧变动的时期，法律的不完备性较之发达市场经济国家更为突出，因此需要引入监管者的主动式执法作为对法院的被动式执法的补充，以提升法律的执行效果。在满足以下两个条件的情况下，由监管者进行主动执法可以达到执法权在法院与监管者之间的最优配置：一是监管者能够以合理的成本对损害行为及其结果进行标准化描述，二是预期损害的程度高。② 对银行重整而言，在我国目前的法律环境中，通过监管机构主导下的接管程序对问题银行实施重整，可以同时满足这两项条件。首先，监管机构因为履行日常监管职责而对问题银行的资产状况、信用程度、市场竞争力等较为熟悉，能够以比较合理的成本将重整程序的启动条件、重整措施的选择、重整成本的计算等事项进行标准化处理；而法院囿于"三中止"措施的广泛适用，长期游离于问题银行风险处置工作之外，本身缺乏充足的审判实践经验，其任命的管理人在进驻问题银行之前对其经营状况往往一无所知，在进驻以后也很难在短时间内迅速掌握相关信息，这就决定了法院对问题银行的"标准化能力"不及监管机构。其次，银行的债权人数量庞大，破产风险的"传染效应"和"羊群效应"十分突出，预期损害的程度高。由监管机构主动执法能够及时启动对银行的风险处置。如果采取法院被动式执法，不仅容易错过挽救问题银行的最佳时机，还可能因为司法程序的拖沓而使得银行重整的成本和相关各方遭受的损害

---

① 不完备法律理论的一个基本前提是法律具有最优的阻吓作用，只要法律制定得足够完备、清晰、不含糊，每一个人、每一个法官对法律有相同的认识，并且知道什么是犯法，犯法后怎样惩罚，在这种情况下，法律的阻吓作用是最优的，因而法庭的执法也是最优的，此时监管者是不需要的。但现实是：法律无论如何都不可能制定得足够完备、清晰、不含糊，因为法律是面对不特定的主体的，一旦制定出来在一定时期内不能轻易改动，但社会却每分每秒都在变，立法者对未来后世发生的变化不可能完全预料得到，所以现实中的法律不可能是完备的。那么，如何解决法律不完备的问题呢？法律不完备理论的提出者认为，引入监管机构进行主动式执法可以改进法律效果。由于主动执法需要介入案件，有自己的观点立场，而法庭作为一个中立的、不偏不倚的机关，是不宜进行主动执法的，由政府作为监管机构进行主动执法，不失为一个好的选择。

② 卡塔琳娜·皮斯托、许成钢：《不完备法律（上）——一种概念性分析框架及其在金融市场监管发展中的应用》，选自吴敬琏《比较》，中信出版社 2002 年版，第 123—125 页。

进一步扩大。

最后，通过监管机构主导下的接管程序对问题银行实施重整，是制度变迁中路径依赖规则的具体体现。在中国长达数千年的封建君主专制历史中，统治者对仁政爱民理念的宣扬可谓深入人心，其影响力延续至今，并为法律父爱主义在中国的普遍适用提供了坚实的民众心理基础。"一方面，民众对于政府有着一种心理和行为的惯性依赖；另一方面，政府对于民众承担了大量的、几乎可以说是难以胜任的无限责任。"① 在市场经济羽翼未丰、社会自治能力较为欠缺的情况下，当银行发生信用危机或者有发生信用危机的可能时，政府部门作为最有效率的公共权力施行主体，义不容辞地承担起主导银行重整进程的任务，这是民心所向，亦是众望所归；如果将主导权交给法院，冗长的司法程序不但会消耗更多的社会资源，还有可能导致民怨沸腾，激化社会矛盾。前述河南省永城市城市信用合作社接管案中，无法取款的储户围攻当地市政府和金融监管机构就是一个典型的例子。我国从计划经济体制向市场经济体制转轨时所采取的改革模式是一个旧体制和新体制此消彼长的渐进过程。"一方面，旧体制的权力格局和体系被打破，但其运转的惯性仍然存在；另一方面，新体制的权力格局和体系正在形成，但还不完善。"② 行政干预是经济体制过渡时期承上启下的必然结果。基于路径依赖的历史逻辑，银行重整的行政主导范式还将在我国存续较长的时间。

2. "剩余银行"可以在法院的主导下进行破产重整

从各国银行破产立法的情况来看，针对问题银行的重整措施大致可以划分为两类。一是存续式重整措施，即"通过债务减免、延期清偿以及债转股等方式解决债务负担，并辅之以企业法人治理结构、经营管理的改善，注册资本的核减或增加，乃至营业的转变或资产的置换等措施，达到问题银行重建再生之目的"③。该类重整措施的特点是不会影响问题银行的法人资格存续，重整始终是在原企业的外壳之内进行。二是出售式重整措施，即将问题银行具有可持续经营价值的资产的全部或主要部

①　吴忠民：《中国现阶段社会矛盾演变的特征》，《决策》2010 年第 9 期。
②　袁曙宏：《论加强对行政权力的制约和监督》，《法学论坛》2003 年第 5 期。
③　王新欣：《重整制度理论与实务新论》，《法律适用》2012 年第 11 期。

分出售给其他金融机构，同时由该收购企业承接问题银行的全部或部分负债，其标志性的特点是重整措施实施后，问题银行的资产将在问题银行之外以一个经营实体的方式得以存续。

长期以来，我国理论界和实务界对重整的认识存在一个误区，即认为重整就必须保持债务人企业的法律人格不变，如果将债务人企业注销就不是重整，而是破产清算，这种看法并不符合重整制度的立法本意。重整制度的实质作用是要最大限度地保留债务企业可持续经营价值，而不是一定要在形式上保留其外壳。正确理解重整制度的立法本意对于银行重整显得尤为重要，因为通过资产出售的方式保存问题银行的持续经营价值是各国政府在对问题银行进行风险处置时普遍采取的重整措施。通过对问题银行有效营运资源的出售，不但可以保障其营业继续进行，避免因职工失业而引发的各种社会问题；同时，存款人与银行的关系不会遭到破坏，其对银行系统的信心得以维持，从而大大提高了银行重整成功的可能性。但与此同时，也产生了一个新的问题：问题银行在完成营业转让以后，从法律形式上看，该银行仍然是一个独立的法人实体，如何完成对剩下的银行实体，即"剩余银行"的处置工作中的银行管理程序？

笔者认为，英国 2009 年《银行法》建立的特别解决机制中的银行管理程序颇具借鉴意义，应当考虑在法院的主导下对"剩余银行"实施第二次重整。首先，对"剩余银行"进行重整为民间资本取得银行牌照提供了新的渠道。与英国 2009 年《银行法》将银行管理程序的首要功能定位为支持私营机构或者过渡银行完成对问题银行的资产收购不同，我国对"剩余银行"进行重整的一个重要目的，是为民间资本进入银行业并取得银行牌照提供一条"曲线救国"的渠道和途径。如前所述，随着市场经济的发展，中国的民营经济在生产性领域积累了大量的产业资本。"当经济由短缺时代进入过剩时代时，许多竞争性领域只能获得行业平均利润，这时大量的民间产业资本就产生了进入垄断性行业获取更高利润的强烈需求。银行业作为一个通过吸收社会公众存款来追逐高杠杆利润的行业，对民间资本具有很强的吸引力。"[①] 但是民间资本在进入银行业

---

① 卢阳春：《转型期中国民间资本进入银行业的制度变迁研究》，博士学位论文，西南财经大学，2005 年，第 48—49 页。

时常常面临着经济、政策和法律层面的种种障碍，特别是由民间资本发起设立银行，更是需要过五关斩六将，历经层层审批，难度非常大。尽管早在 2005 年，国务院就在《鼓励支持非公有制经济发展的若干意见》中明确提出，鼓励非公有资本进入区域性股份制银行和合作性金融机构；2010 年 5 月，国务院又在《关于鼓励和引导民间投资健康发展的若干意见》中进一步放宽了对民间资本进入银行业的限制。但从实践的反馈来看，除了城市商业银行、农村信用合作社近年来的改革吸纳了一部分民间资本以及从 2014 年开始组建的 5 家民营银行外，民间资本获得银行牌照的途径仍然非常狭窄。问题银行在通过资产转让而将其具有可持续经营价值的资产出售后，滞留在"剩余银行"的主要是大量的不良资产。此时，仅从资产负债表上看，"剩余银行"可能早已资不抵债，名存实亡；但是就银行牌照的资源稀缺性和未来获取高额垄断利润的可能性而言，其对于民间资本仍然具有很强的吸引力。在对"剩余银行"进行重整的过程中，民间资本可以通过补充资本金、债务重组、兼并收购等多种方式入主该银行并取得其实际控制权，而无须像设立银行那样经过层层审批，无疑提升了民间资本取得银行牌照的实际可操作性。

其次，由法院主导对"剩余银行"的重整，更有利于保护其债权人的合法权益。问题银行在重整过程中，债权人内部的权利冲突主要集中表现在两个方面。一是法律对存款人的利益实行倾斜性保护而造成的存款人与银行其他债权人之间的冲突；二是在问题银行被整体并购不可行的情况下，将银行具有可持续经营价值的资产从不良资产中剥离出来对外进行转让后，随资产转让而由作为收购方的其他银行或者过渡银行负责承接的债权人和留在"剩余银行"的债权人之间的利益冲突。显然，两者的处境大有不同：对于那些跟随资产转让而离开问题银行的债权人来说，其获得全额清偿的概率大大提高；但是对于那些被滞留在"剩余银行"的债权人而言，一旦政府部门采取了好银行/坏银行的资产剥离措施，其所能获得的清偿份额就有可能比问题银行不经过重整而直接进行破产清算所获得的份额更少。在这种情况下，如何维护"剩余银行"债权人的利益成为这一阶段银行重整立法的当务之急。如前所述，监管机构主导银行重整的最大劣势就在于无法为问题银行的债权人、股东提供充分的法律保障，在公权力的干预下，私权利主体的意思自治空间受到了很大的挤压；而法院主导下的重整程序，最突出的优点就是建立了一个有债务人及其股东、债权人等利益相关方参加的多边协商机制，为问题银行的债权人和股东在重整过程中表达意愿、提出异议搭建了一个平台。因此，在需要对"剩余银行"进行重整时，法院主导比监管机构主导更有利于维护"剩余银行"债权人的合法权益。而且由于在之前的接管期间，问题银行的存款业务通常已经伴随着资产剥离和转让而被收购方一并承接，使得"剩余银行"的债权人数量大为减少，从而为司法重整程序及其相关规则在这一阶段的顺利实施扫清了障碍。

综合以上分析，笔者认为，未来我国的银行重整立法在模式选择上应当采取混合型重整模式，一方面，坚持以特别立法为主、以《企业破产法》中的一般性规定为辅的立法体例；另一方面，采取以监管机构主导为中心、以法院主导为补充的权力配置方式，注重和加强司法权在银行重整过程中的监督作用。为了进一步明确行政权与司法权在银行重整中的职责边界，实现两者的顺畅衔接，立法机关应当对包括《企业破产法》在内的现行法律中与银行重整相关的法律规定进行全面的梳理和整改，实现银行重整立法在法律、行政法规和行政规章三个层面的统一化和系统化。笔者的建议是在《商业银行破产风险处置条例》中，以现行《商业银行法》中关于银行接管的规定和《企业破产法》中关于破产重整的规定为基础，全面重构银行重整法律制度。

第 五 章

混合型重整立法模式下
我国银行重整制度设计

第一节　银行重整程序的启动条件与管理人选任

基于本书上一章关于我国银行重整立法模式选择的构想，笔者勾勒出银行重整程序的基本运作流程，并以图示的方式加以说明。

如图 5—1 所示，如果我国未来银行重整立法采取混合模式，银行的重整程序可以大致划分为启动、实施和终止三个阶段。监管机构在启动接管程序并完成对问题银行的资产状况的全面调查后，如果认为该银行具备恢复重建的可能性，可以根据需要采取包括资产重组、债务重组、企业合并、股份收购和资产转让等在内的一切措施，化解被接管银行的风险。如果在接管期间，问题银行通过资产、债务重组恢复了正常的经营能力或者被其他金融机构合并、收购，则监管机构应当终止接管程序，宣告银行重整成功。如果在接管问题银行以后，监管机构发现该银行已经彻底丧失挽救的可能性，或者在接管期限届满后，问题银行仍未完成重组、重组失败，或在市场上寻找不到适格的收购者或合并方，监管机构或者经监管机构授权的接管组织，可以向法院提出申请对该银行进行破产清算。如果监管机构决定在接管期间，采取资产转让的方式将问题银行的全部或者部分资产对外出售；当资产转让行为完成以后，监管机构或者经监管机构授权的接管组织，可以向法院提出申请，对"剩余银行"适用《企业破产法》的相关规定进行重整；"剩余银行"或其债权人向法院提出重整申请的，应当经监管机构批准。经监管机构批准，

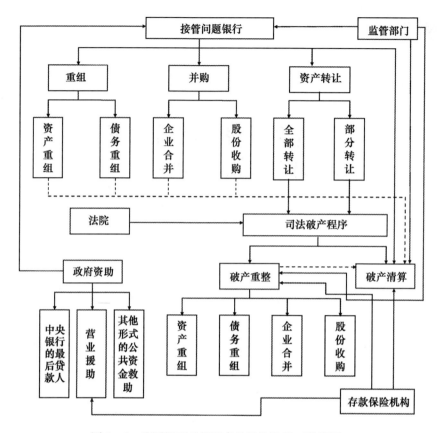

图5—1 我国银行重整程序的运作流程（构想图）

"剩余银行"或其债权人也可以直接向法院申请破产清算。在"剩余银行"重整期间，如果重整计划涉及监管事项，管理人应当在将重整方案交由债权人会议各表决组讨论的同时，向监管机构提出申请；倘若未能获得监管机构的批准而导致重整方案无法执行，或者在重整方案的执行期间，"剩余银行"有违反重整计划或银行业监管规定的行为，经监管机构同意，法院应当裁定终止重整计划的执行，并宣告该银行破产。下文分别就银行重整程序在运作过程中存在的一些法律问题进行阐释，囿于篇幅有限，只能选取其中具有代表性的两个问题展开讨论和分析。

一 银行重整程序的启动条件

银行监管是一个连续、完整的过程，主要由市场准入监管、日常运营监管、风险评价、风险处置和市场退出等相关要素和环节组成，包括重整和清算在内的银行破产制度实际上只是这个监管链条上的最后一环。换言之，对银行风险的处置通常遵循的是一条渐进式的轨迹，即银行出现轻微风险→采取监管措施→恢复失败，银行风险升级→监管措施加强→恢复失败，演变成重大风险→银行重整→重整失败→破产清算。在这个过程中，银行监管与作为银行重整制度核心组成部分的银行接管由于主导机关的同一性而产生了千丝万缕的联系，因此，如何合理把握两者之间的切换时机就显得尤为重要。李曙光教授在谈到如何构建金融机构的破产法律机制时特别强调指出，"应设立一个统一的标准和程序，规定金融机构什么情况下破产，行政干预什么情况下可以介入……"[1] 笔者认为，完善我国银行重整程序的启动条件，需要从设计原则和规则构建两个方面入手。

（一）银行重整程序启动条件的设计原则

在混合型重整模式下，银行重整程序的启动条件，不再局限于《企业破产法》中规定的重整原因，还包括了监管部门决定对问题银行启动接管程序所依据的法律事实。根据我国《商业银行法》第64条和《银行业监督管理法》第38条的规定，银行接管的原因可以被概括为"已经或可能发生信用危机"和"严重影响存款人和其他客户合法利益"。对于前述法律所规定的启动条件有无必要予以细化，学者之间存在不同的看法。持反对意见的学者认为，重整程序启动的标准不宜太明确，否则易产生道德风险，即如果银行形成了监管当局会出手拯救危机的预期，它们往往会过于从事高风险的活动，因此应该实行"建设性模糊"，使银行不确定自己是否为援助的对象，给银行以压力，使其谨慎行动。[2] 但更多的学者则坚持法律规定的重整原因必须具有确定性和可预见性，因为它不仅是银行作为理性人判断自己行为后果、改进自己经营行为的参照系，同时也有助于提高银行重整程序的透明度，防止因暗箱操作而产生的权力寻租问题。[3]

笔者认为，法律规定的银行重整程序启动条件应当在具备确定性的同

---

① 李曙光：《金融机构破产的制度设计》，《财经》2006年第19期。

② 杨宇茵：《建设性模棱两可标准的探讨》，《中国外汇管理》2003年第1期。

③ 卢伟：《论我国银行接管法律制度的完善》，《学术论坛》2007年第11期；闫海：《我国问题金融机构接管制度的梳理与重构》，《北方论丛》2009年第5期。

时，保持一定程度的灵活性和开放性。首先，与普通企业重整处处体现着当事人意思自治、自己行为、自己责任和有偿交易原则不同；在混合型重整模式下，监管机构对是否启动银行重整程序享有排他性的决策权，其做出的决定会直接影响到被接管银行及其股东、存款人和其他债权人的合法权益。因此，法律在构建银行的重整原因时有必要引入具有相对明确性的识别指标，否则高度抽象概括的法律规定容易导致监管部门在行使权力时出现用力过猛或者过轻的状况：前者会使得监管机构对银行自主经营管理权的干预超过必要限度，而后者则会使很多需要救助的银行错过最佳的重整时机。此外，由于问题银行的风险成因复杂多变，法律对其重整原因的规定不能过于死板和僵直，需要保持一定的灵活性和开放性，以避免产生道德风险的可能。正如 1974 年十国集团和瑞士中央银行行长在其联合发表的声明所言，"事先确定流动性支持的具体规则是不可行的，因为将中央银行的承诺明确化、具体化，可能导致银行对中央银行流动性支持的依赖"①。因此，完善现行法律关于银行重整原因的规定，必须在监管机构的自由裁量权与合理限制权力行使之间取得均衡，在防止权力滥用的同时将银行倒闭给整个银行体系带来的冲击降至最低。

（二）银行重整程序启动条件的规则构建

银行重整立法采取混合型重整模式，就意味着在构建重整程序的启动条件时，其具体规则设计应当包含两个部分：一是普通破产法所规定的重整原因；二是监管机构所设立的标准。

1. 吸收《企业破产法》中关于重整原因的一般性规定

根据我国《企业破产法》第 2 条的规定，普通企业的重整原因分为三种情况：一是不能清偿到期债务，并且资产不足以清偿全部债务；二是不能清偿到期债务，并且明显缺乏清偿能力；三是有明显丧失清偿能力的可能。根据《最高人民法院关于适用〈中华人民共和国企业破产法〉若干问题的规定（一）》第 2 条和第 3 条的规定，"不能清偿到期债务"是指依法成立的债权债务关系，在债务履行期限已经届满的情况下，债务人未完全清偿债务的客观状态；"资产不足以清偿全部债务"是指债务人的资产负债表，或者审计报告、资产评估报告等显示其全部资产不足

---

① 孟龙：《市场经济国家金融监管比较》，中国金融出版社 1995 年版，第 162 页。

以偿付全部负债；"明显缺乏清偿能力"实质上是对"不能清偿到期债务"的扩充和延伸，目的在于涵盖不能清偿到期债务并且资产不足以清偿全部债务之外的其他情形。[①] 由此可知，"缺乏清偿能力"和"资产不足以清偿全部债务"是我国《企业破产法》上识别普通企业是否具备破产原因，进而判断应否启动破产重整程序的两个核心要素；但是如果将这两个要素作为衡量银行"已经或可能发生信用危机"和"严重影响存款人和其他客户合法利益"的判断标准，在实践中却存在一定的局限性。

首先，"缺乏清偿能力"不必然导致银行被接管。对银行而言，具备清偿能力是指银行在任何时候都能够满足其客户随时提取资金的要求。与普通企业相比，银行的经营方式较为特殊，主要表现在"银行通过吸收储户的存款作为原始存款发放贷款，在票据流通和转账结算的基础上，贷款又转化为派生存款，在派生存款人不提取现金或不完全提现的情况下，商业银行又可以将其再次放贷出去，如此重复多次，在整个银行体系就形成了数倍于原始存款的派生存款，从而实现银行的信用创造功能"[②]。这种短期存款与长期借贷相结合的经营方式，使得银行很容易发生暂时性的流动性问题，但是只要社会公众没有对这家银行失去信心，后者完全可以在短时间之内通过同业拆借、中央银行提供的流动性贷款或者再贴现等方法来应对临时性的资金短缺。在这种情况下，监管部门就没有必要启动银行接管程序对其实施重整。

其次，将"资产不足以清偿全部债务"用于判断是否应当启动接管程序也存在一定的不确定性。银行以吸收公众存款、发放贷款作为基本业务，长期实行负债经营，其资产与负债结构和普通企业相比，具有很强的特殊性：一方面，银行持有大量的活期存款，属于目前尚未确定，将来可能发生的或有负债；另一方面，贷款回收的不确定性增加了资产评估的困难，由此产生的结果是资产负债表或者审计报告、资产评估报

---

① 《最高人民法院关于适用〈中华人民共和国企业破产法〉若干问题的规定（一）》第4条：债务人账面资产虽大于负债，但存在下列情形之一的，人民法院应当认定其明显缺乏清偿能力：（一）因资金严重不足或者财产不能变现等原因，无法清偿债务；（二）法定代表人下落不明且无其他人员负责管理财产，无法清偿债务；（三）经人民法院强制执行，无法清偿债务；（四）长期亏损且经营扭亏困难，无法清偿债务；（五）导致债务人丧失清偿能力的其他情形。

② 姚长辉：《货币银行学》第2版，北京大学出版社2002年版，第148页。

告中显示的负债并不完全需要立即清偿，而资产在承诺还款期届满时也不一定能够及时回收，所以仅凭传统意义上的资不抵债标准，并不足以准确地判断出银行的真实经营状况。

2. 引入监管性标准

监管性标准是指只要问题银行的资本水平或者其他财务状况评价指标已经跌破了监管机构所设立的某一最低标准并且未能在规定期限内达标，无论其是否有丧失清偿能力的可能或者其资产是否足以清偿全部债务，监管机构即可启动对问题银行的重整程序。将监管性标准引入银行重整程序的启动条件，是混合型重整模式汲取监管型重整模式的优点之后的具体表现，其根本目的在于充分发挥监管机构的专业特长和经验优势，弥补普通破产法对重整原因规定的不足，实现监管机构对问题银行早期干预与银行重整之间的无缝衔接。就我国而言，监管性标准的具体识别指标主要被涵盖在以下两个规范性法律文件中。

一是银监会制定的《商业银行监管评级内部指引》（以下简称《内部指引》），已于 2014 年 6 月 19 日起开始施行。它通过对银行的资本充足、资产质量、管理质量、盈利状况、流动性风险、市场风险和信息科技风险 7 个单项要素的定量指标和定性因素进行评价，加权汇总得出综合评级，而后再结合监管关注事项和日常监管掌握的资料，对综合评级结果进行更加细微的审核调整。① 综合评级结果共分为 6 级，其中，评级结果为 5 级的银行被认为是问题银行②，监管机构将给予持续的监管关注并有权采取相应的监管措施，包括限制其高风险的经营行为，要求其改善经营状况，以及在必要时更换银行的高级管理人员，安排重组或实施接管；而对于评级结果为 6 级的问题银行③，《内部指引》认为原则上可以采取一定的

---

① 根据《内部指引》第 2 条的规定，其适用对象是在中华人民共和国境内设立的商业银行（包括中资商业银行、外商独资银行和中外合资银行），农村合作银行、农村信用社、村镇银行的监管评级参照该指引执行。

② 评级结果为 5 级，表明银行存在严重的问题和不安全、不健全的情况，无论是问题的特性和数量，或是不安全、不健全的情况都到了非常严峻的地步，且这些银行的业绩表现非常差，以致需要从股东或其他途径获取紧急救助，以避免产生倒闭的风险。参见《内部指引》第 16 条第 1 款第 5 项的规定。

③ 评级结果为 6 级，表示银行存在问题和不安全、不健全的情况已严峻到可能引发严重的信用危机和支付问题。参见《内部指引》第 16 条第 1 款第 6 项的规定。

救助措施，对于已经无法采取措施救助的，监管机构可以视情况启动市场退出机制。

二是被称为"中国版巴塞尔Ⅲ"的《商业银行资本管理办法（试行）》（以下简称《资本管理办法》）。该办法已从 2013 年 1 月 1 日起开始实施，它对我国商业银行的分类标准和分类办法进行了较大修改，具体内容如表 5—1 所示。

表 5—1　　　　　　我国商业银行的分类标准和监管措施[①]

商业银行类型	商业银行的分类标准					商业银行的即时矫正措施
	最低资本要求	储备资本要求	逆周期资本要求	附加资本要求	第二支柱资本要求	
	核心一级资本充足率≥5%；一级资本充足率≥6%；资本充足率不得低于8%	风险加权资产的2.5%，由核心一级资本来满足	风险加权资产的0—2.5%，由核心一级资本来满足	国内系统重要性银行附加资本要求为风险加权资产的1%，由核心一级资本满足	针对部分资产组合提出的特定资本要求及针对单家银行提出的特定资本要求	
第一类商业银行	满足	满足	满足	满足	满足	预警监管
第二类商业银行	满足	满足	满足	满足	不满足	审慎性监管措施
第三类商业银行	满足	不满足	不满足	不满足	不满足	限制性监管措施
第四类商业银行	任意一项不满足					处罚性监管措施，包括接管

[①]　2007 年国际金融危机发生后，为引导大型银行降低风险偏好和道德风险，在 FSB 的推动下，包括巴塞尔银行监管委员会在内的国际监管组织提出了"全球系统重要性银行"（Global Systemically Important Bank，简称 G-SIBs）的概念，并逐步建立起基于此的监管框架。在该框架下，G-SIBs 根据评估结果被分为 5 组，系统重要性每提升一个组别，追加 0.5% 的核心一级资本要求。并于 2019 年 1 月 1 日前达标。2011 年 11 月，FSB 公布了首批 G-SIBs 名单并每年对名单进行动态调整。截至 2017 年，我国共有 4 家银行入选该名单，其中，对中国银行、中国工商银行、中国建设银行的附加资本要求为 1.5%，对中国农业银行的附加资本要求为 1%。

　　根据《资本管理办法》第 23 条和第 157 条的规定,对于核心一级资本充足率低于 5%、一级资本充足率低于 6% 或者资本充足率低于 8% 的商业银行,监管机构可以依法对其实行接管或者促成机构重组,直至予以撤销。据此,资本充足率作为监管性标准中最具代表性的一个评价指标,被正式列为我国银行重整程序启动的法定原因之一。通过比较可知,立法将银行接管程序与即时矫正措施紧密衔接在一起的做法与美国《联邦存款保险法》的规定极为相似,两种机制都是以银行的资本状况作为主要的监管参数,按照触发点的不同,将银行划分为不同的类别,在触发点与矫正措施之间建立起严格的对应关系,并且矫正措施的强制性随着触发点的降低而逐级递增,直至启动对问题银行的重整程序。不同之处在于,根据《联邦存款保险法》第 38 条第 (h) 款第 3 项的规定,启动银行接管程序不仅是监管当局的权力,同时也是其必须履行的职责。在银行发生资本根本性不足之日起 90 日,适格的联邦监管机构应当为该银行任命托管人或者接管人,除非监管机构和 FDIC 认为有比托管和接管更好的处置方法。如果银行发生资本根本性不足之日起 270 日内,在季度平均水平上仍然存在资本根本性不足,除法律另有规定外,联邦监管机构必须为该银行指定接管人。[①] 我国的《资本管理办法》对监管机构启动接管程序只有授权性规定,对于未达到最低资本要求的第四类银行,是否启动接管程序由监管机构自行决定,法律未做强制性要求。

　　美国银行法之所以对监管机构启动银行重整程序的自由裁量权进行限制,其主要目的是为了督促银行监管机关提早介入对问题银行的处置,减少存款保险基金的长期亏损风险。如前所述,美国拥有堪称世界上最为复杂的银行监管体系,由于各个监管机构的监管对象重叠,监管职权存在交叉,监管机构经常会选择降低其监管标准,争相提供宽松的监管环境以吸引更多的银行接受自己的管辖;再加上受到新自由主义经济思潮的影响,“监管宽容”(Regulatory Forbearance)的政策主张在美国的银行监管体制中长期以来一直占据着重要的地位。美国 20 世纪 80 年代中期爆发的储贷协会危机已经充分证明,滥用监管宽容政策将助长银行股东

---

　　① 12 U. S. C., Article 1831o (h) (3).

及其管理层的道德风险，加大 FDIC 对问题银行进行破产处置的成本，造成存款保险基金的严重浪费和损耗。在这一背景下，法律明确赋予监管机构启动银行接管程序的法定职责，不仅有效地制约了各个银行监管机构的宽容政策倾向，而且在很大程度上排除了问题银行得到宽松处理的可能性，使得银行的股东及其管理层对可能遭遇的强制性干预措施有非常确定的预见，从而对银行的经营行为产生有益的事前警示效果。

从前述我国问题银行重整处置实践的总结可知，监管宽容的问题同样存在。监管当局由于担心银行破产倒闭会被认为是监管失败，经常会对银行未达到最低监管标准的状态采取宽容和忍耐的态度，即使银行陷入困境已经成为显而易见的事实，监管部门也常常寄希望于通过外部环境的改善、银行的自力更生或者公共资金的救助，来帮助问题银行摆脱困境，而不是立即启动接管程序。地方政府出于维稳和保护地方企业的考虑，往往不愿意主动暴露问题，更不愿意主动开启重整机制。《资本管理办法》将即时矫正程序与银行接管的原因条件连为一体，其初衷本是督促监管机构及时介入，杜绝风险的积聚和扩大；但是由于缺少强制性条款的约束，我国银行重整实践中长期存在的启动时间迟缓、处置效率低下的局面，仍然无法得到根本性的扭转。

综上所述，在混合型重整模式下，银行重整程序启动条件的一个基本构建目标是要确保监管机构能够及时启动重整程序，避免因为时机延误而对其可持续经营价值造成的破坏和对社会经济的巨大冲击。虽然在实践中，银行常常因为经营管理不善或者风险分配失败而造成银行资金无法回收，使得银行债权人的到期债权得不到兑付和实现；但如果只是简单套用普通企业的重整原因，有可能出现矫枉过正或者错过挽救问题银行最佳时机等诸多问题。根据《商业银行破产风险处置条例（草案）》第 9 条的设计，银行有下列重大经营风险情形的，银行业监督管理机构可以依法对该银行实施接管：（1）不能清偿到期债务，并且资产不足以清偿债务或者明显缺乏清偿能力的，可能引发挤兑等重大风险的；（2）有明显丧失清偿能力可能的；（3）资本严重不足，并且未能在银行业监督管理机构规定的期限内补充的；（4）发生挤兑、重大损失案件等突发事件，严重危及自身生存的；（5）监管评级长期为最低一级，需要采取有力干预措施的；（6）银行业监督管理机构认定的其他重大经营风险情形。笔者认为，草案在汲取《企业破产法》上的重整原因的同时，合理地引入了监管性标准；特别是第4项对银行挤兑、重大损失等突发性事件的规定，充分考虑到了银行经营机制的特殊性，值得肯定。与此同时，草案的规定仍然存在一些不足。首先，《商业银行破产风险处置条例（草案）》第9条第5项规定只有监管评级长期为6级的银行，才能被列为接管对象加以考虑，但是根据《内部指引》的评定标准，被评为5级的银行，就已经有即时或者近期内破产倒闭的极大可能性，完全符合"有明显丧失清偿能力可能"的要求，因此建议将草案第5项修改为"监管评级长期为5级或5级以上，需要采取有力干预措施的"。其次，草案的规定缺少对监管机构启动接管程序的强制性要求，建议在保留监管机构对启动银行接管程序的自由裁量权的同时，适度增加强制性的法律要求，对于不能清偿到期债务，并且资产不足以清偿债务或者明显缺乏清偿能力的，并且已经发生挤兑的问题银行，应当责令监管机构立即启动银行接管程序。

二　银行重整中管理人的选任

在混合型重整模式下，对问题银行的重整可以被划分为接管和破产重整两个阶段，因此，银行重整的管理人应当包括监管机构任命的接管人和法院指定的破产管理人。无论是监管机构主导下的重整还是法院主导下的重整，管理人都处于十分重要的地位，其能否有效地接收问题银行或者"剩余银行"的经营管理权并妥善管理其业务和资产负债等，对于最终实现重整目的发挥着至关重要的作用。我国的《企业破产法》虽然以专章的形式对破产管理人的选任方式、任职资格和权利义务等内容做出了明确规定，最高院还出台了《关于审理企业破产案件指定管理人的规定》，对管理人制度做了进一步的完善，但前述法律和司法解释并没有对银行重整的特殊性需要予以充分考虑。《商业银行法》只对接管的决定机构和接管组织（接管人）这两个概念有所区分①，而对接管人的选择范围、职责大小等许多重要事项语焉不详，导致法

① 《商业银行法》第65条：接管由国务院银行业监督管理机构决定，并组织实施。国务院银行业监督管理机构的接管决定应当载明下列内容：（一）被接管的商业银行名称；（二）接管理由；（三）接管组织；（四）接管期限。接管决定由国务院银行业监督管理机构予以公告。

律实践中甚至出现了作为银行股东的地方政府充当接管人的情形。社会公共利益的需要是政府介入银行重整的合法性基础和权力行使的目的之所在，但政府要真正成为公共利益的代言人，还必须具备一个前提，即政府除了社会公共利益以外，没有任何私心杂念，特别是不能有政府自身特殊利益的存在。回顾我国问题银行的重整处置实践，地方政府不仅仅是社会公共利益的代表者，很多时候也是这些问题银行的大股东或者实际控制人，由其担任问题银行的接管人，势必又走回到政企不分的老路上去。因此，明确银行重整中管理人的选择范围和职责权限，对于银行重整的顺利实施具有十分重要的意义。

（一）银行重整中管理人的选择

从其他国家和地区银行重整立法对管理人的选择范围来看，主要有四种方案可供参考，以下结合我国的实际情况逐一进行分析。

第一种方案是由对银行负有日常监管职责的机构组织人手负责问题银行重整期间的管理事宜。例如，根据挪威2015年《金融事业法》的规定，接管问题银行的管理委员会至少由3名以上成员组成，除主席外的其他成员均应由金融监管局任命。① 采取这种选任机制的优点是问题银行的管理人由监管机构直接派驻，便于统一指挥和调控；缺点是如果同时出现多家问题银行或者一家规模较大的银行陷入经营困境，监管机构必须派出大量的工作人员参与重整工作，反而会影响到监管机构的日常工作。在我国问题银行重整实践中，曾经出现过监管机构担任问题银行管理人的先例，例如前述红枫信用社接管案中，就是由中国人民银行贵阳市分行派出的工作组接管了该信用社。但是从近年来我国银行业发展的现状来看，不仅大型国有银行、股份制商业银行的业务网点遍布全国，处于"第三梯队"的中小城市商业银行为追求规模效应，也纷纷走出了家门。2009年5月，银监会下发了《关于中小商业银行分支机构市场准入政策的调整意见（试行）》，允许符合条件的中小城市商业银行在相关地域设置分支机构，设置分支机构不再受数量指标的控制。在银行异地设立分支机构十分普遍的情况下，如果采取这种方案，银行监管机构需要抽调大量工作人员进驻到问题银行的各个分支机构，参与银行重整，

---

① https：//www.finanstilsynet.no/en/laws-and-regulations/banking-and-finance/？header＝Laws，Laat visit at 2018.07.15.

这很可能会对其履行日常监管职责造成妨碍。

第二种方案是由律师事务所、会计师事务所等社会中介机构及其专职从业人员担任银行重整的管理人。例如根据破产清算事务所我国香港特别行政区《银行业条例》的规定，金融管理专员可委任一名或多名经理人在对问题银行实施管制期间，管理该银行的事务、业务以及财产。[①]2008 年，香港接管 IBHK［Indover bandk（Asia）Limited］银行时，就是委任了德勤·关黄陈方会计师行的黎嘉恩为经理人，管理该银行的相关事务。[②] 采取这种选任机制的主要理由，是在银行重整过程中不可避免地会涉及财务会计、资产评估和法律等方面的事务，由社会中介机构及其从业人员组成专业化的队伍负责问题银行的重整事宜，既可以保证管理人的独立性和中立性，又能够为银行重整提供专业化的服务，可谓一举两得。管斌和张东昌两位学者提出，我国的银行业协会也可以纳入银行重整管理人的备选范围，因为作为行业自律性组织，银行业协会的职责包括行业自律、维权、协调、服务以及银行业监管机构委托、交办的事项；由银行业协会担任问题银行的接管人，可以在银行利益维护和监管机构职权行使之间起到协调和平衡的作用。[③] 笔者认为，对于社会中介机构能否担任银行重整的管理人需要一分为二地进行分析。在银行接管阶段，重整的首要目标是维护金融稳定和防止风险扩散，时间短，任务重，压力大。因此，作为问题银行的管理（接管）人，必须在银行的业务经营、不良资产处置，以及并购重组等方面具备相当的专业实力和实务经验。我国的专业中介机构经过几十年的发展，虽然成长迅速，但是就其整体实力水平而言，尚不能与西方发达资本主义国家相提并论，中介机

---

① 香港特别行政区《银行业条例》（法例章号 155）第 52 条（1）……则金融管理专员在咨询财政司司长后，可不时在他觉得有需要时行使以下一项或多于一项权力——（由 1997 年第 362 号法律公告修订）……（C）除第（3D）及（3E）款另有规定外，发出指示，规定在该项指示的生效期间，该项指示所指明的该机构的该等事务、业务及财产需由一名经理人管理……；第 52 条（3F）：现宣布金融管理专员根据第（1）（B）或（C）款行使权力的方式为可——（a）委托—公司或—合伙；或（2）在不损害（a）段的一般性的原则下，委任 2 人或多于 2 人，为认可机构的顾问或经理人（视情况而定）。

② 朱宝：《香港金管局接管 IBHK 银行，金融危机以来首家》，《21 世纪经济报道》2008 年 11 月 15 日。

③ 管斌、张东昌：《我国商业银行接管制度的立法评析与完善》，《经济法研究》2013 年第 1 期。

构执业行为不规范，从业人员素质不高，缺乏应对金融突发事件的经验等问题仍然普遍存在，难以胜任问题银行接管人这一重任。在"剩余银行"的破产重整阶段，因为金融风险已经在前期的接管阶段得到了集中化解，此时管理人的首要任务是对剩余银行的资产进行有效管理，充分利用其壳资源吸引民间资本，最大化债权人的清偿份额。社会中介机构参与"剩余银行"的重整管理，可以充分发挥其专业性、独立性和中立性的优势，在债务人、债权人和相关主体的利益冲突中起到平衡作用。

第三种方案是由金融资产管理公司、商业银行等金融机构担任银行重整的管理人。组建金融资产管理公司负责银行重整的立法实践最早可以追溯至美国20世纪80年代中后期爆发的储贷协会危机，美国政府根据国会通过的《金融机构改革、复苏和加强法》成立重组信托公司（Resolution Trust Corporation，RTC），接管破产倒闭的储贷协会并负责对其进行重整和清算。自此之后，金融资产管理公司担任问题银行管理人逐渐成为各国对问题银行实施重整时的常见手段。例如，丹麦政府根据2008年《金融稳定法案》的授权设立了金融稳定公司，对问题银行进行接管。为了应对1999年亚洲金融危机的冲击并解决国有商业银行不良资产比例过高的问题，我国先后成立了信达、华融、东方和长城四家金融资产管理公司，从中、农、工、建四家国有商业银行和国家开发银行收购、管理和处置了近1.4万亿元政策性不良资产与1.2万亿元商业性不良资产。尽管目前四家金融资产管理公司正逐渐向多元化的金融控股集团转型，但不良资产处置仍然是金融资产管理公司的主要业务之一。考虑到公司成立的特殊历史背景以及在商业银行不良资产处置方面具有的专业化优势和丰富的实践经验，笔者认为，金融资产管理公司可以胜任银行管理人的角色。此外，在我国问题银行的风险处置实践中，监管机构也经常委托大型商业银行作为托管人负责被撤销金融机构的清算事务。例如1998年中国人民银行决定对海发行进行关闭清算时，就指定了中国工商银行托管海发行的债权债务。第三方金融机构担任银行重整的管理人，在银行业务的经营管理方面具有无可比拟的天然优势，还可以将其自身的成功经验引入问题银行，提高银行重整成功的概率。考虑到金融机构种类繁多，发展水平亦参差不齐，银行重整立法应当对金融机构担任问题银行管理人设立最低的资格要求，由监管机构从人力、物力、经营管理经验等方面对备选者进行综合评判。

第四种方案是由存款保险机构担任银行重整的管理人。如前所述，各国关于存款保险机构职能的设置，有单一型和复合型两种模式。在美国、加拿大、日本等国家，存款保险机构除了履行保险赔付的基本职责，同时也是问题银行破产处置的管理人。但是理论界关于是否应当任命存款保险机构作为银行重整的管理人始终存在争议，因为采取这种选任机制的优点和缺点都十分突出。相较于前述备选对象，存款保险机构担任管理人的主要优势体现在：第一，从组织成员的角度来看，无论是监管机构自行组织，还是第三方金融机构，抑或社会中介机构，都存在临时性和不稳定性的问题，而存款保险机构拥有固定的组织和从业人员，能够更有效率地完成银行重整工作。第二，从获取信息的角度来看，存款保险机构通常与其他金融管理部门建立了信息共享机制，相较于第三方金融机构和社会中介机构，具有明显的信息优势。第三，从权力制衡的角度来看，存款保险机构的介入，有效遏制了监管机构滥用权力的可能性。但是如果存款保险机构身具保险人、管理人和求偿人等多重身份于一体，特别是当存款保险机构依法履行现金赔付职责后，即代位取得对问题银行的求偿权，此时仍由存款保险机构担任银行重整的管理人，则极有可能发生利益冲突。

需要特别注意的是，由中国人民银行负责起草的《存款保险条例》和由银监会牵头制定的《商业银行破产风险处置条例（草案）》都对存款保险机构在银行重整中的法律定位问题做出了回应。从《商业银行破产风险处置条例（草案）》的相关规定来看，其所确立的接管人仅限于金融资产管理公司、商业银行等金融机构；而存款保险机构的主要职责是在接管程序启动以后，确认问题银行的存款债权，发出兑付公告，然后依照法定限额向存款债权人进行清偿或将逾期未申请兑付的存款债权予以提存。① 但是《存款保险条例》却明确赋予了存款保险机构对问题银行的风险处置职能：存款保险机构可以选择在法定限额内直接偿付或者委托其

---

① 《商业银行破产风险处置条例（草案）》第7条：存款保险基金管理机构应当依法对被实施接管或者破产的银行业金融机构的存款人进行赔付。第27条：接管人应当根据被接管的银行业金融机构会计账册和有关凭证，对存款债权予以确定和登记，并报告存款保险基金管理机构和银行业监督管理机构。存款保险基金管理机构对存款债权确认后，经会商银行业监督管理机构后发出兑付公告。存款人应当在兑付公告规定的期限内，持存款凭证申请兑付，存款保险机构依照法定限额向存款债权人进行清偿。逾期未申请兑付的存款债权，存款保险机构应当予以提存。

他合格投保机构代为偿付被接管银行的存款债权人；也可以为其他合格投保机构提供担保、损失分摊或者资金支持，以促成其收购或者承担被接管银行的全部或者部分业务、资产、负债；还可以担任被接管银行的接管人。① 显然，两部由不同部门分别起草的行政法规（含草案）对于存款保险机构能否担任银行重整管理人持有完全相反的态度。笔者认为，银行重整立法在进行选择时必须首先解决一个具有前提性的问题，即保险赔付机制应当何时启动，换言之，在什么样的情况下应当认定存款保险事故已经发生？存款保险事故是指存款保险机构据以承担保险金赔付责任的法律事实，通常以被保险银行丧失支付能力作为法定事由；但是各国关于存款保险事故的法律规定存在较大差异：监管型重整模式通常是以银行破产清算作为存款保险事故发生的标志，美国、加拿大是其中的典型代表；而司法型重整模式则是在破产清算之外，将包括停止或迟延支付在内的其他支付不能的情况也列入保险事故的范围，如根据韩国《存款保险法》的规定，存款保险事故分为两类：投保金融机构迟延支付存款为第一类保险事故；投保金融机构取消营业许可和批准，决定解散或宣布破产，为第二类保险事故。② 如果以银行破产清算作为存款保险事故发生的标志，选择存款保险机构担任管理人不会引起太大的争议，因为在银行重整期间，存款保险机构无须向被实施重整银行的存款人进行赔付，所以可以采取提供营业援助、推动问题银行并购重组等多种手段实施救助。只有当银行无药可救，或者救助成本过高时，存款保险机构才会选择进行存款理赔，并以代位权人的身份参与问题银行下一个阶段

---

　　① 《存款保险条例》第18条：存款保险基金管理机构可以选择下列方式使用存款保险基金，保护存款人利益：（一）在本条例规定的限额内直接偿付被保险存款；（二）委托其他合格投保机构在本条例规定的限额内代为偿付被保险存款；（三）为其他合格投保机构提供担保、损失分摊或者资金支持，以促成其收购或者承担被接管、被撤销或者申请破产的投保机构的全部或者部分业务、资产、负债。存款保险基金管理机构在拟订存款保险基金使用方案选择前款规定方式时，应当遵循基金使用成本最小的原则。第19条：有下列情形之一的，存款人有权要求存款保险基金管理机构在本条例规定的限额内，使用存款保险基金偿付存款人的被保险存款：（一）存款保险基金管理机构担任投保机构的接管组织；（二）存款保险基金管理机构实施被撤销投保机构的清算；（三）人民法院裁定受理对投保机构的破产申请；（四）经国务院批准的其他情形。存款保险基金管理机构应当依照本条例的规定及时、足额偿付存款。

　　② 周泽新：《存款保险制度在银行重整中的适用及其制度价值》，《金融评论》2011年第10期。

的破产清算。如果以笼统的支付不能作为存款保险事故发生的标志，那么无论存款保险机构是担任银行重整的接管人还是破产管理人，都会引发较大的争议，因为停止支付或迟延支付通常构成问题银行重整程序的启动条件，一旦监管机构发布接管公告，即可认定保险事故已经发生，存款人就有权要求存款保险机构在法定限额内偿付其存款债权，即使存款保险基金因此遭受的损失远远大于对问题银行的救助成本，存款保险机构也不能拒绝。如果存款保险机构在已经代位取得对问题银行求偿权的情况下作为银行重整的管理人行使职权，其公正性和中立性将饱受质疑和诟病。从我国的《存款保险条例》第18条和第19条的规定来看，立法者在这个问题上的态度有自相矛盾之处：法律一方面将存款保险机构担任投保银行的接管人作为存款人对存款保险机构主张保险金请求权的法定条件之一；另一方面又规定存款保险机构可以通过提供担保、损失分摊或资金支持等手段促成被接管银行的并购重组。如果要求存款机构在对存款人进行保险理赔的同时，还要为问题银行的重整提供公共资金的支持，肯定突破了最小成本原则的限制。如果优先考虑对被接管银行提供救助，又违背了该条例第19条对存款保险机构及时、足额偿付存款的要求。如果将存款保险机构在银行重整中的角色功能界定为单一的保险理赔，虽然能够与《商业银行破产风险处置条例（草案）》的设计保持一致性，但却与《存款保险条例》对存款保险机构的定位发生了背离。

按照2018年3月13日通过的《国务院机构改革方案》，银监会与保监会合并组建中国银行保险监督管理会员会以后，原银监会、保监会拟订银行业、保险业重要法规草案和审慎监管制度的职责被划归中国人民银行。立法权的收拢，在很大程度上预示着未来我国银行重整立法对存款保险机构的角色定位将延续《存款保险条例》的设计思路。笔者的建议是，在混合型重整模式下，将破产清算作为存款保险事故发生的标志，当接管程序启动后，存款保险机构以接管人的身份参与对问题银行的重整，并通过为其他合格投保机构提供担保、损失分摊或者资金支持的方式，促成对问题银行的并购或将其资产对外转让。如果存款保险机构经过成本测算发现，采取前述救济措施的成本超过了对存款人直接赔付所需的资金总额，应当与监管机构协商并取得一致意见后，在法定限额内直接偿付或者委托其他合格投保机构代为偿付被接管银行的存款债权人，并立即结束接管程序，向法院申请破产清算。当问题银行的主要业务、资产和负债都已经被其他金融机构收购和承担，如果剩余银行进入破产重整程序，法院应当根据"剩余银行"的实际情况，并在咨询银行监管机构的意见后，为其指定管理人。管理人可以由金融资产管理公司、商业银行等金融机构或者依法设立的律师事务所、会计师事务所等社会中介机构担任。

（二）银行重整中管理人的职权

相较于《企业破产法》对破产管理人的权利义务所作出的全面规定，我国《商业银行法》对接管人的职权只是在第 66 条一语带过："自接管开始之日起，由接管组织行使商业银行的经营管理权力。"为了维护金融秩序的稳定和民众的信心，在市场失灵的情况下，的确需要政府这只"看得见的手"来推进问题银行的重整进程；但是问题银行及其股东、债权人的意思自治在很大程度上因为公权力的干预而受到了法律的限制和束缚，我国的银行重整实践更是将这一行政权力的扩张推向了极致。有鉴于此，银行重整立法需要对银行重整中管理人的职权范围做出明确规定，以加强对公权力的制约和监督。参考《企业破产法》第 25 条所列举的破产管理人的职责，笔者认为，银行重整中管理人的职权，主要包括以下内容。

1. 接收问题银行的财产及相关文件

银行接管程序启动后，问题银行的股东会或者股东大会、董事会（理事会）、监事会以及高级管理人员即丧失对该银行的经营管理权，其董事（理事）、监事、高级管理人员及其他有关工作人员应当妥善保管和看护其使用和管理的银行财产、印章和证照、会计账簿和凭证、文书档案等资料以及该银行业金融机构所有的其他资产和物品，按照接管人的要求进行完整的移交。当"剩余银行"进入破产重整程序后，问题银行的接管人也应当依照上述法律的要求将与"剩余银行"相关的财产和文件资料移交给法院指定的破产管理人。

2. 调查问题银行的财产状况，制作财产状况报告

虽然监管机构或法院通常也会要求问题银行提交财产状况说明书、债权债务清册、财务会计报告等资料。但问题银行所提交的文件与其真实的财务状况之间往往存在较大的出入，因此无论接管人还是破产管理

人都有必要对问题银行或剩余银行的财产进行全面的清查、核对，并制作财产状况报告。接管人或破产管理人行使调查权的目的主要是为了对问题银行的真实情况有充分的了解，便于选择和决定对问题银行的下一步处置方案。具体而言，在接管阶段，监管机构需要考虑的是：对问题银行实施重整，还是立即终止接管程序，向法院申请破产清算；而在破产重整阶段，破产管理人在进行调查后，如果认为应当终止重整程序，向法院申请破产清算，则需要事先取得监管机构的批准。

3. 管理、保全和追收问题银行的资产

问题银行的资产是对其实施重整的物质基础，接管人和破产管理人对银行资产的管理、保全和追收，能够最大限度地保存问题银行的可持续经营价值，提高重整成功的概率。为了保全和追收问题银行的资产，管理人应当综合运用各种合法手段，对不良的信贷资产进行催收，依法维护银行债权人的合法权益。与此同时，问题银行的债务人或者财产持有人应当向管理人清偿债务或者交付财产。如果债务人或者财产持有人故意违反前款规定向问题银行清偿债务或者交付财产，使银行的债权人受到损失的，不免除其清偿债务或者交付财产的义务。

4. 经营管理银行业务

是否允许问题银行继续行使日常经营管理权，在重整的不同阶段，答案亦有所不同。银行接管程序一旦启动，问题银行的经营管理权就从其股东会或者股东大会、董事会（理事会）、监事会以及高级管理人员手中转交由接管人负责行使。

考虑到银行重整的特殊性，为了维护金融秩序的稳定，最大限度地保存问题银行的可持续经营价值，法律应当授权监管机构根据被接管银行的实际经营管理情况，在做出接管决定之时或者接管期间的任一时点，做出部分或者全部暂停营业的决定。当"剩余银行"进入破产重整程序以后，根据《企业破产法》第 73 条和第 74 条的规定，其经营管理权可以由破产管理人行使，也可以交由"剩余银行"自行负责。在"剩余银行"向法院提出自行管理财产和营业事务的申请前，需要首先取得监管机构的批准。因为银行的经营基础是信誉，让已经失信于债权人的银行重新取得经营管理权有可能激化银行与债权人之间的尖锐矛盾，甚至导致重整失败。监管机构必须在综合考虑、多方权衡的基础上做出判断：

对于那些因为经营管理不善、重大投资决策失误等而竞争失败的问题银行，不宜将经营管理权归还给剩余银行；而对于那些由于谣言性挤兑事件、历史遗留问题、系统性风险等客观因素的影响而陷入困境的问题银行，则可以考虑将破产管理人已经接管的"剩余银行"的财产和营业事务交还给剩余银行。

5. 其他职权

银行接管程序启动后，问题银行的股东会或者股东大会、董事会（理事会）、监事会以及高级管理人员即停止履行其职责，对银行内部事务，包括其日常开支和其他必要的开支的决定权都由接管人继受；在"剩余银行"进入破产重整程序后，则由破产管理人负责决定。此外，接管人和破产管理人均有权代表问题银行参加诉讼、仲裁或者其他法律程序。为了防止问题银行随意放弃权利，从而导致其财产不当减少，监管机构做出接管银行的决定后，可以向人民法院申请中止以被接管银行及其分支机构为被告或者被执行人的民事诉讼程序或者执行程序。

第二节　救助措施在银行重整中的应用

问题银行的重整措施有些是通过市场化的运作方式完成的，例如前述富国银行对美联银行的收购就是在两家银行自由协商的基础上达成的，FDIC 没有对此提供任何形式的担保。[①] 有些则是在政府的干预和推动下完成的，例如 2008 年 7 月 11 日，OTS 宣布印地麦克银行（IndyMac Bank）破产，被任命为接管人的 FDIC 随即成立了印地麦克联邦银行

---

① 在富国银行成功并购美联银行之前，花旗银行曾于 2008 年 9 月 29 日宣布，该公司在 FDIC 的协助下已经与美联银行达成了原则性收购协议，花旗集团将以换股和购买对方债务的方式收购美联银行的大部分资产和业务（不包括资产管理和证券经纪业务）。花旗银行除了支付给美联银行价值 21.6 亿美元的股票之外，还将首先承担美联银行 3120 亿美元住房抵押贷款中可能发生的约 300 亿美元的损失，并在未来 3 年中承担美联银行 120 亿美元住房抵押贷款中最高额不超过 40 亿美元的损失，FDIC 同意为其他任何潜在的贷款损失提供担保。参见 Citigroup Inc., "Citi and Wachovia Reach Agreement-in-Principle for Citi to Acquire Wachovia's Banking Operations in An FDIC-Assisted Transaction", http: //www. citigroup. com/citi/press/2008/080929a. htm, last visit at 2018. 07. 15。

（IndyMac Federal Bank）作为过渡银行，承接问题银行的营业、资产和负债，并于 2009 年 3 月 19 日将问题银行的部分资产和所有存款业务出售给新组建的第一西部银行（One West Bank）。[1] 从理论上讲，纯粹市场化的重整措施通常是最有效率并且能够最大限度地减轻纳税人的负担，但是在实践中，问题银行由于其糟糕的资产状况和严重的债务负担，很难完全依靠市场的力量完成重整。在混合型重整模式下，监管机构通常会利用其行政权力为重整方案的实施提供辅助服务或者资金支持；许多具有代表性的银行重整措施实际上是市场、企业和政府三方共同作用的结果。本书将着重探讨有政府参与和支持的三项救助措施，以期能对我国银行重整措施的多样化构建有所启示。

一　购买与承接交易

购买与承接交易（Purchase and Assumptions，简称 P&As）是指当银行重整程序启动以后，问题银行的管理（接管）人与收购方签订协议，由后者购买问题银行的全部或者部分资产，同时承接该银行的全部或者部分负债。从重整措施的类型上看，购买与承接交易属于典型的出售式重整，管理人只是将问题银行的全部或者部分资产出售给收购方，而没有转让的剩余资产则继续留在问题银行[2]，由管理人进行后续处理。

收购方与问题银行管理人所签订协议的主要内容包括：（1）收购方向管理人购买问题银行的资产，如果收购方只购买问题银行的部分优质资产，管理人仍须对留滞在问题银行的剩余部分进行处置；（2）收购方同时承接问题银行的存款负债，有三种方案可以选择，一是承接所有的存款类负债，二是仅承接存款保险限额以内的存款类负债，三是接受承保存款加上部分存款保险限额以外的存款类负债；（3）收购方按照所承

---

① FDIC, "Information for IndyMac Bank, F. S. B. , and IndyMac Federal Bank, F. S. B. ", Pasadena, CA, http：//www. FDIC. gov/bank/individual/failed/IndyMac. html # Introduction, last visit at 2018. 07. 15.

② 在购买与承接交易的实践中，有一些类型的资产极少向收购银行出售，包括：（1）对问题银行原董事或者管理层的权利主张；（2）银行综合保证保险（Bankers Blanket Bond）；（3）董事和高级管理人员的保险；（4）应收税款；（5）预付的评估费用等。银行的子公司或者银行名下的房产一般也少转让给收购银行；而且标准的购买与承接交易合同通常有回购条款，即收购银行有权要求作为接管人的 FDIC 回购那些含有伪造票据或者票据被盗的银行贷款。

接存款的百分比支付给管理人一定数额的贴水，但是很多情况下管理人为了促成交易，经常豁免收购银行支付贴水的义务；如果收购方承接的存款负债数额超过了其收购的问题银行资产的交易价格，差额部分由公共资金予以补足。

（一）购买与承接交易在美国的发展历程和运作模式

购买与承接交易是 FDIC 在对问题银行进行重整时，最经常使用的一项救助措施。根据相关统计数据，从 2008 年到 2014 年 11 月，FDIC 一共对 509 家银行实施了破产处置，其中只有 26 家银行是通过存款理赔（deposit payoff）的方式进行破产清算[1]，其余 483 家都是通过购买与承接交易的方式完成了对问题银行的重整[2]。从 FDIC 的银行重整实践来看，以基本的购买与承接交易模式作为起点，这一类别的重整措施曾先后出现过以下几种交易方式。[3]

1. 基础型购买与承接交易

在基础型购买与承接交易（Basic P&As）中，收购方所购买的问题银行资产仅限于现金及其等价物（即可迅速变现的资产），问题银行的经营场址（包括其定着物、附属物和相关设备）通常被列入选择性购买的范

---

① 存款理赔是 FDIC 对问题银行进行破产清算的主要模式，包括直接的存款支付（straight deposit payoff）和存款转移（insured deposit transfer）两种运作方式。直接的存款支付是指 FDIC 在法定最高额度内对问题银行的存款人进行全额赔付后，清算问题银行的资产并对未受保的债权（包括超过法定最高限额的存款）按照比例和先后顺序进行支付；存款转移是指 FDIC 将问题银行的受保存款转移至作为 FDIC 代理人的健康银行，并由 FDIC 向接收存款的银行提供等量的现金；对于未受保的债权（包括超过法定最高限额的存款），则由 FDIC 对问题银行的剩余资产进行清算后按比例和先后顺序支付。根据《联邦存款保险法》第 11 条（a）款第（1）项的规定，每一存款人每一存款账户的受保最高额度是 10 万美元。这一限额在 2008 年 10 月 3 日到 2013 年 12 月 31 日被临时提高至 25 万美元。《多德—弗兰克法案》将这一临时额度升级为存款账户的法定永久性最高限额。

② 数据来源：FDIC 2013 Annual Report, pp. 123 – 125; FDIC 2012 Annual Report, pp. 121 – 124; FDIC 2011 Annual Report, pp. 138 – 144; FDIC 2010 Annual Report, pp. 140 – 147; FDIC 2009 Annual Report, pp. 152 – 160; FDIC 2008 Annual Report, pp. 135 – 136; available at https://www.fdic.gov/about/strugtic/report/index.html. FDIC Failed Bank List, available at https://www.FDIC.gov/bank/individual/failed/banklist.html, last vist at 2018.07.15.

③ 本书以下对购买与承接交易方式的阐述，有部分内容选编自 FDIC 撰写的《银行破产处置手册》，参见 FDIC: *Resolution Handbook*, *Chapter* 3: *Purchase and Assumption Transactions*, April 2003, pp. 23 – 24, available at http://www.FDIC.gov/bank/historical/reshandbook/index.html., last visit at 2018.07.15。

围；而且，收购方所承担的问题银行债务一般也仅限于 FDIC 承保的存款。

在 20 世纪 80 年代早期及以前，基础型购买与承接交易是 FDIC 经常使用的一项被收购救助措施，但是该种交易方式存在两个较为明显的缺陷：一是问题银行被收购的资产范围有限，FDIC 在交易完成后仍然需要对问题银行的大量剩余资产进行处置；二是未受保的存款只能从对问题银行的破产清算中受偿。经历了 20 世纪 80 年代中期的储贷协会危机之后，基础型购买与承接交易在实践中的使用频率大为降低；但是随着《多德—弗兰克法案》将存款保险的法定限额从 10 万美元永久性地提升至 25 万美元，大大增加了存款保险所能覆盖的银行储户人数，这一交易方式开始重新获得 FDIC 的青睐。

2. 贷款型购买与承接交易 & 修正型购买与承接交易

与基础型购买与承接交易相比，贷款型购买与承接交易（Loan Purchase P&As）最大的变化是收购方所购买的问题银行资产除了现金及其等价物之外，还包括少量的贷款组合，有时仅限于分期贷款的组合。因为分期贷款通常不会是导致银行陷入财务困境的元凶，因此将其出售给收购方并非难事。修正型购买与承接交易（Modified P&As）则是在前者的基础之上，将收购方购买问题银行资产的范围进一步扩大到贷款组合中的全部或者部分的个人抵押贷款组合。对于作为问题银行重整接管人的 FDIC 来说，由于《联邦存款保险法》规定的对以问题银行为当事人的诉讼中止时效只有 90 日[1]，将大量的小型分期贷款和个人抵押贷款出售给收购方可以在很大程度上节约 FDIC 的人力成本和时间成本，但是对于未受保的存款，这两种交易方式都没有提供充分的法律保障。

3. 回售型购买与承接交易

回售型购买与承接交易（P&A with Put Options）是 FDIC 为了能够鼓励收购方购买更多的问题银行资产而创设的，收购方由此获得了将其购买的资产回售给 FDIC 的权利。FDIC 为此向收购方提供了两套不同的操作方案：A 方案是先买后退，即收购方先购买问题银行的全部资产，然

---

[1] 12. U. S. C. , Ariticle 1821 (12) (A).

后在 30 天或 60 天期限之内，将其不愿意保留的资产回售给 FDIC；B 方案是想好再买，即先给予收购方 30 天或 60 天的考虑期限，由其在 FDIC 接管的问题银行资产中挑选自己愿意购买的资产。这种交易方式存在一定的缺陷，首先，收购方为保险起见，通常只会选择那些市场价值超过账面价值或者风险较小的问题银行资产；其次，先买后退的回售期限会对问题银行资产的价值造成负面影响，而想好再买的考虑时间则会延误问题银行资产的最佳出售时机。出于以上考虑，从 1991 年开始，回售型购买与承接交易开始被资产池购买与承接交易和损失共担型购买与承接交易所取代。

4. 资产池购买与承接交易模式

从 1991 年开始，资产池购买与承接交易（P&As with Asset Pools）被广泛适用于总资产少于 10 亿美元的问题银行。FDIC 将问题银行原有的贷款组合打散，把性质相似的贷款（例如相同的担保物、相同的贷款条件、相同的偿付历史或者偿付地）组合成独立于存款业务的数个资产池对外出售；对问题银行的不良贷款、自有房产以及那些无法归入某一类资产池的贷款，FDIC 也将其组合为一个单独的资产池打包出售。这种交易方式的突出优点，是增加了问题银行资产重组的灵活性，因为在实践中，收购方通常只会接收问题银行的存款业务并购买其贷款组合中的一部分；而资产池购买与承接交易模式为那些愿意购买问题银行的部分贷款组合但对其存款业务不感兴趣的银行提供了收购机会。与此同时，这种交易方式也存在一些问题，第一，即使有折扣，很多收购方也不愿意购买问题银行的商业贷款；第二，将问题银行的贷款组合重新打包大大增加了 FDIC 的工作量；第三，问题银行资产的分散出售可能会削弱其持续经营价值。

5. 损失共担型购买与承接交易

从 1991 年开始，损失共担型购买与承接交易（Loss Sharing P&As）作为一项重要的银行重整措施，被 FDIC 广泛地用以处置那些总资产在 5 亿美元以上并且拥有大量商业贷款和商业不动产贷款的问题银行。在以往的实践中，收购方之所以不愿意购买问题银行的商业贷款，主要源自两方面的顾虑：一是缺乏充分的时间对问题银行复杂的商业贷款组合进行尽职调查，二是这些商业贷款组合往往被认为是导致问题银行经营失败的主要原因。FDIC 有针对性地推出"损失共担"机制，改变了传统的购买与承接交易中将问题银行的资产折价出售的做法，而是由作为接管人的 FDIC 承诺与收购方共同承担因后者购买问题银行的资产而在未来可能遭受的经济损失，通常的分担比例是，由 FDIC 承担 80%，而收购方承担 20%。① 这种交易方式虽然增加了问题银行的商业贷款对市场的吸引力，但同时也产生了新的问题：首先，在这种交易方式下签订的协议通常需要 5—7 年才能履行完毕，增加了 FDIC 和收购方管理问题银行资产的成本；其次，一些收购方缺乏管理不良贷款组合的经验，由此所产生损失中的大部分却需要 FDIC 来埋单。

6. 整体购买与承接交易

整体购买与承接交易（Whole Bank P&As）的具体操作方法是将问题银行的全部存款业务和所有可出售资产作为一个经营实体转让给收购方，并由 FDIC 向收购方补偿其所购买资产与承接的存款类负债之间的价值差额。在某种意义上，整体购买与承接交易是 FDIC 最希望采取的重整方案。首先，问题银行的借款人可以继续享受到收购方提供的服务而不会受到银行重整的干扰；其次，可以最大限度地减少 FDIC 作为接管人的一次性现金支出，并且 FDIC 在向收购方进行补偿之后不再承担任何后续的法律责任；最后，可以减少最终由作为接管人的 FDIC 进行清算的剩余银行的资产。在 FDICIA 出台之前，整体购买与承接交易一直是 FDIC 对问题银行实施重整时的首选方案，但是随着最小成本原则在 FDICIA 中得以确立，这种交易方式常常因为无法通过最小成本测试而一度被束之高阁。值得注意的是，从 2007 年金融危机开始，为了维护金融体系的稳定，FDIC 频频引用系统性风险的例外规定，突破最小成本原则的束缚，使得整体购买与承接方式再一次成为问题银行重整的首选方案。以 2013 年的统计数据为例，FDIC 一

---

① 在实践中，具体的损失分担比例一般是由 FDIC 与收购银行在个案中协商确定。此外，双方签订的购买与承接交易协议中通常还包含名为"跃迁数量"（Transition Amount）的条款，约定如果收购方因购买问题银行的资产而在未来遭受的损失超过了预计数值，对于超额部分的损失，FDIC 将承担更高的比例，通常是 95%。设置这一条款主要有两方面的原因：第一，收购方因为尽职调查的时间有限，可能对问题银行商业贷款的质量出现误判；第二，问题银行抵押贷款中的抵押物，可能受到市场下挫的影响而发生价值减损，由此给收购方增加额外的经济损失。

共对 24 家银行实施了破产处置，在进行重整的 23 家银行中，有 21 家采用了整体购买与承接交易。[①]

（二）购买与承接交易在英国 2009 年《银行法》中的适用

2007 年金融危机之后，英国在对其银行破产法进行改革时，充分借鉴了美国银行重整立法的经验，将购买与承接交易植入了其银行重整制度。根据 2009 年《银行法》的规定，当问题银行的特别解决机制启动以后，英格兰银行可以制作并签发转让文书，将问题银行转让给私营机构。根据转让标的不同，有股份转让和资产转让两种方式可供选择。资产转让的实质内容就是购买与承接交易，其基本流程是：由英格兰银行签发资产转让文书（Property Transfer Instrument），将问题银行所拥有的财产及其相关权利义务一并转移至作为收购方的私营机构名下，并由后者依照市场价值向"剩余银行"支付合理的对价。

根据转让范围不同，资产转让可以划分为全部资产转让和部分资产转让两种。全部资产转让是指一次性将问题银行的所有可转让资产打包作为一个整体出售给私营机构，相当于美国的整体购买与承接交易。部分资产转让是指将问题银行的资产拆分后出售其中的一部分给私营机构，在实践中最常见的处理方式是将问题银行的核心资产或者最具有可持续经营价值的资产剥离出来，作为一个"好银行"转让给私营机构，而将该银行的不良资产滞留在剩余银行，即"坏银行"中，通过银行管理程序进行后续处理。允许通过部分资产转让的方式对问题银行进行重整，增强了问题银行对市场的吸引力，使得向私营机构转让这项稳定化措施的实施更加具有灵活性。在 2009 年《银行法》生效后的第一个银行重整案例——邓弗姆林房屋信贷互助会（Dunfermline Building Society）破产案中，英格兰银行就采取了部分资产转让的措施，将该信贷互助会的核心资产，包括存款业务、分支机构、总部和原始个人住宅抵押贷款业务打包出售给了全英信贷互助会（Nationwide

---

① 数据来源：FDIC 2013 Annual Report, pp. 123 – 125；FDIC 2012 Annual Report, pp. 121 – 124；FDIC 2011 Annual Report, pp. 138 – 144；available at https：//www. FDIC. gov/about/strategic/report/index. html，last visit at 2018. 07. 15.

Building Society）。①

但与此同时，部分资产转让的重整方式也引发了对问题银行的债权人不能得到平等待遇的担忧和争议。一方面，监管机构对问题银行的资产进行挑肥拣瘦式的筛选，可能导致被滞留在"剩余银行"的债权人处于比问题银行直接进入破产清算程序更加恶劣的境况；另一方面，部分资产转让可能使问题银行与第三方签订的债权债务抵消协议、净额结算协议（Netting Agreement）等合约在履行时发生混乱。以抵消协议为例，在部分资产转让的情况下，由于问题银行某些本来有利于抵消协议相对方行使抵消权的金融合约被转移至其他私营机构，该相对方就无法依据其与问题银行原先约定的抵消安排行使权利。很多市场参与者甚至认为，允许在银行重整中采取部分资产转让，其引发的一系列法律问题将对英国的整个金融系统产生负面影响，导致融资成本上升和对银行最低监管资本的要求提高。为了打消市场的重重顾虑，英国财政部于2009年2月和7月先后两次颁布了关于2009年《银行法》中部分资产转让的限制条件及其实施细则。根据实施细则的规定，在将问题银行的部分资产进行转让时，该银行与第三方签订的抵消或者净额结算协议或

---

① 邓弗姆林房屋信贷互助会（以下简称邓弗姆林）是苏格兰第一大房屋信贷互助会，因在2007年金融危机中损失惨重而濒临破产。FSA于2008年3月28日（星期六）判定该机构可能无法满足最低市场准入条件并且除了启动特别解决机制以外没有其他选择可能使其重新符合最低市场准入条件的要求。英格兰银行于3月30日（星期一）宣布了对该邓弗姆林的重整方案：一是将其核心资产，包括零售和批发存款、分支机构、总部和原始的住宅抵押贷款转让给全英房屋信贷互助会；二是将其社会住房贷款（Social Housing Loans）和与之相关的存款业务转让给英格兰银行设立的DBS过渡银行，前述资产转让已在3月28日和29日两天之内完成。法院也在3月30日当天签发了管理令，对仍持有部分资产（包括商业贷款和次级债务）的邓弗姆林启动银行管理程序。2009年7月1日，英格兰银行宣布将DBS过渡银行接收的邓弗姆林的社会住房贷款和与之相关的存款业务出售给全英房屋信贷互助会，后者在2009年6月17日举行的公开拍卖中出价最高。2013年10月24日，全英房屋信贷互助会宣布将吸收合并邓弗姆林。参见 Bank of England, *Dunfermline Building Society*, News Release, 30 March 2009; *Dunfermline Resolution: Announcement of the Preferred Bidder for the Social Housing Lending Business*, News Release, 17 June 2009; *Dunfermline Resolution: Completion of the Sale of the Social Housing Lending Business to Nationwide Building Society*, News Release, 1 July 2009, available at http://www.bankofengland.co.uk/financialstability/Pages/role/risk_reduction/srr/resolutions/dunfermline.aspx; "Dunfermline to be Merged with Nationwide", *BBC News*, 24 October 2013, available at www.bbc.co.uk/news/uk-scotland-edinburgh-east-fife-24652416, last visit at 2018.07.15。

者合同条款①和所有权转移式金融担保安排（Title Transfer Financial Collateral Arrangement）② 要么整体转让，要么全部留在"剩余银行"；英格兰银行在制作资产转让文书时不得终止或者修改前述金融合约中问题银行和相对方的权利义务。如果问题银行与第三方签订的合同附有物权担保，前述"全有或者全无"的规则同样适用，担保物必须随主合同一起转让，不能相互分离；英格兰银行也不能在资产转让文书中终止担保条款的法律效力或者对其做出修改。③

（三）我国银行重整立法对购买与承接交易的选择性吸收

考察英美两国的银行重整立法，结合我国的实际情况，笔者认为，相较于我国在问题银行重整实践中常见的如资产置换、增资扩股和资产债务重组等重整措施，购买与承接交易的优点主要表现在以下几个方面。

首先，购买与承接交易有利于保存问题银行的可持续经营价值。如前所述，重整措施就其是否对债务人的法人资格产生影响，分为存续型重整措施和出售式重整措施。增资扩股就是一种典型的存续型重整措施，通过增资扩股虽然可以改善问题银行的股本结构，使其资本金得到充实，但是仍然需要该银行将其资产无论好坏全部消化吸收，据此制订的重整方案可能使得问题银行因为受累于不良资产的拖累而重整失败。购买与承接交易通过将问题银行具有盈利能力的营运资产单独出售，可以保证其在收购银行手中正常运营，维持甚至提高这部分营业本身的经济与社会价值，有利于提高问题银行重整成功的可能性，达到保存问题银行可持续经营价值的实质目的。

---

① 在金融衍生品交易中，对交易中的一方当事人而言，有的交易存在盈利，表现为对另一方当事人的正向价值；有的交易发生了亏损，表现为对另一方当事人的负向价值。交易双方根据主协议中的净额结算条款或者净额结算协议约定：将双方全部交易的正向价值和负向价值进行抵消或者轧差后得出一个净额价值，并以该净额价值作为双方之间实际需要支付的金额，避免了互负多项债务的交易当事人进行不必要的多项支付，从而有效地削减风险敞口。

② 所有权转移式金融担保安排是指在金融交易或者金融活动中，债务人将担保品的所有权转移给债权人，当债务人如期履行债务后，债权人必须将同类担保品归还给债务方；但是当债务人违约时，债权人可以不归还该担保品。所有权转移式金融担保是传统的让与担保制度在金融领域的创新。

③ The Banking Act 2009（Restriction of Partial Property Transfers）Order 2009，No. 322，Section 2，3，5；The Banking Act 2009（Restriction of Partial Property Transfers）（Amendment）Order 2009，No. 1826，Section 3，5.

其次，购买与承接交易有助于缩短银行重整所需花费的时间。采取存续型重整措施，用以清偿债权人的债务人财产，其主要来源是债务人企业的未来收益或者新引入的战略投资者提供的偿债资金，但从本质上讲，还是以前者作为主要的清偿保障。在银行重整实践中，这种运作方式面临着许多问题：第一，重整方案的执行期限通常较长，除了存款债权人可以在法定限额内从存款保险基金中受偿以外，其他债权人利益实现所需要的周期很长；第二，重整方案中所预计的问题银行的未来收益能否实现存在较大风险和不确定性。在购买与承接交易模式下，问题银行的存款类负债随同其资产一并转移至收购银行，使得问题银行的债权人数量大为减少，为管理人对其剩余部分进行重整或者清算扫清了障碍，大大加快了银行重整的进程。

再次，购买与承接交易可以弥补我国银行重整市场化运作不足的短板。长期以来，在我国问题银行重整实践中采取的都是"政府主导、财政埋单、行政操作"的套路，如何引导市场的力量参与银行重整一直是理论界和实务界研究的焦点。购买与承接交易虽然是在政府的参与和支持下实施的，但从协议本身的内容来看，仍然遵循的是平等自愿、诚实信用、等价有偿等合同法的基本原则。问题银行的资产和存款类负债由收购方一并取得，不仅保存了问题银行的可持续经营价值，同时也有利于收购方拓展其业务范围，扩大市场占有率，从而在市场化运作模式下实现收购方和出售方的双赢。

最后，购买与承接交易可以在成本最小化原则下实现对存款人利益的保护。由于收购方承接了问题银行的存款类负债，存款人的利益得到了有效的保障；更重要的是，问题银行向其客户特别是存款人提供的金融服务不会因此而中断，可以缓解后者对银行重整所生风险的疑虑，防止银行挤兑的发生。与此同时，存款类负债的转移和承接有效降低了存款保险机构的一次性现金支付压力，即使存款保险基金需要弥补存款类负债与资产价格之间的差额，也远远小于对全体存款人进行赔付而产生的支付成本。

虽然我国的《企业破产法》并没有对重整措施类型是否包括出售式重整做出规定，但《商业银行破产风险处置条例（草案）》已经明确提出问题银行的接管人可以采用"业务分拆"的方式化解银行风险①，这为我国在银行重整立法中引入购买与承接交易提供了法律上的可能性。笔者认为，银行重整应当重实质而轻形式，摒弃关于重整就是要维持问题银行法人人格存续的思维定式，对购买与承接交易进行选择性的吸收和借鉴。购买与承接交易在美国的银行重整实践中有 7 种具体运作方式，其中基础型收购的资产范围严重受限，资产池模式将资产分散组合后出售，均不利于最大限度地保存问题银行的可持续经营价值，而且采取资产池模式进行购买与承接交易对银行重整的管理人提出非常高的技术性和专业性要求，在我国的资产证券化业务尚处于发展初期、经验积累不足的情况下，贸然引入，很难发挥其原有的功效。贷款型和修正型所承接的存款负债仅限于存款保险机构承保的存款，对于未受保的存款和超出存款保险法定限额的存款没有提供充分的法律保障，这部分存款债权人和问题银行之间的债权债务关系将严重影响到管理人对"剩余银行"的后续处置。回售型的问题更加突出：一方面，由于缺乏足够的时间对问题银行的资产状况进行尽职调查，收购银行通常只会购买那些市场价值超过账面价值或者风险较小的资产；另一方面，收购银行向管理人回售其购买的问题银行资产将对其市场价值造成负面影响，导致其二次出售时不可避免地发生价值减损。因此，我国银行重整立法在引入购买与承接交易制度时，主要的借鉴对象应当是整体购买模式和损失共担模式。

　　购买与承接交易在我国银行重整中实施，需要适应我国的具体情况进行必要的制度构建。首先，购买与承接交易作为一项银行重整措施，在混合型重整模式下的适用范围仅限于银行接管阶段，不适用于"剩余银行"的破产重整。因为在后一阶段，通常不涉及大规模的银行存款负债的承接问题。其次，适用购买与承接交易转移的存款类负债应当包含问题银行的全部存款负债，采取这种处理方式的目的，一方面是为了给存款人提供充分的法律保护，另一方面从制度设计的角度也有利于对"剩余银行"进行二次重整。最后，收购方在购买问题银行的所有资产的

---

①　《商业银行破产风险处置条例（草案）》第 29 条：接管期间，接管人可以根据需要采取资产重组、债务重组、合并、并购、业务分拆、获取政府资助等拯救措施，化解被接管银行业金融机构的风险。

同时承接其全部存款负债当然是最理想的银行重整方案，但是由于时间仓促，市场上潜在的收购方往往没有办法对问题银行的资产状况进行全面的评估鉴定，因此，即使有政府的积极参与，也并不总是能够找到合适的银行来对问题银行的资产与负债实施整体收购。更为实际的做法是，将问题银行一分为二，其中的优质资产（通常是指没有设定抵押和权利瑕疵的资产）与存款类负债作为一个可持续经营的实体通过购买与承接交易对外转让；而不良资产则留在剩余银行，由接管人根据监管机构的授权，向法院提出重整或者破产清算的申请。

在我国过去的破产法实践中，曾经出现过一些破产企业甚至个别地方政府以挽救债务人企业的优质业务与资产为借口，恶意转移债务人的资产，欺诈侵害债权人权益的现象。① 采取购买与承接交易实施银行重整同样可能面临着这样的问题，因此，必须健全保障债权人利益的各种法律防范制度：首先，对问题银行资产和业务的转让必须严格遵循法律程序，坚持公开、公平、公正的原则；其次，如果有2家或者2家以上的金融机构表示愿意收购问题银行的资产并承接其存款类负债，购买与承接交易应当通过公开竞价的方式进行，在同等条件下，接管人必须选择出价最高的买家作为最后的收购方；最后，接管人应当聘请社会中介机构对问题银行的资产作价评估，要对债权人的质疑给予充分解释，持反对意见的债权人可以向法院起诉，法院应当对接管人的决定进行司法审查。

此外，如何选择购买与承接交易的实施时机也是一个非常重要问题，因为问题银行的可持续经营价值在进入重整程序后可能会受到各种不利因素的影响，如交易相对方存在风险方面的顾虑而不愿意签订或者继续履行合同，接管人对问题银行尚未履行完毕的合同在考虑不周的情况下贸然予以解除，或者管理人员与技术人员纷纷离职等。有鉴于此，购买与承接交易进行得越早，从市场上获得的对价就可能越高。为了促成交易早日达成，笔者认为，有必要对现行法律做出修改。根据《合同法》第84条的规定："债务人将合同的义务全部或者部分转移给第三人的，应当经债权人同意。"依照此条规定，要通过购买与承接交易将问题银行的存款类负债移转给问题银行资产的收购方，必须事先取得问题银行全

---

① 王新欣：《重整制度理论与实务新论》，《法律适用》2012年第11期。

体存款债权人的同意，否则债务承担行为无效，这对于银行成千上万的储户而言，显然不具备实际可操作性。因此，有必要在相关立法中做出特殊规定，通过购买与承接交易转移银行存款类负债只需获得银行监管机构的批准，并在债务转让公告的前提下即可进行，而无须取得存款债权人事先同意。

二　过渡银行

过渡银行是指设立一个新的临时性金融机构来接收问题银行的全部或者部分资产和负债，继续为该银行的客户提供服务，同时为监管机构赢得充分的时间找到处置问题银行的最佳方案。在实践中，如果监管机构很难在一时之间找到问题银行的收购者，通常会将过渡银行作为一种临时性的重整措施加以使用。

（一）过渡银行在美国银行重整立法中的应用

在美国，过渡银行①作为一项临时性的银行重整措施，最早可以追溯至 1987 年《银行业竞争公平法》。现行过渡银行制度的主要法律依据是《联邦存款保险法》，根据该法第 11 条第（n）款的规定，在问题银行被宣告破产后，FDIC 有权组建一家新的、临时性的国民银行；该银行的营业牌照由 OCC 发放，其主要职责是在 FDIC 认为合适的前提下，承担一家或者数家问题银行的存款和负债，购买问题银行的资产，并履行 FDIC 赋予的其他临时性职责。②

从运行机制来看，过渡银行与普通的国民银行存在较大的差异。第一，虽然《联邦存款保险法》赋予了过渡银行发行股本的权力，但其运行通常不要求注入资本，代替资本的运营资金由 FDIC 提供。③ 第二，过渡银行的首席执行官和董事会成员均由 FDIC 任命：首席执行官负责过渡

---

① 过渡银行在美国仅适用于商业银行的重整，对于储贷协会和储蓄银行，FDIC 一般是通过托管程序来实现与过渡银行相同的功能和效果。

② 对过渡银行是接收问题银行的全部存款还是仅限于承保存款，由 FDIC 决定。在 FDICIA 出台之前，FDIC 通常的处理方式是将所有存款转移到过渡银行；FDICIA 出台后，由于受到最小成本原则的约束，FDIC 通常只将承保存款转移至过渡银行，未受保存款以及大部分未受保的非存款债权则通过对问题银行剩余资产的清算进行按比例分配。参见 12 U. S. C. , Article 1821（n）。

③ 12 U. S. C. , Article 1821（n）（5）.

银行的日常经营管理，董事会负责审批过渡银行的业务计划以及其他管理和监管职责。第三，过渡银行的存续期间一般是两年，可以有最多三次、每次为一年的延期；期限届满后的过渡银行要么通过购买与承接交易的方式完成重整，要么由 FDIC 接管并通过存款赔付等方式完成清算，FDIC 对过渡银行的处置方案和资产出售享有最终的决策权。① 第四，在存续期间，过渡银行通常采取保守的经营方式，以吸收存款为主要业务，但是"为了避免商业客户和零售贷款客户的大量流失，过渡银行通常要向其所在社区提供有限的贷款；并且在不对银行资产造成额外损失的前提下兑现问题银行在破产前所做出的各项承诺，包括向未完成的项目发放贷款"②。第五，过渡银行可以对从问题银行处购买的资产进行重组以保存或者增加其价值，并且在开业之日起 90 天内，过渡银行有权将那些很难通过购买与承接交易出售的资产（例如问题银行的不良贷款、自有不动产、子公司、涉诉资产以及与欺诈相关的资产等）回售给作为接管人的 FDIC。

　　在实际应用方面，对于那些规模较大、资产状况复杂的问题银行，特别是因为银行控股公司（Bank Holding Company）③ 倒闭而引起多家关联银行破产时，过渡银行是 FDIC 经常使用的一项辅助性银行重整措施。从 1987 年《银行业公平竞争法》赋予 FDIC 组建过渡银行的权力到 1994 年间，FDIC 一共使用了 10 次该项措施，前后组建了 32 家过渡银行用以承接 114 家问题银行的资产和负债。从数量上看，由过渡

---

　　①　12 U. S. C. , Article 1821（n）（9）（10）（12）.

　　②　FDIC, "Managing the Crisis: The FDIC and RTC Experience", Part 1, Chapter 6, Bridge Banks, p. 175, available at https: //www. FDIC. gov/bank/historical/managing/, last visit at 2018. 07. 15.

　　③　银行控股公司是指对一家以上的银行或者银行控股公司拥有控制权的公司。根据控股银行的类型，可以划分为储蓄与贷款控股公司和商业银行控股公司。美国银行控股公司的产生和发展与其历史上长期实行单一银行制密切相关。单一银行制是指银行原则上只有一个营业机构而不能设立分支行的组织制度，美国的单一银行制在 1781—1863 年自由银行时期建立，直到 1994 年《跨州银行法》的颁布实施才正式宣告结束。由于当时联邦和各州的银行立法均禁止其注册银行跨州经营业务或者设立分支机构，银行持股公司作为一种金融组织的创新产物在 20 世纪 20 年代开始出现并在"二战"后得到了迅速发展。从法律性质上看，银行控股公司不是银行，因此一家银行控股公司可以在多个州或者一个州的多个城市经营作为其子公司的银行，而不受前述银行法禁止性规定的拘束；但是银行控股公司与其控股银行之间存在千丝万缕的联系，一旦发生破产倒闭，很容易引作为其子公司的银行的破产风险。在混业经营模式下，银行控股公司逐渐发展为金融控股公司。参见 1933 年《住宅所有人贷款法》（Home Owners'Loan Act）第 10 条（a）款第（1）项和 1956 年《银行控股公司法》第 2 条（a）款第（1）项、（c）款和（j）款。

银行安置的问题银行仅占 FDIC 处置问题银行总数的 10%；但是从资产价值上看，这 114 家问题银行的资产总和高达 900 亿美元，占据了 FDIC 所处置问题银行资产总额的 45%。① 在早期的过渡银行实践中，FDIC 倾向于将存在关联关系的数家问题银行的资产和负债合并至一家过渡银行，然后通过整体购买与承接交易的模式出售给收购银行。例如，1989 年的 MCorp 银行控股公司破产案②，在 OCC 宣布该公司所控股的 20 家银行破产后，FDIC 组建了一家过渡银行承接了这 20 家问题银行的绝大部分资产和负债，并将其作为一个整体打包出售给俄亥俄州第一银行公司（Bank One Corporation of Ohio）③。在 FDICIA 出台之后，由于受到最小成本原则的约束，FDIC 开始转向为每一家问题银行单独设立一家过渡银行，分别进行处置的做法。例如，1992 年得克萨斯第一城市银行控股公司（First City Bancorporation of Texas, Inc.）破产案中④，FDIC 就分别为

① FDIC, "Managing the Crisis: The FDIC and RTC Experience", Part 1, Chapter 6, Bridge Banks, pp. 171 – 172, available at https://www.FDIC.gov/bank/historical/managing/, last visit at, 2018.07.15.

② MCorp 是一家在得克萨斯州达拉斯市注册成立的银行控股公司，拥有 25 家银行子公司，总资产为 180 亿美元。1988 年 10 月，MCorp 公司宣布对其发行的价值 4.7 亿美元的公司债券无法按期支付利息。1989 年 3 月 24 日，3 名债券持有人依据《破产法典》第 7 章向纽约联邦破产法院提交了对 MCorp 公司的非自愿破产清算申请。1989 年 3 月 27 日，MCorp 公司宣布将向法院提交申请，将前述非自愿破产清算程序转为《破产法典》第 11 章规定的重整程序。由于担心 MCorp 公司进入重整程序会影响其所控股银行的资产安全，大量存款人前往作为 MCorp 子公司的银行提取存款。为防止银行挤兑风潮进一步恶化，OCC 在 1989 年 3 月 28 日和 29 日两天，连续关闭了 MCorp 公司所控股的 25 家银行中其认定为清偿能力不足的 20 家银行，并任命 FDIC 作为接管人，这 20 家银行的资产价值总额高达 157 亿美元。参见 FDIC, "Managing the Crisis: The FDIC and RTC Experience", Part 2, Chapter 7, MCorp, pp. 618 – 622, available at https://www.FDIC.gov/bank/historical/managing/, last visit at 2018.07.15。

③ 俄亥俄州第一银行公司于 1998 年与芝加哥第一国民银行合并，成立第一银行公司（Bank One Corporation），现为美国第六大银行。

④ 得克萨斯第一城市是一家在得克萨斯州休斯敦市注册成立的银行控股公司，全盛时期拥有 60 家银行子公司，总资产为 112 亿美元。由于受经济不景气以及管理决策失误等诸多因素的影响，从 20 世纪 80 年代中期开始，该公司所控股的银行纷纷陷入财务困境，尽管 FDIC 在 1988 年对这 60 家银行子公司中的 59 家提供了营业援助，得克萨斯第一城市银行控股公司也通过出售部分作为子公司的银行的办法来筹集自救资金，但均未取得明显效果，最终该公司没有售出的 20 家银行子公司被宣告破产，FDIC 被任命为接管人。参见 FDIC, "Managing the Crisis: The FDIC and RTC Experience", Part 2, Chapter 5, First City Bancorporation of Texas, Inc, pp. 567 –577, available at https://www.FDIC.gov/bank/historical/managing/, last visit at 2018.07.15。

其名下的 20 家银行设立了 20 家过渡银行。

（二）过渡银行在英国 2009 年《银行法》中的适用

根据英国 2009 年《银行法》的规定，在满足下列条件的情况下，英格兰银行可以不考虑法律规定的其他适用条件而径直采取过渡银行的重整措施：其一，财政部已经向英格兰银行提出建议，为保护公共利益有必要采取过渡银行的处置办法；其二，英格兰银行也认为采用过渡银行是保护公共利益的恰当方法。① 在实践中，过渡银行作为一项重整措施，经常与将部分资产向私营机构转让的方法结合起来使用，即将问题银行的资产拆分后，一部分转让给私营机构，一部分由过渡银行接收，前述邓弗姆林房屋信贷互助会重整案即是如此。《2009 年〈银行法〉——特别解决机制：执行准则》将组建过渡银行的权力授予了英格兰银行。② 虽然只是一个临时性的机构，但是过渡银行同样必须符合 2000 年《金融服务与市场法》及其修正案为银行所设定的市场准入条件，在经过 PRA 的授权后才能从事相关银行业务，并接受 PRA 的监管。目前，英格兰银行所设立的过渡银行均采用公司法人形式，由英格兰银行持有其全部股份。

过渡银行的存续时间一般不超过一年，通常分为两个阶段。第一个阶段是稳定阶段，即过渡银行根据英格兰银行签发的资产转让文书完成对问题银行资产的接收后的一段时间。除了将问题银行的全部资产整体转让给过渡银行以外，在多数情况下过渡银行只接受问题银行的部分资产及其相关权利义务。第二个阶段是出售阶段，在本阶段，英格兰银行一方面要对过渡银行实施稳健经营，保持甚至提高其市场价值；另一方面要积极寻找其他私营机构购买过渡银行所接管的问题银行资产，以最终完成对问题银行的重整。如果过渡银行在存续期间之内，未能售出或者未能完全售出其所接收的问题银行资产，则英格兰银行将向法院申请对该银行进行破产清算或者由财政部对该银行实施临时国有化。③

作为过渡银行的唯一股东，英格兰银行对过渡银行的管理模式根据

① The Banking Act 2009, Section 8（2），8（5）.

② Banking Act 2009 - Special Resolution Regime：Code of Practice, Section 8.12.

③ Ibid. , Section 8.6.

前述两个阶段之间的衔接是否紧凑而有所区别。如果第二阶段紧接着第一阶段发生，英格兰银行通常会在过渡银行的日常事务管理中扮演更加积极的角色，过渡银行董事会独立行使其职权的空间十分有限；如果过渡银行需要经过一段较长的时间才能将其接受的问题银行资产出售给私营机构，则应当采取普通的公司治理模式，由过渡银行的董事会和高级经理负责其经营管理和其他日常事务，英格兰银行作为过渡银行的股东，有权行使普通股东的权利，例如任命过渡银行董事会的成员，依据已经获得相关部门认可的业务计划为过渡银行确立战略方向等。

在过渡银行的出售阶段，为了能够最大限度地回收公共财政资金，英格兰银行与 PRA、FCA 等金融监管机构沟通协作，一般是通过拍卖等公开竞价方式来筛选市场上具有购买意愿的私营机构，以确保问题银行的资产能够以合理的市场价格对外出售。在完成私营机构的筛选和价格确定工作后，英格兰银行可以通过两种方式完成资产转让交易，一是英格兰银行与竞购成功的私营机构签订普通的商业协议，出售过渡银行发行的股份或者依照 2000 年《金融服务与市场法》第 7 部分的规定转让过渡银行的资产；二是根据 2009 年《银行法》的规定，由英格兰银行签发第二次资产转让书（Onward Transfer Instrument）或者股份转让书，将过渡银行的股份或其经营的资产及相关权利义务转移至该私营机构名下。①

由于监管机构只是借由过渡银行实际控制了问题银行的一部分或者全部资产，并没有因此而取得问题银行的股份或者所有权；在过渡银行成功售出后，私营机构所支付的对价也将通过财政部签发的重组基金令返还给"剩余银行"。因此，作为一项由监管机构主导的银行重整措施，设立过渡银行比临时国有化更容易为英国民众所接受。但与此同时，2009 年《银行法》对过渡银行的职能定位也受到一些学者的批评：一方面，过渡银行为了保存问题银行的可持续经营价值并提高其被私营机构收购的可能性，往往需要积极拓展银行业务以改善问题银行资产的状况；另一方面，由于过渡银行特殊的所有权结构，它不应当与其他私人银行

---

① Banking Act 2009, Section 43; Banking Act 2009 – Special Resolution Regime: Code of Practice, Section 8.37.

展开激烈的市场竞争。因此，英国学者阿福古力亚斯（Avgouleas）教授认为，过渡银行应当具有竞争性（competitive），但又不能具有过于活跃的竞争性（aggressively competitive），而这两者之间的界限如此难以分明，必将使得过渡银行的业务管理处于两难境地之中。①

（三）我国银行重整立法对过渡银行制度的引进

从立法目的来看，法律创设过渡银行制度主要是为了维护金融秩序的稳定。对规模较大、资产状况复杂的问题银行实施重整，不仅问题银行的管理人需要更多的时间来评估问题银行的资产状况，寻找适格的收购者；对问题银行资产感兴趣的潜在收购方同样也需要花费更多的时间来对收购目标进行尽职调查，但是在这段时间之内，问题银行的资产状况通常会继续恶化，市场价值不断贬损，其债权人尤其是广大存款人的利益无法得到充分保障。设立过渡银行不但能够为监管机构和潜在收购方争取到更稳定的处置环境和更宽裕的准备时间，而且还不会影响问题银行的客户，特别是广大存款人继续享受银行服务。我国的银行业不仅高度垄断了整个国家的金融资源，同时也汇聚了整个社会的金融风险，"银行破产程序一经启动，无论是重整成功还是最终清算，必然会引发存款人的不安和恐慌，人们的第一反应就是尽快取回自己的存款，随之而来的将是群体性挤兑行为"②。在我国的银行重整立法中引入过渡银行制度，除了有利于最大限度地保全问题银行的资产价值，最重要的是可以迅速平息公众对存款安全的担忧。必须同时注意到的是，过渡银行只是一种临时性和过渡性的重整措施，法律上进行移植时需要在制度构建层面解决以下三个方面的问题。

第一，应当明确过渡银行的适用范围。首先，从适用对象上看，组建过渡银行主要针对的是那些可能引发系统性危机的大型商业银行，通常情况下不适用于中小银行的重整。大型商业银行由于资产规模庞大，业务构成复杂，在短时间之内很难在市场上寻找到合适的收购方对其

---

① Emilios Avgouleas, "Banking Supervision and the Special Resolution Regime of the Banking Act 2009: The Unfinished Reform", *Capital Markets Law Journal*, Vol. 4, Issue 2, 2009, pp. 201 – 235.

② 周泽新：《存款保险制度在银行重整中的适用及其制度价值》，《金融评论》2011 年第 5 期。

进行并购或通过购买与承接交易将银行的资产和存款类负债悉数转移。为了避免造成金融服务的中断，监管机构可以选择设立过渡银行接收问题银行的全部或者部分的营业、资产和负债，并进行暂时性的经营管理，以争取更充裕时间来制订重整方案。其次，从适用的时机上看，设立过渡银行的主要目的是为了稳定金融秩序，防止群体性挤兑事件的发生，因此，这一重整救助措施仅适用于混合型重整模式下的银行接管阶段。当"剩余银行"进入法院主导下的破产重整程序时，由于系统性金融风险在前一阶段已经得到了有效化解，没有设立过渡银行的必要。

第二，应当对过渡银行的适用条件做出具体规定。过渡银行虽然只是一项临时性和过渡性的重整措施，但政府为设立过渡银行所支出的人力、物力和财力成本却远远高于前述购买与承接交易，以及其他一些市场化运作下的重整措施，为了避免权力滥用造成公共资金的浪费，必须对过渡银行的适用条件做出严格限定。笔者认为，当且仅当以下条件得到满足时，监管机构才能考虑组建过渡银行接收问题银行的资产与负债：（1）银行已经发生信用危机，严重危及金融秩序稳定和社会公共利益；（2）无法通过购买与承接交易转移该银行的资产和负债；（3）无法及时通过合并、收购等其他救助措施化解银行风险；（4）对银行所在地区，有继续提供金融服务的迫切需要。

第三，应当就过渡银行的设立和运作机制进行特别立法。如前所述，过渡银行与普通银行在设立审批、业务内容、监管标准、存续期间和终止解散等诸多运行环节都与一般银行存在巨大差异，现行银行法律法规中有很多条款无法直接套用于过渡银行。举例而言，我国《商业银行法》中规定的关于设立商业银行需要满足的法定条件就不能适用于过渡银行。法律需要在银行设立审批制度中为过渡银行开辟一条"绿色通道"，给予特事特办的优先处理。此外，过渡银行的存续一般都有时间限制，通常不超过两年，在存续期限届满后，如何对其进行处置也需要法律予以特别规定。因此，笔者建议对过渡银行所涉事项进行特别立法，为其未来在银行重整实践中的运作提供法律依据。

三 存款保险机构对问题银行的救助①

在 2007 年金融危机中，以政府担保、财政注资、国有化等形式为主的银行救助行为引发了很多争议。主要的反对意见认为，国家是在用纳税人的钱为银行家的贪婪埋单；但从危机过后各国金融法律改革的内容来看，没有任何一个国家或地区在银行重整的过程中彻底放弃了利用公共资金救助问题银行的制度路径。因为大家都清楚地认识到，在"金融海啸"面前，纯粹依靠市场的力量难以完成对银行的扶正，只有引入公共资金支持的银行重整，才能发挥立竿见影的功效。我国《存款保险条例》第 18 条已经明确地赋予了存款保险机构救助问题银行的权利和职责。② 因此，有必要在此对银行重整中存款保险机构的救助措施做一分析和讨论。

（一）美国存款保险机构的营业援助

营业援助（Open Banking Assistance）是指在问题银行持续经营的前提下，存款保险机构利用存款保险基金向问题银行提供财务援助，以帮助其摆脱困境，恢复稳健和安全的运营状态。在美国，营业援助主要是由 FDIC 来实施。从操作方式上来看，根据《联邦存款保险法》第 13 条（c）款的规定，FDIC 可以通过向问题银行存款、购买该银行的资产或者债券，以及承担该银行的负债或者认购其股份等途径来实施营业援助。③

作为一项辅助性的银行重整措施，营业援助的目的在于改善问题银行的资本状况，增强问题银行的流动性。特别是在金融危机中，营业援助更是成为挽救问题银行、维护市场稳定最有效的"强心剂"。与此同时，对营业援助的争议声也始终不绝于耳，其根本原因在于，政府将具

---

① 公共资金救助问题银行的方式，除了存款保险机构利用存款保险基金提供的财务支持，还包括中央银行作为最后贷款人向问题银行提供的紧急贷款，以及财政部投入公共资金收购问题银行的股份或资产等方式。

② 《存款保险条例》第 18 条：存款保险基金管理机构可以选择下列方式使用存款保险基金，保护存款人利益：……（三）为其他合格投保机构提供担保、损失分摊或者资金支持，以促成其收购或者承担被接管、被撤销或者申请破产的投保机构的全部或者部分业务、资产、负债。……

③ 12 U. S. C.，Article 1823（c）.

有公共属性的存款保险基金用于救助以营利为目的的私人企业，不仅会增加银行股东及其管理层的道德风险，而且容易引发财政赤字，加重纳税人的负担。因此，明确营业援助的法定条件和救助标准，对于发挥该项重整措施的积极作用并尽量避免或者减少其负面效应，具有十分重要的意义。①

根据《联邦存款保险法》第 13 条（c）款第 8 项的规定，问题银行只有在符合下列条件的情况下才能获得 FDIC 的营业援助：（1）除非银行的资本水平得以提高，否则存在着或者在未来可能存在着为该银行任命托管人或接管人的事由，并且如果不提供援助，该银行就无法满足当前所有适用的资本充足标准；（2）适格的联邦银行监管机构或 FDIC 认为在做出援助决定之前的合理期限内，该银行进行了有效管理，遵守相关法律法规、监督指令和命令的要求，并且没有参与内幕交易、投机或者有其他滥用权利的行为。根据该法第 13 条（c）款第 4 项确立的最小成本原则，只有当营业援助的实施成本是对问题银行进行重整处置的所有方案中成本最小的选择时，FDIC 才能做出营业援助的决定。在实践中，营业援助通常很难通过最小成本的测试，因为购买与承接交易的处置成本在绝大多数情况下远小于营业援助的成本。如果营业援助未能满足最小成本原则，FDIC 对问题银行实施救助的唯一法律依据就是系统性风险的例外规则，即问题银行的破产倒闭可能引发银行业的系统性风险。例如在 2007 年金融危机中，为了防止美国第二大商业银行——花旗银行的破产引发金融市场上的连锁效应，FDIC 通过营业援助为花旗银行的 3060 亿美元不良资产提供了高达 100 亿美元的担保，这一举措在很大程度上缓解

---

① 从 1950 年《联邦存款保险法》赋予 FDIC 通过营业援助的方式对银行进行救助的权利至今，美国关于营业援助条件和标准的立法经历了三个阶段的变化。1950—1981 年是第一阶段，FDIC 决定是否对问题银行进行营业援助的主要法律依据是 1950 年《联邦存款保险法》规定的受援助的银行必须是其继续存在为社区所必需（essential）。1982—1990 年是第二阶段，根据 1982 年《甘恩—圣杰曼存款机构法案》的规定，FDIC 只要确信援助问题银行的资金数量少于清算该银行的预计成本，就可以对该银行实施营业援助；如果援助成本超过了清算成本，FDIC 仍然可以援引前述"必需"标准作为救助的例外规则。1991 年至今为第三阶段，FDICIA 的出台，不仅进一步细化了问题银行获得营业援助的条件，同时还确立了"最小成本"原则和"系统性风险例外"作为 FDIC 施救的行为准则。

了花旗银行的流动性紧张。①

（二）英国存款保险机构的公共资金支持

在英国法上，FSCS 主要通过两种方式介入银行的特别解决机制：一是在相关监管机构采取稳定化措施后，应财政部的要求为问题银行实施稳定化措施提供资金支持；二是在银行破产清算程序启动后，及时对合格的存款人进行赔付。第一种方式就属于存款保险机构对问题银行的救助措施。

根据 2000 年《金融服务与市场法》的规定，在对问题银行采取稳定化措施后，如果财政部认为该银行无力或者如果不采取稳定化措施就将无力偿还到期债务，可以要求 FSCS 为稳定化措施的实施和履行财政部签发的赔偿令（包括补偿计划令、重组基金令和第三方赔偿令）而支付特定数目的款项。② 例如，前述邓弗姆林房屋信贷互助会重整案中，当英格兰银行将邓弗姆林的核心资产和业务出售给全英房屋信贷互助会时，财政部向后者支付了 16 亿英镑的现金以弥补其所收购资产与所承接的负债之间的差值。财政部随后以邓弗姆林债权人的身份参与到该房屋信贷互助会剩余营业的银行管理程序和破产清算程序中。财政部就其未能在破产清算程序中得到完全清偿的债权，有权向 FSCS 请求予以支付。从 FSCS 在 2012 年公布的《2013—2014 年预算计划》中可知，它已经为邓弗姆林房屋信贷互助会的重整向财政部提供了共计 5.05 亿英镑的公共资

---

① FDIC 对花旗银行的营业援助实际上只是美国政府对花旗银行集团所提供一揽子救助计划中的一个组成部分。根据美国财政部、美联储和 FDIC 在 2008 年 11 月 24 日宣布的救助方案，财政部和 FDIC 一起为花旗银行总规模为 3060 亿美元的资产提供担保，主要包括住房抵押贷款、商业房地产贷款和其他资产；花旗银行为此支付的费用是向财政部和 FDIC 发行股息为 8% 的 70 亿美元的优先股，财政部和 FDIC 分别持有其中的 40 亿美元和 30 亿美元。对于这 3060 亿美元资产在未来可能发生的经济损失，由花旗银行承担最初至多不超过 290 亿美元的损失，超出部分的损失由美国政府承担 90%，花旗银行承担 10%。在美国政府承担的损失中，财政部通过“问题资产救助计划”（Troubled Assets Relief Program, TARP）承担至多为 50 亿美元的损失，FDIC 承担不超过 100 亿美元的损失，而美联储将依照花旗银行所承担的 10% 的损失额度以无追索权贷款的方式向剩余资产提供融资。参见 US Treasury, "Federal Reserve and the FDIC Provide Assistance to Bank of America and Term Sheets on 16 January", 2009 (HP - 1356), available at http://www. treas. gov/press/releases/hp1356. htm, last visit at 2018. 07. 15。

② Financial Services and Markets Act 2000, Section 214B.

金支持。[①]

为了避免公共资金的过度支出，2000 年《金融服务与市场法》明确规定 FSCS 所分担的银行重整处置成本不能超过名义净支出（national net expenditure）和实际净支出（actual net expenditure）。[②] 名义净支出的计算方法是用在不对问题银行采取稳定化措施而任其进入破产清算程序的情况下，FSCS 需要向存款人赔付的金额减去 FSCS 可能从问题银行的破产清算程序中追偿到的金额；而实际净支出的计算，则是用 FSCS 按照财政部的指示所实际支付的费用减去 FSCS 实际追偿到的金额，两者中以数额最低者为 FSCS 所能支出公共资金的上限。尽管 2009 年《银行法》并没有明确规定相关监管部门在对问题银行采取稳定化措施时，有义务将由 FSCS 分担的银行重整成本最小化，但 FSCS 在任何情况下均受到上述限额的保护。

（三）我国存款保险机构救助问题银行的制度构建

根据相关数据统计，截至 2006 年 10 月，在全球 95 个建立存款保险制度的国家和地区中，赋予存款保险机构营业援助权的国家有近 70 个，占全部国家和地区中的 74%。[③] 从我国的具体国情来看，建立存款保险机构对问题银行的救助制度也具有相当的现实合理性，能够有效弥补现行问题银行公共资金救助体系的不足。

由于存款保险制度在我国长期缺位，在银行重整实践中，公共资金对问题银行的救助方式主要有两种：一是中国人民银行以最后贷款人身份提供的紧急贷款，二是各级地方政府的财政支持。这两种现行的公共资金救助方式都存在各自的缺陷和不足。大量使用中国人民银行的紧急贷款，容易导致基础货币供应量增加，影响货币政策的独立性，甚至引发通货膨胀。对于地方政府而言，由于我国地域广阔，人口众多，经济发展长期不平衡，社会转型期的各种矛盾尤为突出，许多地方政府的财

---

① Financial Service Compensation Scheme, Plan and Budget: 2013/14, available at http: // www.fscs. org. uk/uploaded_files/201219_fscs_plan_and_budget_2013_final_acc. pdf, last visit at 2018. 07. 15.

② Financial Services and Markets Act 2000, Section 214C.

③ 苏宁：《存款保险制度设计：国际经验与中国选择》，社会科学文献出版社 2007 年版，第 19 页。

政负担本已十分沉重，对问题银行的救助不仅会挤占政府用于医疗、教育、社会保障等其他公共事业的财政资金，还会使得地方政府面临巨额的财政赤字。

相较而言，存款保险机构用于支持银行重整的存款保险基金，来源更加多元化。根据《存款保险条例》第6条的规定，存款保险基金的来源包括投保机构交纳的保费，在投保机构清算中分配的财产，存款保险基金管理机构运用存款保险基金获得的收益和其他合法收入。从其他国家存款保险的立法例来看，在奥地利、匈牙利等国，存款保险机构被授权允许从资本市场筹资，包括从成员银行借款或发行债券等；在法国、瑞士等国，存款保险机构还可以从金融机构以外的私人机构筹资。[①] 未来我国的存款保险立法也可以考虑赋予存款保险机构在紧急情况下向财政部或中国人民银行借款融资的权利。因此，笔者认为，有必要在我国建立存款保险机构的营业援助制度，以缓解地方政府在银行重整中的财政负担，减少中国人民银行最后贷款人措施泛化使用的负面效应。但在进行制度构建时，以下两个问题需要予以特别关注。

首先，存款保险机构向问题银行提供营业援助在原则上必须遵循成本最小化原则，否则不能适用。换言之，存款保险机构在决定是否对问题银行施以援手时，应当首先对营业援助所需要支出的存款保险基金数额进行评估，并将其与不实施援助，直接对问题银行的受保存款进行赔付的总金额做一比较，只有当救助金额小于赔付金额时，存款保险机构才能对问题银行提供营业援助，包括直接存款或者购买该银行的资产或者债券，以及承担该银行的负债或者认购其股份。

其次，如果存款保险机构经过评估后认为实施营业援助的预期救助成本虽然不符合最小成本原则的要求，但是如果对问题银行采取其他处置方式可能引发银行业的系统性风险，经过与银行业务监管机构、中国人民银行会商后，存款保险机构可以援引"系统性风险"的例外规则继续对问题银行实施救助。

---

① 王勇：《问题银行公共资金法律制度研究》，博士学位论文，辽宁大学，2011年。

第三节　银行重整的损失分担机制

一个合理的银行重整损失分担机制，不是只依靠公共资金的支出，问题银行的股东、无担保债权人和其他投资人也要共同分担损失。从目前各个国家和地区的应对措施来看，除了限制银行规模，要求大型银行制定"生前遗嘱"（Living Will），对导致银行经营失败负有直接责任的高管进行追责之外，还有两个非常富有争议的问题值得进一步讨论：一是金融控股公司是否应在银行重整时对其承担加重责任；二是银行自救安排如何在银行重整中发挥作用。

一　金融控股公司的加重责任

金融控股公司的加重责任是 20 世纪 80 年代末美国金融法领域发展起来的一种特殊责任制度，通常指当作为子公司的银行出现不符资本要求或财务状况显著恶化、资不抵债或危及存款人利益等情形时，金融控股公司应对其进行资本协助或适当赔付存款保险机构等因其金融子公司破产而造成的损失。[①] 金融控股公司的加重责任作为公司法上股东有限责任原则的一项例外性规则，通常发生在银行破产处置的过程中。

（一）金融控股公司加重责任的主要内容

从责任的承担方式来看，美国的联邦银行监管机构主要通过资本维持承诺和力量之源规则等方式来追究金融控股公司的加重责任。

1. 资本维持承诺

资本维持承诺（Capital Maintenance Commitment）起源于 20 世纪 70 年代中期美国联邦住宅贷款银行委员会（Federal Home Loan Bank Board，简称 FHLBB）[②] 在批准储贷协会的控股公司收购新的储贷协会时附加的

---

① 陈文成：《金融控股公司对附属金融机构责任加重制度研究》，《上海金融》2009 年第 8 期。

② FHLBB 是美国国会最早设立的监管储贷协会的联邦机构，同时建立了它的附属机构 FS-LIC 作为储贷协会的存款保险机构。在经历了 20 世纪 80 年代中期的储贷危机之后，1989 年的《银行改革、复兴和实施法案》撤销了 FHLBB 和 FSLIC，在财政部内新设 OTS 取代 FHLBB 作为储贷协会的联邦监管机构（后根据《多德—弗兰克法案》，OTS 被 OCC 合并），并将储蓄协会保险基金（Savings Association Insurance Fund）划归 FDIC 管辖。2006 年 2 月，根据 2005 年《联邦存款保险改革法案》的规定，FDIC 将原有的银行保险基金（Bank Insurance Fund）和储蓄协会保险基金合并成一个新的基金——存款保险基金（Deposit Insurance Fund）。

一项条件，即要求该控股公司明确保证其意图兼并的储贷协会具有并保持债务清偿能力，否则 FHLBB 将拒绝其收购申请。这些协议一开始在业内被称为"资本净值维持协议"（Net-worth Maintenance Agreement），后改称"资本维持承诺"，其适用范围则从储贷协会的控股公司扩展至所有的储蓄与贷款控股公司。

资本维持承诺在实施之初的条件十分苛刻，FHLBB 等联邦银行监管机构通常要求储蓄与贷款控股公司对其收购的储贷协会或者储蓄银行（以下统称储蓄机构）做出开放式的财务支持承诺，即在收购完成后，作为母公司的控股公司必须采取包括重新注资（recapitalization）在内的一切手段来维持作为其子公司的储蓄机构符合监管部门所规定的最低资本净值，并且不能为前述义务的履行期限和注资金额等设限。在 20 世纪 80 年代中期发生的储贷危机中，大量进入重整程序的储蓄机构存在严重的资金缺口，联邦银行监管当局对资本维持承诺的执行日益普遍，不堪重负的储蓄与贷款控股公司纷纷开始抵制该承诺的执行。

正是由于资本维持承诺法律效力的不确定性，加上越来越多的收购者因为担心背负沉重的债务负担而不愿意收购储贷危机中破产的储蓄机构，相关联邦银行监管机构于 1988 年发表声明，宣布废止有关开放式资本维持承诺的政策；从 1993 年年末开始，资本维持承诺不再作为监管机构批准储蓄与贷款控股公司申请收购储蓄机构时的附加条件出现。但是关于资本维持承诺的法律纠纷并未销声匿迹。根据《联邦存款保险法》第 38 条的规定，当适格的联邦银行监管机构要求问题银行提交资本重整计划时，如果参保银行的资本不足，其控股公司应当做出保证，承诺该银行将遵守资本重整计划直至其在随后四个连续季度内的资本水平达到既定标准，并为此提供适当的履行保证。① 这既是监管机构接受该资本重整计划的必备条件之一，往往也成为监管机构要求储蓄与贷款控股公司向其陷入困境的储蓄机构履行资本维持承诺的重要依据。

---

① 根据《联邦存款保险法》第 38 条（e）款第（2）项（C）和（E）分项的规定，参保银行控股公司所承担保证责任的限额不得超过：（1）银行资本不足时该银行总资产的 5%，或者（2）当银行未能遵守资本重整计划时使其恢复到满足既定资本标准所必需的金额；以两个方案中数额较少者计算。12 U. S. C.，Article 1831o（e）（2）（c），（E）.

2. 力量之源规则

对力量之源规则（Source of Strength）最早的应用可以追溯至 20 世纪 60 年代中期，当美联储理事会根据 1956 年《银行控股公司法》（Bank Holding Company Act）的授权审查商业银行控股公司收购商业银行的申请时，通常会将该公司能否为其收购的商业银行提供必要的金融和管理资源作为一个重要的考虑因素。[①] 随后，美国联邦最高法院在 1978 年的美联储理事会诉第一林肯坞公司案中确认了美联储有权将力量之源规则作为其决定是否批准商业银行控股公司收购商业银行股份或者资产申请的判断标准。[②] 尽管理论界对力量之源规则的评价褒贬不一，但是美联储仍然坚持了对该原则的适用，并且将"商业银行的控股公司应当作为其银行子公司财务和管理上的力量源泉"这一对力量之源规则的规范性表述写入了《银行控股公司与银行控制变化》（Y 条例）的 1984 年修正案之中。[③] 1987 年，美联储在依据力量之源规则要求霍克艾银行控股公司（Hawkeye Bancorporation）向其濒临破产的银行子公司注入资金未果后，[④] 对修正案中力量之源规则的具体内容进一步做出了明确的政策性解释，认为商业银行控股公司应当动用一切必要的资源，向其陷入财务困境或者濒临破产的银行子公司提供包括重新注资在内的各种财务上的援助。美联储同时声明，如果商业银行控股公司未能遵照力量之源规则履行其对银行子公司的财务支持义务，将会被视为违反 Y 条例或者从事不安全

---

① 需要特别说明的是，1956 年《银行控股公司法》所规定的"银行控股公司"实际上仅限于商业银行的控股公司，不包括储蓄与贷款控股公司，后者主要由 1933 年《住宅所有人贷款法》规范。根据 1956 年《银行控股公司法》第 3 条（c）款第（2）项的规定，在任何情况下，美联储理事会都必须考虑该公司及其关联公司和银行的金融资源、管理资源和公司前景，以及其所服务社区的便利和需要。12 U. S. C.，Article 1841（a）（1），（c），（j）；1842（c）（2）.

② Board of Governors v. First Lincolnwood Corp.，439 U. S. 234（1978）.

③ Y 条例是美联储理事会制定的关于《银行控股公司法》和《银行控制变动法》（Change in Bank Control Act）的实施细则，其对力量之源规则的英文表述是"A bank holding company shall serve as a source of financial and managerial strength to its subsidiary banks"，49 Fed. Reg. 820（1984），codified at 12 C. F. R.，Article 225. 4（a）（1）（1990）。

④ 当美联储要求霍克艾银行控股公司向其控股的、濒临破产的埃里森银行（Bank of Allison）注入 120 万美元的资本金时，遭到了后者的拒绝，其理由是这一注资行为违反了该银行控股公司与其债权人之间的协议。美联储随即以霍克艾银行控股公司从事不安全的银行经营活动为由对其发出告诫通知，但是在该银行控股公司申请的行政听证会召开之前，撤销了自己提出的指控。"Fed Drops Case Against Hawkeye"，*American Banker*，May 4th，1987，p. 11.

和不稳健的银行经营活动，美联储有权根据法律的授权对银行控股公司发出禁止令或者采取其他强制措施以矫正其违法行为或者其行为产生的后果。① 从美联储的政策性解释来看，力量之源规则的实质与"资本维持承诺"相同，都是联邦银行监管机构试图突破公司法上有限责任的樊篱，要求银行控股公司在出资范围之外对其银行子公司承担额外的法律责任。

1999 年通过的《金融服务现代化法案》首次以成文法的形式对力量之源规则的适用条件和法律效果做出了一些具体的规定。根据该法第 112 条对《银行控股公司法》第 5 条（g）款的修改：在以下两个条件均得到满足时，美联储发布的要求商业银行控股公司向其银行子公司提供资金或其他资产的指令无效并且不具有强制执行力：（1）该银行控股公司是保险公司、证券经纪人或交易商、投资公司或投资顾问公司，或者提供这些资金或资产的银行控股公司的其他子公司是保险公司、证券经纪人或交易商、投资公司或投资顾问公司；（2）州保险监管机构或者证券交易委员会认为注资行为或者资产转让行为会对前述保险公司、经纪人、交易商、投资顾问或投资公司的财务状况产生重大不利影响，并以书面形式向该控股公司和美联储理事会发出通知，要求该控股公司不得向其银行子公司提供资金和资产。根据该法第 730 条对《联邦存款保险法》第 18 条（u）款的修改，当商业银行控股公司依照美联储发出的增加资本指令向其资本不足的银行子公司转让资产后，任何人不得就该资产转移事项向美联储提起返还之诉或者要求赔偿损失等法律救济。② 令人遗憾的是，《金融服务现代化法案》没有对力量之源规则的法律效力争议进行正面回应，特别是当商业银行控股公司拒绝按照美联储的指令向其控股的银行提供财务支持时，美联储能否向法院申请强制执行的问题，该法案没有做出任何明确规定。

在 2008 年金融风暴之后出台的《多德—弗兰克法案》对力量之源规则表现出了前所未有的肯定和重视。依照该法第 616 条对《联邦存款保险法》第 38 条的补充，该项规则从美联储的一家之言正式上升成为具有法律效力的银行监管法规，其适用范围也从《银行控股公司法》中规定的商业银行控股公司扩展至《住宅所有人贷款法》中规定的储蓄与贷款

---

① 52 Fed. Reg. 15707, April 30, 1987; effective April 24, 1987.

② U. S. C., Article 1828（u）（1），1844（g）（1）.

控股公司以及直接或者间接控制参保银行的其他金融控股公司。① 对力量之源规则的使用不再是美联储针对商业银行控股公司所奉行的政策性规定，而是法律为了维护金融秩序的稳定和挽救问题银行，对包括 OCC、FDIC 和美联储在内所有适格的联邦银行监管机构提出的法定要求。当然，由于 OCC 等联邦银行监管机构在实践中已经发展形成追究储蓄与贷款控股公司加重责任的方式方法（即前述资本维持承诺）；《联邦存款保险法》第 38A 条对力量之源规则的规定在某种意义上只是为这些业已存在的具体措施提供基本的法律依据。需要特别注意的是，《联邦存款保险法》第 38A 条（e）款对力量之源规则的定义——"银行控股公司向其陷入困境的参保银行子公司提供财务支持的能力"——与美联储在 1987 年做出的政策性解释之间仍然存在一些差异：该条规定并没有把向陷入困境的银行子公司提供财务支持直接表述为银行控股公司的法定义务和责任，而是代之以"能力"（ability）这样一个较为含混的概念进行表述。

（二）金融控股公司加重责任产生的根源

要求金融控股公司对其控股的银行承担加重责任，主要是基于金融控股公司与其控制的、具有参保地位的银行之间的特殊组织结构关系。

一方面，金融控股公司旗下的银行虽然在经营管理和组织机构方面享有一定的自由裁量权，但是控股公司对子公司的重大决策依然拥有完全的控制力。为了使自己实现利润最大化，控股公司可以在子公司之间转移资本。当控股公司陷入财务困境时，完全可以利用控股关系强迫作为子公司的银行向自己"输血"，如果银行因此受到牵连，政府必然出手相助，从而间接导致公共资金的损失；但是在公司法股东有限责任原则的约束下，金融控股公司对作为其子公司的银行的法律责任被限定在银行所有者权益之中，负责处置问题银行的政府机构不能要求控股公司在

---

① 根据《联邦存款保险法》第 38A 条的规定，适格的联邦银行监管机构应当要求银行控股公司作为其银行子公司在财务上的力量之源；如果参保银行不是该银行控股公司的子公司，适格的联邦银行监管机构应当要求直接或者间接控制该参保银行的公司作为该银行在财务上的力量之源。由前述规定可知，那些被《银行控股公司法》和《住宅所有人贷款法》排除在外的参保银行的母公司，例如信用卡银行（Credit Card Bank），以及证券公司设立的有限目的信托公司（Limited Purpose Trust Company）或者工业贷款公司（Industrial Loan Company）等今后也将受到力量之源规则的约束。12 U. S. C.，Article 1831o‑1（a）（b）.

出资限额之外承担资本补充责任。

另一方面，当作为子公司的银行陷入困境后，如果政府决定利用包括存款保险基金在内的公共资金对银行重整提供援助，面临着类似财务困境的母公司将会从中受益。由此产生的客观效果是，因挽救问题银行和保护存款人利益而投入的公共资金被变相地输送给了金融控股公司，最终演变为政府为非银行企业的财务危机埋单。

在笔者看来，美国的联邦银行监管机构之所以敢于突破公司法上的有限责任原则，对金融控股公司课以出资限额以外的法律责任，其实质是要求银行的大股东与政府共同分担银行重整的成本和损失，以减少公共资金在银行重整过程中的消耗和支出，同时亦有助于督促金融控股公司加强对其自身和银行的风险管理。

（三）我国确立金融控股公司加重责任的必要性讨论

根据我国现行法律的规定①，金融业总体上实行的是"分业经营、分业管理"的模式；不过，修改后的《商业银行法》第 43 条规定的"但书"，即"商业银行在中华人民共和国境内不得从事信托投资和证券经营业务，不得向非自用不动产投资或者向非银行金融机构和企业投资，但国家另有规定的除外"，使得在银行业的基础上组建金融控股公司具有了一定的法律空间。

自 2005 年中共中央十六届五中全会正式提出"稳步推进金融业综合经营的试点"开始，我国金融控股公司的发展历程已有十余年，金融跨业投资趋势日益明显。依据母公司的属性不同，我国的金融控股公司可以分为五类：第一类是非银行金融机构组建的金融控股公司，具有代表性的如中信控股有限责任公司、光大集团、平安保险股份有限公司等，此外，四大国有资产管理公司在完成国有商业银行不良资产处置的历史使命后，在政府的支持下，也已逐步转型为金融控股公司。第二类是由大型商业银行组建的金融控股公司，我国 5 家大型商业银行都通过控股方式，涉足证券、保险、信托等非银行金融业务领域，成为具有金融全

---

① 如《证券法》第 6 条规定：证券业和银行业、信托业、保险业分业经营、分业管理。证券公司与银行、信托、保险业务机构分别设立。《保险法》第 6 条：保险业务由依照本法设立的保险公司以及法律、行政法规规定的其他保险组织经营，其他单位和个人不得经营保险业务。

牌照的典型金融控股集团。第三类是由实业部门控股金融机构形成的金融控股公司，其中包括以复星集团、海航集团为代表的民营金融控股公司。第四类是地方政府或地方国资委发起设立的，以整合地方金融资源，促进地区产业发展为目标的地方政府金融平台公司。目前，各省和自治区几乎都建立了地方金控平台。第五类是近年来随着互联网金融平台的兴起而出现的以蚂蚁金融服务集团为代表的新型金融控股公司。

与金融控股公司如火如荼的发展态势相比较，我国对金融控股公司的监管仍处于起步阶段。2004 年"一行三会"联合发布的《中国银行业监督管理委员会、中国证券监督管理委员会、中国保险监督管理委员会在金融监管方面分工合作的备忘录》（以下简称《备忘录》）首次对金融控股公司的监管问题做出了初步性的制度安排；[1] 但这只是在现有金融监管架构下临时性地解决金融控股公司的监管机构缺位问题，内容简约，而且法律效力层级低。2009 年 9 月，财政部印发《金融控股公司财务管理若干规定》，对规范金融控股公司财务行为、防范和化解财务风险发挥了一定的作用，但并未从根本上解决金融控股公司监管法律缺位的问题。2018 年《政府工作报告》首次提出要"健全对金融控股公司监管"。中国人民银行行长易纲在 2018 年 3 月 25 日举办的中国发展高层论坛上表示，"少数野蛮生长的金融控股公司存在着风险，比如抽逃资本、循环注资、虚假注资以及通过不正当的关联交易进行利益输送等问题比较突出，带来跨机构、跨市场、跨业态的传染风险。"[2]

针对监管不足的情况下我国金融控股公司风险丛生的现实，国内有许多学者提出，我国应当在银行重整立法中引入金融控股公司的加重责任，当作为子公司的银行陷入困境或者失去清偿能力时，控股公司有义

---

[1] 《备忘录》第 8 条："对金融控股公司的监管应坚持分业经营、分业监管的原则，对金融控股公司的集团公司依据其主要业务性质，归属相应的监管机构，对金融控股公司内相关机构、业务的监管，按照业务性质实施分业监管。被监管对象在境外的，由其监管机构负责对外联系，并与当地监管机构建立工作关系。对产业资本投资形成的金融控股集团，在监管政策、标准和方式等方面认真研究、协调配合、加强管理。"

[2] 李国辉、张末冬：《易纲：中国有很好的条件做好金融风险防控工作》，《金融时报》2018 年 3 月 26 日第 1 版。

务帮助子公司补足资本金或恢复清偿能力。①

在研究我国是否需要建立金融控股公司的加重责任制度时，有两个问题需要进一步探讨：一是金融控股公司对作为其子公司的问题银行履行注资义务是否具有法律上的强制执行力，这需要对其他国家的立法例进行考察；二是我国现行法律体系中有没有其他的制度或者措施可以替代金融控股公司的加重责任，这需要对我国现行法律进行分析。以下分别就这两个问题展开讨论。

1. 对金融控股公司加重责任法律效力的域外考察

金融控股公司加重责任发轫于美国，美国属于判例法系国家。无论是资本维持承诺还是力量之源规则，围绕其是否具有法律强制执行力的问题，在实践中监管机构和金融控股公司各执一词，效力之争一直延续至今，其间法院的态度颇为耐人寻味。

在有关资本维持承诺的法律诉讼中，联邦银行监管机构一开始依据的是普通法上的合同理论，将资本维持承诺解释为储蓄与贷款控股公司和监管机构之间为维护作为第三方的银行的利益而签订的协议，并主张FDIC 作为接管人取得了银行的所有权利，因此有权要求做出承诺的储蓄与贷款控股公司实际履行其注资义务。但是监管机构的这一辩护理由并没有得到法院的支持，美国绝大部分法院认为，政府对资本维持承诺的界定突破了储蓄与贷款控股公司对其控股的储蓄机构以出资为限承担有限责任的传统法则，这种没有经过充分协商，又缺乏详尽书面条款的开放式注资承诺对储蓄与贷款控股公司不具有合同法上的强制力。②

从 1990 年开始，联邦银行监管机构改变了原有的诉讼策略，开始将资本维持承诺具有强制执行力的理由解释为监管机构对储蓄与贷款控股

---

① 参见姜立文《美国金融控股公司加重责任制度研究与启示》，《环球法律评论》2006 年第 6 期；吴丹波《构建我国金融控股公司加重责任制度的法律思考》，《企业经济》2006 年第 7 期；冯珍珍《浅议我国金融控股公司加重责任制度的构建》，《公民与法》（法学版）2014 年第 6 期。

② 法院在拒绝将资本维持承诺视为普通法上的合同时，阐释了不同的理由，主要包括：（1）银行控股公司在做出承诺时没有获得相应的对价；（2）从承诺的内容含混不清和书面文件证据的缺失可以推断出双方当事人没有就该承诺达成合意；（3）FDIC 不是合同法上适格的受益第三方。参见 Howell E. Jackson, "The Expanding Obligations of Financial Holding Companies", *Harvard Law Review*, Vol. 107, No. 3, 1994, pp. 507 – 619, 524。

公司采取的行政强制措施。根据《联邦存款保险法》的规定，如果储蓄与贷款控股公司存在下列行为：（1）违反联邦银行监管机构在同意储蓄与贷款控股公司提出的申请、预先通知或者其他要求时，以书面形式附加的任何条件；或者（2）与联邦银行监管机构之间订立的书面协议，适格的联邦银行监管机构有权发布禁止令，要求储蓄与贷款控股公司对其行为造成的损失予以归还、提供补偿、赔偿或担保，或者采取其他银行监管机构认为适当的行为。① 联邦银行监管机构认为，资本维持承诺可以归入前述发布禁止令的法定条件中所规定的"附加条件"或"书面协议"，因此自己有权要求储蓄与贷款控股公司依照资本维持承诺履行其对清偿能力不足的银行子公司的注资义务。虽然将执行资本维持承诺作为行政强制措施对待，使得监管机构增加了对这一制度的程序性控制，② 但是许多联邦上诉法院仍然拒绝接受这一新的解释思路。在 1993 年的山核桃投资公司和瓦赫特尔等人诉 OTS 案中，美国哥伦比亚特区联邦巡回上诉法院就认为，储蓄与贷款控股公司对其银行子公司的资本维持承诺必须受到《联邦存款保险法》第 8 条（b）款第（6）项（A）分项限制条件的约束，即除非银行监管机构能够证明储蓄与贷款控股公司不计后果地漠视了法律、条例以及监管机构先前发布的命令；或者储蓄与贷款控股公司就其不法行为获得了不正当利益，否则该资本维持承诺对储蓄与贷款控股公司就不具有法律拘束力。③

---

① U. S. C. , Article 1818（b）（1），（6）（A）（F）.

② 根据美国《联邦行政程序法》（Federal Administrative Procedure Act）和《联邦存款保险法》的规定，在适格的联邦银行监管机构决定是否发布禁止令之前，应当向当事人发出告诫通知，并举行由行政法官（administrative law judge）主持的听证会，行政法官有权根据听证会的案卷记录向监管机构提出裁决建议，但最后的决定权仍然掌握在监管机构手中。对监管机构发布的禁止令，联邦上诉法院有权进行司法审查。

③ 本案中，原告山核桃投资公司（Hickory Investments，以下简称投资公司）是位于田纳西州纳什维尔市的投资者联邦储蓄银行（Investors Federal Savings Bank of Nashville，Tennessee，以下简称储蓄银行）的控股股东，包括大卫·K. 瓦赫特尔在内的另外 5 名原告是投资公司的全体股东。1977 年，在 5 名原告取得投资公司的股权之前，储蓄银行向 FSLIC 申请加入联邦储蓄贷款保险基金，与此同时，投资公司也向 FHLBB 申请保留对储蓄银行的控制权。这两项申请都获得了批准，但是 FHLBB 在批准投资公司的申请时将开放式的资本维持承诺列为批复条款，投资公司的董事会随即通过了两项解决方案来践行 FHLBB 的批复。1979—1984 年，瓦赫特尔等 5 名原告先后取得了投资公司股权，投资公司向 FHLBB 发出控制权变更的通知，同时提出希望通过贷款

此路不通，再换一条。很快，联邦银行监管机构又在美国《破产法典》上找到新的法律依据。该法典第365条第（o）款规定："在进入本法第11章规定的重整程序时，破产管理人应当首先履行债务人向联邦银行管理机构（Federal Depository Institutions Regulatory Agency）[①]或者其前身做出的任何关于维持参保银行资本的承诺，立即填补该银行的资本不足；因债务人违反该承诺而产生的请求权具有本法第507条规定的优先权效力。"[②]因此，如果在FDIC对问题银行进行重整的同时，该银行的控股公司也进入了破产法上的重整程序，FDIC通常会援引前述《破产法典》的规定向法院起诉，要求该金融控股公司的破产管理人履行该公司之前为了其控股银行履行资本重整计划做出的保证并主张FDIC基于此项承诺所拥有的请求权优先于其他一般债权人。但是由于《破产法典》没有对

（接上页）的方式将其在储蓄银行的持股比例从73%提高至90%，FHLBB同意了投资公司的申请，但要求该公司的全体股东对储蓄银行做出资本维持承诺，5名原告向FHLBB寄送了书面承诺函。1986年，因为储蓄银行的资本净值水平下降，投资公司向监管机构申请通过资金借贷的方式向储蓄银行注资，后者再次以资本维持承诺作为附加条件予以批准，投资公司及其股东对这一附加条件进行了批注，表明其对储蓄银行资本净值的维持义务仅限于"尽力而为"（best efforts）的范围，这一限制性解释没有被监管机构接受。1989年，储蓄银行再次陷入财务困境，1990年1月30日，FHLBB的继任机构OTS向投资公司及其股东发出其违反资本维持承诺的告诫通知，1990年3月9日，OTS任命重组信托公司（Resolution Trust Corporation）接管储蓄银行并依据《联邦存款保险法》第8条（b）款第（1）项的规定，要求投资公司及其股东出资530万美元以填补储蓄银行的资本净值差额。美国哥伦比亚特区联邦巡回上诉法院经过审理，以投资公司及其股东不存在漠视法律义务和不当得利行为，OTS发布禁止令超越法律赋予的权限为由，撤销了该禁止令。Wachtel v. Office of Thrift Supervision, 982 F. 2d 581, 1993.

① 根据《破产法典》第101条第21B款的规定，"联邦银行管理机构"是指：（1）《联邦存款保险法》第3条（c）款第（2）项定义的参保银行在未被接管或者托管之前，适格的联邦银行监管机构；（2）对参加存款保险的信用社而言，无论其是否被接管或者托管，都是指NCUA；（3）被任命为参保银行接管人或者托管人的重组信托公司；（4）被任命为接管人或者托管人的FDIC。参见11U. S. C., Article 101（21B）。

② 该规定最早可追溯至1990年美国国会颁布的《综合节俭机构和银行欺诈检控及纳税人资金偿还法案》（Comprehensive Thrift and Bank Fraud Prosecution and Taxpayer Recovery Act of 1990），其立法目的是为了防止银行的关联方在因欺诈和管理不善而导致银行经营失败后，利用申请破产保护来逃避其对银行监管机构做出的对其控股银行的资本维持承诺。

第 365 条（o）款中的"承诺""维持"和"资本"等重要概念进行明确界定，金融控股公司对其银行子公司所做出的保证是否具有法律强制力在司法裁判中仍然具有不确定性。例如在 2001 年的 OTS 诉欧弗兰帕克金融公司一案中，美国联邦第十巡回上诉法院就认为《破产法典》第 365 条（o）款中规定的"承诺"是指"对某项事务答应照办的协议或者保证"，它无须满足合同法上的生效条件。因此，即使欧弗兰帕克金融公司单方做出的开放式资本维持承诺没有对价，仍然对承诺方具有法律拘束力，该公司的破产管理人应当依法履行该承诺。① 但是在 2012 年的 FDIC 诉 Am 信托金融公司案中，联邦第六巡回上诉法院却认为，银行控股公司所做出的，保证参保银行遵守其所提交的资本重整计划的承诺并不一定都构成《破产法典》第 365 条（o）款所规定的"维持参保银行资本的承诺"，也有可能只是银行控股公司对参保银行遵守重整计划负有监管职责的一般性表述，必须结合外部证据（Extrinsic Evidence）综合加以判断。② 对力量之源规则法律效力的司法审查同样步履艰难。尽管美联储坚持不

---

① 本案中，欧弗兰帕克金融公司（Overland Park Financial Corp.，以下简称弗兰克金融）在向 FSLIC 和 FHLBB 申请收购欧弗兰帕克储贷公司（Overland Park Savings & Loan Corporation，以下简称弗兰克储贷）时，由弗兰克金融的总经理向 FSLIC 签发了书面的承诺函，保证在必要时会向弗兰克储贷注入额外的资金以维持其资本净值符合法律的要求。1992 年 11 月，OTS 任命重组信托公司接管弗兰克储贷并对其实施重整，当时弗兰克储贷的风险资本存在 407.3 万美元的缺口。1994 年 7 月，弗兰克金融依据《破产法典》第 11 章向法院申请破产保护，OTS 援引《破产法典》第 365 条第（o）款的规定向破产法院提交动议要求弗兰克金融按照其做出的资本净值保证立即补足弗兰克银行的风险资本缺口，破产法院以该承诺不具有合同法上的强制力为由拒绝了 OTS 的动议申请，OTS 提出上诉，堪萨斯联邦地区法院审理后，以弗兰克金融的资本净值保证即为资本维持承诺，具有法律拘束力为由，撤销了破产法院的裁决并将案件发回破产法院重新审理；但同时认为 OTS 提出的索赔证明没有法律意义（mootness），双方当事人均提出上诉。联邦第十巡回上诉法院审理后维持了联邦地区法院撤销破产法院裁决的判决，撤销了联邦地区法院关于 OTS 提交的索赔证明没有法律意义的认定。In re Overland Park Financial Corp.，236 F. 3d 1246，C. A. 10（Kan.），2001.

② 本案中，Am 信托金融公司（以下简称 Am 金融）是 Am 信托银行（以下简称 Am 银行）的控股公司，OTS 在被撤销以前是这两家银行的主要监管者。2008 年 9 月，OTS 将 Am 银行的综合评级下调为 4 级并于同年 11 月 19 日，分别向 Am 金融和 Am 银行发出了禁止令，要求 Am 银行在 2008 年 12 月 31 日之前，将其资本水平恢复到资本充足率 12% 以上，核心资本充足率 7% 以上；同时要求 Am 金融提交一份维持 Am 银行资本水平的计划，并且"要求 Am 金融的董事会保证（ensure）该银行遵守对其发布的禁止令中的所有条款"，两家银行的董事会都依照规定披露了禁止令的内容而没有申请行政听证。2009 年 1 月，资产状况持续恶化的 Am 银行再次向 OTS 提交了通过银行重组减少高风险资产的计划，尽管该计划排除了 Am 金融向银行注资的可能性，还

懈地推行，但是联邦法院却并不买账。在前述 1989 年 MCorp 银行控股公司破产案中，美联储就曾依据力量之源规则发出告诫通知，指控 MCorp 银行控股公司的不安全和不稳健经营行为导致公司资产发生重大浪费，致使该公司无法成为其银行子公司的力量之源，并据此要求 MCorp 公司向其丧失清偿能力或者即将丧失清偿能力的银行子公司履行注资义务。但是联邦第五巡回上诉法院在审查联邦破产法院根据 MCorp 银行控股公司的申请所颁布的针对美联储的初步禁令（preliminary injunction）时，却指出《银行控股公司法》并没有授权美联储在批准商业银行控股公司收购银行股份或者资产的申请后再继续适用力量之源规则的权利，而且商业银行控股公司没有向其陷入困境的银行子公司进行注资也不构成《联邦存款保险法》第 8 条所规定的"不安全和不稳健行为"；因此，力量之源规则对银行控股公司不具有法律拘束力。[①]虽然联邦最高法院最后以尚未完结的行政程序不适用《破产法典》的自动冻结规则并且不受司法审查为由撤销了上诉法院的判决[②]，但却没有对力量之源规则的效力问题做出正面回应。

在《多德—弗兰克法案》将力量之源规则正式写入了《联邦存款保险法》后，力量之源规则的法律拘束力开始逐渐得到法院的承认；但是

（接上页）是获得了 OTS 的批准。2009 年 11 月 30 日，Am 金融向法院申请破产重整，4 天后 OTS 宣布 Am 银行破产并任命 FDIC 作为接管人。FDIC 依据《破产法典》第 365 条第（o）款的规定向法院申请支付令，认为 Am 金融同意担保 Am 银行遵守禁止令中包括资本充足率在内的全部条款是其向 OTS 做出的资本维持承诺，因此 Am 金融应当立即履行对 Am 银行的注资义务。俄亥俄州北部联邦地区法院审理后认为，OTS 向 Am 金融发出的禁止令内容模糊，其真实的意思表示应当是 Am 金融对 Am 银行恢复并维持符合 OTS 规定的资本充足率负有监管职责，而非资本维持承诺，据此法院驳回了 FDIC 的诉讼请求。FDIC 提出上诉，联邦第六巡回上诉法院审理后认为，OTS 向 Am 金融发出的禁止令中所包含的担保条款，在文字意义上存在两种合理的解释：一是资本维持承诺；二是对 Am 银行维持资本充足率负有监管职责。但是从 Am 金融没有向 OTS 签发书面的承诺函，以及 Am 银行向 OTS 提交的风险削减计划表明 Am 金融不会对银行进行注资等外部证据来看，后一种解释更具有合理性。据此，上诉法院维持了地区法院的判决。In re AmTrust Financial Corp. , 694 F. 3d 741, C. A. 6 (Ohio), 2012.

① MCorp Financial, Inc. v. Board of Governors Federal Reserve System of U. S. , 900 F. 2d 852, 1990.

② Board of Governors of Federal Reserve System v. MCorp Financial Inc. , 502 U. S. 32, 1991.

从目前司法实践的反馈来看，联邦法院的审查标准仍然非常严格。判例法坚持除非金融控股公司服从联邦监管机构依据力量之源规则发出的指令，明确承诺向陷入困境的银行子公司注入资本金或者提供担保，否则监管机构无权向法院申请对该指令的强制执行。例如在 2010 年的 FDIC 诉殖民银行集团公司案中，美国阿拉巴马中区联邦地区破产法院就认为：虽然殖民银行集团公司承诺作为殖民银行的力量之源并利用其财务和管理资源以保证殖民银行能够遵照禁止令的要求达到监管机构设定的资本充足率标准，但是该承诺的语言表述过于笼统和模糊，不能解释为其同意向殖民银行重新注资或者为殖民银行的资本充足率达标提供担保，因此不构成《破产法典》第 365 条第（o）款规定的"维持参保银行资本的承诺"，FDIC 无权要求殖民银行集团公司的破产管理人对殖民银行的资本不足承担填补责任。①

2. 金融控股公司加重责任与公司法人格否认的比较

我国《公司法》第 20 条第 3 款规定："公司股东滥用公司法人独立地位和股东有限责任，逃避债务，严重损害公司债权人利益的，应当对公司债务承担连带责任。""这是在成文法中最明确地规定公司法人格否认（揭开公司面纱）的立法例。"② 要求金融控股公司对作为子公司的问题银行承担加重责任，其实质就是在法律规定的特殊情况下，否认问题

---

① 本案中，殖民银行集团公司（Colonial BancGroup，以下简称殖民集团）是一家商业银行控股公司，殖民银行（Colonial Bank）是其全资子公司。2008 年 6 月 10 日，殖民银行从国民银行转为在阿拉巴马州注册的非美联储成员的州立银行，其主要的监管机构是阿拉巴马州银行业务部和 FDIC。2009 年 6 月 15 日，FDIC 和阿拉巴马州银行业务部向殖民银行（其综合评级此前已被降为 3 级）发出禁止令①，要求该银行在 2009 年 9 月 30 日之前将其资本充足率恢复至 12% 以上，核心资本充足率应在 8% 以上。2009 年 7 月 15 日，美联储和阿拉巴马州银行业务部向殖民集团发出禁止令②，要求殖民集团作为殖民银行的力量之源采取一切必要的措施以保证殖民银行能够遵照禁止令①的要求达到监管机构设定的资本充足率标准，殖民集团明确表示同意该禁止令的各项要求。2009 年 8 月 14 日，阿拉巴马州银行业务部宣布殖民银行破产并任命 FDIC 作为接管人，FDIC 通过购买与承接交易将破产银行的全部资产整体出售给 BB&T 公司（Branch Banking & Trust Company），并于 2009 年 9 月 29 日完成了对殖民银行的重整并购。2009 年 11 月 5 日，FDIC 以接管人的身份向阿拉巴马中区联邦地区破产法院（殖民集团向该法院提交了破产重整申请）提起动议，称殖民集团对禁止令②的同意构成《破产法典》第 365 条第（o）款规定的资本维持承诺，故殖民集团的破产管理人应当向作为接管人的 FDIC 履行其对殖民银行金额为 10 亿美元的注资义务。In re Colonial BancGroup, Inc. , 436 B. R. 713, 2010.

② 王保树、崔勤之：《中国公司法原理》，社会科学文献出版社 2006 年版，第 48 页。

银行的独立法人人格，追究股东的连带责任。两者虽然在本质目的上具有相似性，但在法律实施的细节处仍然存在差异。

从适用主体上看，加重责任制度只适用于作为问题银行控股股东的金融控股公司，而公司法人格否认适用于公司的所有股东，包括法人股东和自然人股东。从适用条件上看，加重责任关注的是作为子公司的问题银行的资本充足率或其他财务指标不符合监管机构设定的最低数值，或者出现重大经营风险，有倒闭破产的可能等情况；而公司法人格否认关注的是股东本身的行为，以股东滥用公司人格作为前提条件，主要包括设立空壳公司、公司资本严重不足、公司在形式上的形骸化、利用公司逃避合同义务或者法定义务，以及股东与公司或者姊妹公司之间发生混同等。从适用机制上看，金融控股公司的加重责任和公司法人格否认都只存在于具体的个案之中，是在"由公司形式所竖立起来的有限责任之墙上钻一个孔，但对被钻之孔以外的所有目的而言，这堵墙依然矗立着"①。最后，从责任追究方式上看，在公司法人格否认制度中，权益受到侵害的债权人可以直接向公司股东进行追索；而加重责任制度中要求金融控股公司承担连带责任的，却是负责问题银行破产处置的政府机构或其任命的管理人。

有鉴于此，笔者认为，美国法上的金融控股公司加重责任对于我们加强和完善金融控股公司立法具有以下五个方面的启示。

第一，确立加重责任有助于防范金融控股公司的道德风险。金融控股公司面临的道德风险主要来自两个方面。一是由股东有限责任原则引发的道德风险。利用母子公司在形式上相互独立的法律人格，金融控股公司可以通过其所控制的银行从事高杠杆性、高风险的金融业务以获得高额回报，而无须担心在业务失败时遭受银行债权人的追索。二是由存款保险制度引起的道德风险。即无论银行如何债台高筑，大部分的赔付责任最终是由政府和纳税人承担。特别是当银行陷入财务困境以后，其控股公司具有很强的冒险投机行为，目的也许是为了改善银行的资产状况，也许是因为预见到银行难以恢复稳健运营，所以放手进行赌博性投资，争取在失去对银行的控制权之前攫取更多的利益。确立加重责任制

---

① Mesler v. Bragg Management Co. (1985). 39 Cal. 3d 290, 300.

度，不仅能够有效控制金融控股公司对银行的控制权在有限责任原则与存款保险制度的双重作用下因缺少义务约束而引发的道德风险，而且从经济成本的角度考虑，也有助于弥补公共资金在银行破产处置中的损失，减轻政府的财政负担。

第二，确立加重责任有助于完善我国金融控股公司的监管体系。一个健全的金融监管体系是由外部的政府监管与金融机构内部的自律管理共同组成的。"金融控股公司作为现代企业经营模式中的'航母'，其本身就是规模经济、范围经济的产物"，特别是随着金融国际化发展的日益深入，政府对金融控股公司进行外部监管的难度和成本都在不断增加。监管当局开始越来越多地依靠公司集团内部的自律性管理来补充传统监管方式的不足，从而在监管者与被监管对象之间形成一种"公私结合机制"（public-private partnership）。加重责任就是美国联邦监管机构在实践中发展起来的一种公私结合的制度创新。确立加重责任，通过对金融控股公司进行经济施压来督促其主动加强对银行子公司的风险管理，可以在一定程度上提高监管效率，降低监管成本，同时也符合国际金融监管"公私结合"的发展趋势。

第三，确立加重责任需要明确其与公司法人格否认制度之间的关系。公司法人格否认制度（揭开公司面纱）起源于美国，而要求金融控股公司承担加重责任，其实质也是否认子公司独立的法人人格，追究其股东的连带责任。我国《公司法》第20条第3款对公司法人格否认做出了明确的规定，因此，在立法上引入加重责任需要首先厘清两者之间的关系。从美国的法律实践来看，一方面，加重责任与公司法人格否认存在差异。首先，加重责任只适用于金融控股公司，而公司法人格否认适用于所有类型的公司。其次，加重责任以作为子公司的银行陷入财务困境为触发条件；而公司法人格否认以股东滥用公司人格为前提。最后，要求金融控股公司承担加重责任的是银行的监管机构；而在公司法人格否认制度中，权益受到侵害的债权人可以直接向股东进行追索。另一方面，加重责任与公司法人格否认也存在同时适用的可能性。例如当金融控股公司滥用控制权而导致其银行子公司发生破产倒闭时，负责该银行破产处置的 FDIC 可以要求控股公司承担加重责任，不在存款保险范围内的债权人或者未在存款保险中获得足额赔付的存款人也可以利用公司法人格否认制度追究控股公司的连带责任。

第四，构建加重责任制度需要在立法上明确其适用条件和责任范围。与监管机构和国会在推动加重责任立法上的大刀阔斧不同，联邦法院在司法审查中却迟迟不肯承认金融控股公司加重责任具有强制执行力。最主要的原因还是考虑到股东有限责任这一公司法的基础性原则不能轻易动摇。特别是在加重责任的适用条件和责任范围尚不确定的情况下，不能贸然赋予公权力干预私权利关系的合法性。美国法院作为判例法的缔造者，其在司法审查中表现出来的这种审慎的态度值得借鉴。因为中国的国家—社会模式长期处于"强国家—弱社会"的状态，在其传统权力体系中匮乏"社会独立于国家之外，并获得不受国家干预的自主权利的观念和理论"。加上我国的经济体制改革主要是在政府的主导下，通过自上而下的方式贯彻实施的，使得我国在构建金融控股公司加重责任时所面临的一个首要问题，是如何将公权力对私权利的干预限定在合理范围之内。笔者认为，在立法上明确加重责任的适用条件和责任范围是解决这个问题的第一步。从适用条件来看，美国联邦法院的态度是比较明确的，即除非金融控股公司明确、具体地做出承诺，将向陷入困境的银行子公司注入资本金或者提供担保，否则监管机构无权向法院申请强制执行。至于责任范围，虽然需要监管机构在个案中综合考虑问题银行财务状况的恶化程度、存款保险基金的支出金额以及金融控股公司自身的稳健经营等因素来确定，但《联邦存款保险法》对控股公司承担加重责任的最高限额做出了明确规定，为金融监管机构行使自由裁量权划定了合理的区间和界限，有效防止了竭泽而渔的情况发生。

第五，构建金融控股公司加重责任制度需要强化法院的司法审查职能。这是防止公权力不当干预私权利的第二个步骤。从执行的角度来看，尽管金融控股公司的加重责任已经在美国法上正式上升为一项法定义务；但如果控股公司拒绝履行注资义务或者向 FDIC 承担赔付责任，监管机构自身并没有强制处分控股公司股份或者资产的权利，而是必须由法院通过实质性的司法审查，以颁布执行令或禁止令的方式进行。这种将加重责任施行牢固建立在司法制约之下的做法对于我国构建金融控股公司加重责任制度具有特别重要的意义。我国的金融监管机构对行政强制权的行使虽然也奉行"法院执行为主，行政机关执行为辅"的模式，但是法院对监管机构的决定只进行形式上的审查，行政强制权在行使过程中受到的约束非常少。而且，立法关于金融监管机构行政强制实体权力的规定名目繁多，但缺乏具体实施规则，而对于制约金融监管机构行政强制权行使的规定却几乎完全处于空白状态，由此导致实践中监管机构对行政强制权的行使常常偏离了法治的轨道，侵犯行政强制相对人合法权益的情况时有发生。在这样一个大环境下对加重责任进行法律移植，必须强化法院的司法审查职能，改"诉讼不停止执行"的做法为"先诉讼后执行"，并将传统的形式审查提升为实质审查，通过引入双方当事人对抗辩论环节、具备金融领域专业知识的人民陪审员等程序性设置，来加大司法权对加重责任强制施行的监督和制约力度。否则，如果只是简单规定监管机构有权在金融控股公司拒不承担加重责任时采取强制措施，则无疑是在我国公权力干预与私权利保护本已失衡的天平上又压上了一枚沉重的砝码，增加了公权力多度扩张而对私人利益进行不合理侵夺的危险。

二 问题银行的自救安排

在 2007 年金融危机中，欧洲各国政府为维护金融体系的稳定，不得不向陷入困境的银行提供巨额的公共资金援助，由此引发了广大纳税人的强烈不满。为解决"太大而不能倒"的问题，欧洲议会和理事会于 2014 年 5 月 15 日发布了《欧洲银行复苏与清算指令》（Bank Recovery and Resolution Directive，简称 BRRD），各成员国被要求在 2014 年 12 月 31 日之前必须通过立法或者修法将包括建立银行自救安排（Bail-in）等在内的 BRRD 主要条款，纳入国内法。[1] 所谓银行自救安排，是指根据合同约定或者法律规定，对该银行特定类型的债务进行减计或者将其直接转换

---

① Directive 2014/59/EU of the European Parliament and of the Council of 15 May 2014, Establishing a Framework for the Recovery and Resolution of Credit Institutions and Investment Firms and Amending Council Directive 82/891/EEC, and Directives 2001/24/EC, 2002/47/EC, 2004/25/EC, 2005/56/EC, 2007/36/EC, 2011/35/EU, 2012/30/EU and 2013/36/EU, and Regulations (EU) No 1093/2010 and (EU) No 648/2012, of the European Parliament and of the Council, Official Journal of the European Union, June 12, 2014, Chapter IV, Section 1, Article 37, Section 5, Article 43 – 55, pp. 190 – 348 (256).

为银行普通股，以增强问题银行损失吸收能力的制度安排。

（一）银行自救安排在英国银行重整立法中的实现

为了遵守 BRRD 对欧盟各成员国的要求，[①] 英国通过 2013 年《金融服务（银行业改革）法》和 2014 年《2009 年〈银行法〉（特殊自救条款限制条件）指令》（该指令于 2015 年 1 月 1 日起生效）等一系列法案的出台，在银行破产制度中首次引入了问题银行自救安排，并使其成为除向私营机构转让、过渡银行和临时国有化之外的第四项稳定化措施，[②] 从而在银行重整的损失分担问题上，建立起了公共资金与私人资金双管齐下、共同分担的制度模式。正如英格兰银行特殊处置部（Special Resolution Unit）主管安德鲁·格雷西（Andrew Gracie）女士 2012 年 9 月 17 日在英国银行家协会发表的公开演讲中所言，在英国的银行破产法律制度和实践中，银行自救安排并不只是一个单纯的损失分担机制，它往往是与其他银行稳定化措施结合起来使用，在银行破产法领域发挥着像美国《破产法典》第 11 章那样的功效，保证问题银行的主要金融功能在重整过程中能够持续。[③]

根据实施途径不同，BRRD 规定的银行自救安排包括合同式自救安排和法定自救安排两种类型。合同式自救安排是指在银行发行的债务工具中，含有在一定条件下进行债转股或者债务减记的合同条款，一

---

① 2016 年 6 月 23 日，英国公投脱欧。2017 年 3 月 16 日，英国女王伊丽莎白二世批准"脱欧"法案，授权英国首相特蕾莎·梅（Theresa May）正式启动脱欧程序。根据英国政府 2018 年 7 月 12 日发布的脱欧白皮书［全名为《英国与欧盟未来的关系》（The Future Relationehip between the United kingdom and the European Union）］，英国政府放弃了与欧盟之间相互承认金融服务的想法，期待建立新的安排，强调脱欧之后，在英国与欧盟各自享有改革和调整自身监管环境的自主权的前提下，强化双方的监管合作与协调。考虑到英国很多银行业监管规则源自欧盟，部分监管规则的变化将取决于英国政府与欧盟未来的关系。目前，相关银行业监管法规仍然保持不变。

② 根据 2013 年《金融服务（银行业改革）法》附件 2 关于 2009 年《银行法》修正案的规定，债权人自救规则成为一项新的稳定化措施，但是因为临时国有化仍然是银行重整最后的救助措施，所以法律关于这四项稳定化措施的排序依次是：（1）向私营机构转让；（2）过渡银行；（3）自救选择；（4）临时国有化。Financial Services（Banking Reform）Act 2013, Schedule 2, Bail-in Stabilization Option, Part 1, Amendments of Banking Act 2009, paragraph 12.

③ Andrew Gracie（Director, Special Resolution Unit, Bank of England）, "A Practical Process for Implementing a Bail-in Resolution Power", Speech at the British Bankers' Association, London, 17 September 2012, available at http://www.bankofengland.co.uk/publications/Pages/speeches/default.aspx, last visit at 2018.07.15.

且前述合同条件被触发，债务工具将直接被减记或者自动转换为该银行的普通股。① 法定自救安排是指处置当局在银行重整的过程中，有权对问题银行的债权人施加强制性的债转股要求或者无须取得债权人同意即对银行的债务进行减记。在英国的法律实践中，已有合同式自救安排的个案出现，例如 2009 年劳埃德银行发行的"增强型资本票据"（Enhanced Capital Notes）就包含了一个自动转换条款，即当劳埃德银行的核心一级资本/风险加权资产低于 5% 时，其所发行的这些债券将会自动转化为该银行固定数量的普通股。② 2013 年《金融服务（银行业改革）法》对 2009 年《银行法》做出修改，将法定自救安排作为与向私营机构转让、过渡银行和临时国有化并列的一项稳定化措施，正式引入了英国的银行重整制度。当法定自救安排的启动条件被触发后，英格兰银行有权制作并签发处置文书（resolution instrument），对问题银行特定类型的债务进行强行减计或者将其转换为该银行的普通股，而无须取得银行股东或者债权人的同意。在判断问题银行是否符合法定自救安排的触发条件时，法律要求英格兰必须将维护英国金融系统的稳定和公众信心，保护存款人和银行其他相关客户权益等公共利益因素纳入考虑范围；并且在做出决定之前，英格兰银行还必须与 PRA、FCA 和财政部进行协商。③ 虽然从英国目前的立法情况来看，合同式自救安排的法律效力尚未正式写入 2009 年《银行法》，但是 PRA 已经就修改监管规则并引入合同式自救安排提出了相关法律草案。④

从适用对象上来看，并非所有的银行债务类型都适合纳入法定自救

---

① 尹亭:《商业银行自救债的法律问题：理念、原则和要素》,《商业研究》2013 年第 12 期。

② 2009 年年底，劳埃德银行为了满足当时英国监管当局的压力测试要求，于伦敦交易所发行了无限期的增强型资本票据，也称为"或有资本工具"（Contingent Capital Securities）。该资本工具由劳埃德集团的非经营性子公司发行但由劳埃德集团提供无条件不可撤销担保，并选择了劳埃德集团的核心一级资本充足率低于 5% 作为触发事件。

③ Financial Services（Banking Reform）Act 2013, Schedule 2, Bail-in Stabilization Option, paragraph 3；Banking Act 2009, Section 8A.

④ PRA, Bank of England, "Implementing the Bank Recovery and Resolution Directive", Consultation Paper CP13/14, July, 2014, Appendix 5, *Contractual Recognition of Bail-in*, available at http://www.bankofengland.co.uk/pra/Pages/publications/cp/2014/cp1314.aspx, last visit at 2018.07.15.

安排的范围之中。根据修改后 2009 年《银行法》的规定，下列问题银行的债务被排除在了自救安排的适用范围之外：（1）由 FSCS 承保的银行存款；（2）担保债务；（3）问题银行以代理人或者受托人身份持有客户资产而产生的债务；（3）对其他银行或者投资公司的负债，并且距离初始到期日不足 7 天；（4）因参与结算系统而产生的债务；（5）对中央对手方的负债；（6）雇员（包括在职的和离职的）的薪金或者其他报酬（可变报酬除外）；（7）因退休金计划而应向雇员（包括在职的和离职的）支付的退休金或者其他福利（非固定福利除外）；（8）问题银行因其提供的产品或者服务（金融服务除外）而向其客户承担的，对银行业务的日常运作而言具有重要意义的责任。① 上述银行债务之所以被"拒之门外"，主要有两个方面的原因，一是该类债权通常可以在银行破产清算中得到足额清偿或赔付而不会发生损失，例如被 FSCS 覆盖的存款和担保债务等；二是如果将其纳入自救安排的范围，可能加速问题银行的破产和民众信心的崩溃，破坏银行业甚至金融系统的稳定。法定自救安排的标准运作流程如图 5—2 所示。

在英国银行重整立法所确认的法定自救安排制度框架中，有三个问题需要特别注意。一是银行股份和债务减计的先后顺序，以及不同类型债务转换为银行普通股的转换率。在进行减计时，法律要求问题银行的股东和债权人按照其从银行破产清算程序中从后至前的受偿顺序分担银行重整中发生的损失，依次为普通股→优先股→无担保次级债券→无担保普通债务。在进行债转股处理时，法律要求不同类型的债务按照其在银行破产清算程序中从前至后的受偿顺序，适用由高到低的转换率，逐级转换为问题银行的普通股，转换率从高到低依次为无担保普通债务→无担保次级债务。二是问题银行股东和债权人的权益保护问题。在英国目前的银行法定自救安排机制下，英格兰银行减计问题银行的股份或者进行债转股具有强制性，无须事先取得银行股东或者债权人的同意，因

_____

① Financial Services（Banking Reform）Act 2013, Schedule 2, Bail-in Stabilization Option, paragraph 4; Banking Act 2009, Section 48B（8）, 48D. 前述法律规定自 2014 年 12 月 31 日起生效，参见 The Financial Services（Banking Reform）Act 2013（Commencement No. 7）Order 2014, 2014 No. 3160, Section 2。

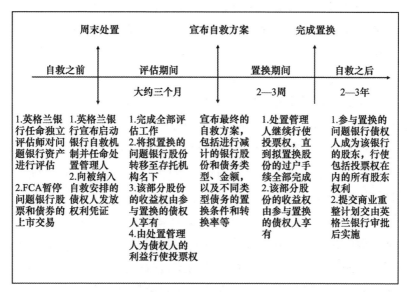

图5—2　英国银行自救机制的运作流程（以银行无担保债券为例）

此必须保证参与自救安排的问题银行股东和债权人，不会因此而获得比问题银行直接进入破产清算更少的收益（No Shareholder or Creditor Worse off）。为了实现这一目标，2014年《2009年〈银行法〉（自救之后损失赔偿安排）实施细则》明确规定，英格兰银行必须任命独立评估师对此进行核算，如果评估师经过比较后发现该银行股东或者债权人的权益将因为自救安排而直接受到影响，则财政部应当签发相关方赔偿令（Relevant Compensation Order）对利益受到损害的银行股东或者债权人进行补偿。①此外，根据2014年《2009年〈银行法〉（特殊自救条款限制条件）指令》的规定，抵消协议和净值结算协议所涉及的银行债务应当被视为"受到保护的债务"（Protected Liabilities），除非已被前述协议明确排除在保护范围之外，否则不应当纳入银行自救安排的范围。② 三是公共资金支持与银行自救机制分担银行重整损失的比例和顺序问题。依照BRRD的

---

① The Banking Act 2009（Mandatory Compensation Arrangements Following Bail-in）Regulations 2014, 2014 No. 3330, Section 5 – 7.

② The Banking Act 2009（Restriction of Special Bail-in Provision, etc. ）Order 2014, 2014 No. 3350, Section 4.

要求，如果对问题银行实施重整，各成员国的立法应当首先安排由银行的股东和债权人对银行重整过程中产生的损失通过自救机制予以承担，责任下限为损失总额的8%；如果在重整过程中还需要提供额外的资金支持，可以由监管当局从公共资金中予以划拨，通常情况下公共资金所承担的损失额度不能超过损失总额的5%。① 英国财政部在其公布的《〈欧洲银行复苏与清算指令〉实施细则》中，亦明确表示其国内法将遵照BRRD 的前述条款，严格限制公共资金在问题银行重整过程中的使用条件和使用额度，仅在涉及重大公共利益的情况下才会作为分担机制中的例外性规定予以援引。②

（二）我国银行重整立法引入问题银行自救安排的可能性讨论

从英国问题银行自救安排的法律规定和实践操作可知，银行自救安排可以通过两种途径进行：一种是合同式自救安排，即银行在发行自救债务工具时与购买者约定，当触发条件得到满足时，无须取得债券持有人同意，债务工具即应当按照一定的比例转换成银行的股份或者直接予以核销而不再向债权人进行清偿；另一种是法定自救安排，即通过立法的方式，规定在特定条件下监管机构或其任命的接管人无须取得债权人同意，即可以强制性地将问题银行的相关债务转换成股份或者直接予以核销。合同式自救安排的优点是不需要在法律层面预先做出修改或调整，而交由市场主体自由协商决定；缺点在于这种自救方式只适用于有事先约定的债务工具持有人。③ 法定自救安排的优点是可以将银行的大部分债务类型纳入自救安排的范围，也不需要与债权人签订转换条款；缺点是需要对此进行专门立法或修改现行法律，对监管当局进行明确授权。

银行自救机制产生的契机，是为了方便监管当局在对那些具有系统

---

① Directive 2014/59/EU of the European Parliament and of the Council of 15 May 2014, Establishing a Framework for the Recovery and Resolution of Credit Institutions and Investment Firms and Amending Council Directive 82/891/EEC, and Directives 2001/24/EC, 2002/47/EC, 2004/25/EC, 2005/56/EC, 2007/36/EC, 2011/35/EU, 2012/30/EU and 2013/36/EU, and Regulations (EU) No 1093/2010 and (EU) No 648/2012, of the European Parliament and of the Council, Official Journal of the European Union, June 12, 2014, Chapter IV, Section 1, Article 37, paragraph10 (a); Article 44, paragraph 5 (b), 7, pp. 257, 270.

② HM Treasury, Transposition of the Bank Recovery and Resolution Directive, July 2014, Section 11. 35 – 11. 36.

③ 李文泓、吴祖鸿：《自救安排及其在我国的应用》，《中国金融》2011 年第 6 期。

重要性的问题银行进行重整或者清算时，通过对银行股东和债权人施加损失分担的要求，来减少公共资金的支出和避免纳税人的风险暴露。在我国的银行重整损失分担机制中引入自救安排，主要具有以下三个方面的优势：首先，银行重整的处置成本由私人和国家共同承担，有利于减少政府在问题银行重整中的公共资金支出；其次，有助于减轻问题银行的债务负担，增加其重整成功的可能性；最后，可以督促银行及其管理层加强风险自控，防范银行的道德风险，结束因"太大而不能倒"所产生的金融机构及其高管绑架政府的恶性循环。

早在 2011 年，时任银监会主席刘明康接受记者采访时曾明确表示："债务工具可以在监管者拉响警报的时候，强制转为普通股，承担损失。不能像这次危机中，美国财政部、美联储动用了大量资金抢救银行，普通股缩水，银行国有化，股东被'剃头'，但债权人照样分红、分利息，安然无恙。"① 但是在我国现行的法律环境下，无论是合同式自救安排，还是法定自救安排，在进行制度移植时都面临着一些障碍，吸收这些规则需要对现有的法律体系做出重大修改或者突破。

就合同式自救安排而言，银行尽管可以通过订立金融合约的方式与债券购买者约定，当特定种类的债券符合触发条件时，对相关债务直接予以核销或者自动进行债转股的处理；但是根据《中华人民共和国证券法》（以下简称《证券法》）的规定，公开发行公司债券必须符合法律、行政法规规定的条件，上市公司发行可转换为股票的公司债券，除应当符合第 1 款规定的条件外，还应当符合本法关于公开发行股票的条件。② 此外，根据《公司法》的规定，上市公司发行可转换为股票的公司债券的，应当按照其在公司债券募集办法中规定的具体转换办法向债券持有人换发股票，而且最为重要的一点，债券持有人对转换股票或者不转换股票有选择权。③ 值得注意的是，2012 年 12 月 7 日，银监会发布了《关于商业银行资本工具创新的指导意见》（以下简称《指导意见》），对商

---

① 赵静婷、冯哲：《银监会研究银行自救安排机制》，2018 年 7 月 15 日，财新网（http：//finance. caixin. com/2011 – 02 – 23/100228326. html）。

② 参见《证券法》第 10、16 条。

③ 参见《公司法》第 161、162 条。

业银行发行非普通股新型资本工具，包括含有减计条款和转股条款的资本工具及其相应的触发事件做出了明确规定；但从法律规范的效力层级上看，显然不能与《公司法》和《证券法》相提并论，只能对实践产生一定的指导作用。此外，合同式自救安排得以有效实施离不开高度发达的证券市场，直白地说就是要有成熟的投资者愿意购买银行发行的自救债务工具；而我国的金融资源由银行高度垄断，证券市场发育较慢，形成合同式自救安排的买方市场尚需一段时日。因此，可以考虑将《指导意见》中的相关内容先在《公司法》《证券法》等法律中得到落实，同时大力促进证券市场的发展，使得合同式自救安排在我国银行重整中能够发挥其应有的效用。

法定自救安排同样面临法律障碍。首先，在银行没有进入破产清算程序前，未经债权人同意，强制性核销其债权不仅缺乏法律依据，而且违反了《企业破产法》的基本规定。其次，在未与债权人达成一致意见的情况下，直接将其债权转化为问题银行的股权，同样缺乏法律依据的支持。如果未来银行重整立法中引入法定自救安排，在进行制度构建时需要特别注意以下三个方面的问题。

首先，明确可被强制减计或者转换为银行股份的债务类型，参考英国2009年《银行法》的规定和我国的实际情况，笔者认为，下列银行债务应当被排除在法定自救安排的债务类型范围之外：（1）公众存款；（2）设定了物权担保的债务（包括抵押担保和质押担保）；（3）距离还款期限不到一个月的短期债务；（4）银行以代理人或者受托人身份持有的客户的财产或资金；（5）尚未向银行雇员（包括在职的和离职的）支付的工资、报酬或其他固定薪酬；（6）因支撑银行业务日常运作而产生的债务，例如电话费、网络使用费、物业管理费、租金，以及房屋维修和保养所需费用等；（7）因税收、社会保障、住房公积金而产生的债务。除了以上列举的债务以外，其他债务原则上都可以被纳入减计或者可转债的范围。

其次，应当确定银行不同类型的债务进行减计的先后顺序，以及不同类型债务转换为银行普通股的转换率。问题银行的股东和债权人应当按照银行破产清算程序中从后至前的受偿顺序，按照普通股→优先股→无担保次级债券→无担保普通债务的顺序进行减计。在进行债转股处理时，不同类型的债务应当按照银行破产清算程序中从前至后的受偿顺序，即无担保普通债务→无担保次级债务，依次适用由高到低的转换率，逐级转换为问题银行的普通股。

最后，法律应当建立起对自救安排下问题银行股东和债权人的权益保护机制。在法定自救安排下，监管机构减计问题银行的股份或者进行债转股时具有强制性，无须事先取得银行股东或者债权人的同意，因此必须保证参与自救安排的问题银行股东和债权人，不会因此而获得比问题银行直接进入破产清算更少的利益分配。为了实现这一目标，监管机构必须任命独立的社会中介机构对问题银行的清算价值进行核算，如果评估结果认为该银行股东或者债权人的权益将因为法定自救机制的实施而直接受到影响，相关政府部门应当使用公共资金对利益受到损害的银行股东或者债权人进行补偿。

结 束 语

　　伯尔曼在《法律与革命》中指出："法律的发展被认为是具有一种内在的逻辑；变化不仅是旧对新的适应，而且也是一种变化形式的一部分。变化过程受某种规律的支配，在这种过程反映一种内在的需要。"① 回顾我国银行业改革发展 30 多年以来的历程，问题银行的风险处置工作，由于缺少银行市场退出的法律机制，长期以来只能依靠政策调整和行政命令来指导实践。在"个案谈判，一事一议"模式下，不仅行政干预色彩浓厚、处置效率低下，而且经常因为处置程序不公开而受到暗箱操作、利益输送和不当交易的质疑和诟病。与此同时，问题银行的风险化解缺少法定的损失分摊机制，严重依赖公共资金的投入，严重弱化了市场纪律的硬约束。中国人民银行于 2005 年 11 月首次发布了《中国金融稳定报告》，该报告明确指出，金融稳定并不追求银行的"零倒闭"，而是要建立一个能使经营不善的银行被淘汰出局的机制。对严重资不抵债、无法持续经营的银行，应当按市场化方式进行清算、关闭或重组。②

　　由于银行破产的快速传导性、负外部性及其与公共利益之间的密切关系，各个国家和地区在对问题银行进行风险处置时通常会竭尽全力避免对其直接进行破产清算。而将旨在挽救问题银行可持续经营价值的重整制度作为首选方案优先考虑。从其他国家和地区的立法例来看，银行重整主要有三种立法模式：一是司法型重整模式，即银行重整沿用普通

---

① ［美］哈罗德·J. 伯尔曼：《法律与革命》，贺卫方译，中国大百科全书出版社 1993 年版，第 11 页。

② 中国人民银行：《金融稳定报告（2005）》，2018 年 7 月 15 日（http://www.gov.cn/jrzg/2005 - 11/07/content_93127_2. htm）。

破产法上的重整程序，并由法院主导重整进程；二是监管型重整模式，即银行重整适用银行法中的特殊重整程序，由监管部门或者存款保险机构主导重整进程；三是混合型重整模式，是一些原来采用司法型重整模式的国家在 2007 年金融危机爆发后修改本国的银行破产立法时所建立起来的。不同的银行重整立法模式就其自身而言，并没有明显的优劣之分。因此在进行制度构建时必须结合本国实际情况做出选择，不能生搬硬套。

我国的金融市场结构属于典型的银行导向型，以大型商业银行为主导的银行业金融机构垄断了市场上的大部分金融资源，但民间资本进入银行业却面临着重重困难和层层壁垒。而且，我国的市场经济体制改革主要是在政府的主导和推动下，通过自上而下的方式贯彻实施，行政权对问题银行处置的干预不仅仅是实践中一以贯之的做法，同时也与民众服从政府管理和接受政府安置的传统观念，以及法律的父爱主义情结密切相关。综合以上因素，笔者认为，中国未来的银行重整立法应当采取混合型重整模式，把通过接管程序在监管机构主导下进行的重整作为银行重整的核心，将法院主导下的司法重整程序作为银行重整的配套措施。接管的目的有三个：一是稳定金融秩序；二是清查被接管银行的财产状况；三是在被接管银行有重建希望的前提下，采取各种措施在银行原有的法律人格框架内或者以新的公司或其他公司组成部分的形式，最大限度地保存和挽救银行的可持续经营价值。监管机构在决定是否启动银行接管程序时，除了考察普通破产法上的重整原因，还必须引入监管性标准。接管程序启动后，如果一时之间难以在市场上寻找到合适的银行对问题银行实施并购，接管人可以考虑通过购买与承接交易的方式，将问题银行的资产作为一个独立的经营实体对外转让，同时由收购这部分资产的银行承接问题银行的全部或者部分存款类负债；问题银行的剩余资产则交由接管人继续处理。此时，有两种方案可供选择：一是直接向法院申请对"剩余银行"进行破产清算；二是向法院申请对"剩余银行"依照《企业破产法》上的重整程序进行二次重整。之所以在银行重整的法律制度框架中赋予司法重整以辅助地位，其目的一方面是为了保护"剩余银行"债权人的合法权益，另一方面是充分利用银行牌照这一稀缺资源，为民间资本进入银行业另辟蹊径。对于那些可能引发系统性危机的大型商业银行而言，一旦陷入困境，由于银行资产规模庞大，业务构成过于复杂，短时间之内不仅很难在市场上寻找到合适的银行对其实施并购，同时也不便于通过购买与承接的方式实现对银行存款类负债的转移。为了避免金融服务的中断，监管机构可以选择设立过渡银行，接收该问题银行全部或者部分的营业、资产和负债，以争取更充裕时间来制订最终的重整方案。在银行重整期间，存款保险机构是否可以担任问题银行的接管人以及是否可以利用存款保险基金为问题银行提供营业援助，除了最小成本原则的考量，还有很重要的一个前提条件取决于对保险事故发生时机的认定。

一个合理的银行重整损失分担机制，不能只依靠公共资金的无限度支出，问题银行的债权人和股东也应当共同承担损失。对于金融控股公司加重责任的讨论十分热烈，但是从该项主张在国外司法裁判中历经艰难才获承认的记录来看，对其突破公司法上股东有限责任原则仍然应当保持谨慎的态度。相较而言，问题银行的自救安排更容易为债权人所接受。从我国目前的法制环境和市场环境来看，无论是合同式自救安排，还是法定自救安排，在移植的过程中均面临着一定的法律障碍。如果想要这些制度设计发挥其实际功效，不仅需要在立法上因地制宜地进行调整或者修改，同时也有赖于金融市场的进一步发展与成熟。

2017年11月，经党中央、国务院批准，国务院金融稳定发展委员会成立。2018年3月，国务院机构改革方案出炉，银监会、保监会合并组建中国银行保险监督管理委员会，两家监管机构重要法律法规草案和审慎监管基本制度的拟订权划归中国人民银行。自此，中国金融监管"一委一行两会"的新框架正式落地。在央行统筹银保行业监管法，监管机构专注于监管执行的格局下，以重整制度为核心的银行破产法律体系的构建，还有许多研究工作需要展开。

参考文献

一　专著

（一）中文专著

白钦先、刘刚、郭翠荣：《各国金融体制比较》第 2 版，中国金融出版社 2008 年版。

陈颖、黄达：《商业银行市场准入与退出问题研究》，中国人民大学出版社 2007 年版。

程春华：《破产救济研究》，法律出版社 2006 年版。

丁文联：《破产程序中的政策目标与利益平衡》，法律出版社 2008 年版。

贺丹：《破产重整控制权的法律配置》，中国检察出版社 2010 年版。

黄毅：《银行监管法律研究》，法律出版社 2009 年版。

黄毅：《中华人民共和国银行业监督管理法讲座》，中国法制出版社 2004 年版。

霍敏、奚晓明：《破产案件审理精要》，法律出版社 2010 年版。

黎四奇：《金融监管法律问题研究：以银行法为中心的分析》，法律出版社 2007 年版。

黎四奇：《我国银行法律制度改革与完善研究》，武汉大学出版社 2013 年版。

刘伟光：《中国破产管理人制度设计研究》，大连出版社 2009 年版。

刘明康：《中国银行业改革开放 30 年（1978—2008）》（上、下册），中国金融出版社 2010 年版。

刘仁伍：《金融机构破产的法律问题》，社会科学文献出版社 2007 年版。

李飞：《当代外国破产法》，中国法制出版社 2006 年版。

李金泽：《银行业法国际比较》，中国金融出版社2008年版。

李婧、何勤华：《中国近代银行法研究（1897—1949）：以组织法律制度
为视角》，北京大学出版社2010年版。

李仁真：《欧盟银行法研究》，武汉大学出版社2006年版。

李永军：《破产法——理论与规范研究》，中国政法大学出版社2013
年版。

李永军：《破产法律制度：清算与再建》，中国法制出版社2000年版。

彭韶兵、邢精平：《公司财务危机论》，清华大学出版社2005年版。

阙方平：《有问题银行处置制度安排研究》，中国金融出版社2003年版。

沈莹：《托管的理论与实务》，经济科学出版社2000年版。

沈宗灵：《法理学》第3版，北京大学出版社2009年版。

史纪良：《银行监管比较研究》，中国金融出版社2005年版。

孙国华、朱景文：《法理学》，中国人民大学出版社1999年版。

汤唯建：《破产程序和破产立法研究》，人民法院出版社2001年版。

陶鹤山：《市民群体和制度创新——对中国现代化主体的研究》，南京大
学出版社2001年版。

王卫国：《破产法精义》，法律出版社2007年版。

王卫国：《银行法学》，法律出版社2011年版。

王新欣：《破产法》第2版，中国人民大学出版社2007年版。

王新欣：《破产法理论与实务疑难问题研究》，中国法制出版社2011
年版。

王志伟编著：《西方经济学流派》，北京大学出版社2002年版。

巫文勇：《银行市场退出中的国家救助法律制度研究》，中国政法大学出
版社2012年版。

吴林涛：《涅槃抑或坠落——论商业银行破产重整制度》，法律出版社
2014年版。

吴敏：《论法律视角下的银行破产》，法律出版社2010年版。

吴志攀：《商业银行法务》，中国金融出版社2005年版。

熊伟：《银行监管权边界问题研究》，法律出版社2013年版。

姚长辉：《货币银行学》第2版，北京大学出版社2002年版。

杨松：《银行法律制度改革与完善研究》，北京大学出版社2011年版。

杨忠孝：《破产法上的利益平衡问题研究》，北京大学出版社 2008 年版。

杨志龙：《当代西方经济学主要流派》，甘肃人民出版社 2008 年版。

尹正友、张兴祥： 《中美法律破产制度比较研究》，法律出版社 2009
　　年版。

张继红：《银行破产法律制度研究》，上海大学出版社 2009 年版。

张杰：《经济变迁中的金融中介与国有银行》，中国人民大学出版社 2003
　　年版。

张文显：《法理学》，高等教育出版社 1999 年版。

张育军：《金融危机与改革》，中信出版社 2014 年版。

张媛：《跨国破产法律制度研究》，吉林大学出版社 2012 年版。

中央马克思恩格斯列宁斯大林著作编译局编：《马克思恩格斯选集》第 2
　　卷，人民出版社 2004 年版。

周仲飞：《银行法研究》，上海财经大学出版社 2010 年版。

卓泽渊：《法的价值论》第 2 版，法律出版社 2006 年版。

邹海林： 《破产程序和破产法实体制度比较研究》，法律出版社 1995
　　年版。

　　（二）外文专著（含外文译著）

［德］卡尔·拉伦茨：《法学方法论》，陈爱娥译，商务印书馆 2003 年版。

［德］马克斯·韦伯：《经济与社会》（上卷），林荣远译，商务印书馆
　　1997 年版。

［德］托马斯·莱赛尔：《法社会学导论》第 5 版，高旭军、白江、张学
　　哲等译，上海人民出版社 2011 年版。

［美］彼得·S. 罗斯、西尔维娅·C. 赫金斯：《商业银行管理》第 7 版，
　　机械工业出版社 2007 年版。

［美］布赖恩·A. 布卢姆：《破产法与债务人/债权人：案例与解析》第 2
　　版（影印本），中信出版社 2004 年版。

［美］大卫·G. 爱泼斯坦、史蒂夫·H. 尼克勒斯、詹姆斯·J. 怀特：
　　《美国破产法》，韩长印等译，中国政法大学出版社 2003 年版。

［美］道格拉斯·C. 诺斯：《制度、制度变迁与经济绩效》，刘守英译，
　　上海三联书店 1994 年版。

［美］E. 博登海默：《法理学：法律哲学与法律方法》，邓正来译，中国

政法大学出版社 1999 年版。

[美] 弗雷德里克·S. 米什金：《货币金融学》第 9 版，郑艳文、荆国勇译，中国人民大学出版社 2011 年版。

[美] 哈威尔·E. 杰克逊、小爱德华·L. 西蒙斯：《金融监管》，吴志攀等译，中国政法大学出版社 2003 年版。

[美] 金勇义：《中国与西方的法律观念》，陈国平、韦向阳、李存捧译，辽宁人民出版社 1989 年版。

[美] J. 弗雷德·威斯通、[韩] S. 郑光、[美] 苏珊·E. 侯格：《兼并、重组与公司控制》，唐旭等译，经济科学出版社 1998 年版。

[美] L. 科塞：《社会冲突的功能》，孙立平等译，华夏出版社 1989 年版。

[美] 罗尔斯：《正义论》，何怀宏等译，中国社会科学出版社 1988 年版。

[美] 乔纳森·P. 梅斯、杰弗里·P. 米勒、理查德·斯科特·卡内尔：《银行法》第 3 版（影印本），中信出版社 2003 年版。

[美] 小戴维·A. 斯基尔：《债务的世界：美国破产法史》，赵炳昊译，中国法制出版社 2010 年版。

[美] 詹姆斯·D. 考斯特、罗伯特·W. 希尔曼、唐纳德·C. 兰格沃特：《证券管理法》第 3 版（影印本），中信出版社 2003 年版。

[日] 龙田节：《商法略说》，谢次昌译，甘肃人民出版社 1985 年版。

[瑞] 艾娃·胡普凯斯：《比较视野中的银行破产法律制度》，季立刚译，法律出版社 2006 年版。

[英] A. C. 庇古：《福利经济学》（上卷），朱泱、张胜纪、吴良健译，商务印书馆 2006 年版。

[英] 马歇尔：《货币、信用与商业》，叶元龙、郭家麟译，商务印书馆 1997 年版。

[英] 亚当·斯密：《国富论》，唐日松、赵康英、冯力等译，华夏出版社 2005 年版。

[英] 弗·奥·哈耶克：《通往奴役之路》，王明毅、冯兴元、马雪芹等译，中国社会科学出版社 1997 年版。

[英] 约翰·梅纳德·凯恩斯：《就业、利息和货币通论》，高鸿业译，商务印书馆 1999 年版。

A. Joanne Kellermann, Jakob de Haan, Femke de Vries, *Financial Supervision in the 21st Century*, New York: Springer Heidellberg, 2013.

Andreas Dombret, Patrick S. Kenadjian, *The Bank Recovery and Resolution Directive: Europe's Solution for "Too Big to Fail"*, Boston: De Gruyter, 2013.

Argyris Argyriadis, *The European Consolidation Banking Directive (2000/12/EC) and beyond—The new legal framework of European Banking System*, Nomiki Bibliothiki Publishing Group, 2005.

Barry E. Adler, Douglas G. Baird, Thomas H. Jackson, *Cases, Problems, and Materials on Bankruptcy*, New York: Foundation Press, 2007.

Benton E. Gup, *Bank Failures in the Major Trading Countries of the World-Causes and Remedies*, Greenwood Publishing Group 1998.

Carl Felsenfeld, David L. Glass, *Banking Regulation in the United States*, 3rd Edition, New York: Juris Publishing Inc. , 2011.

Carlo Gola, Alessandro Roselli, *The UK Banking System and Its Regulatory and Supervisory Framework*, New York: St. Martin's Press, 2008.

Chaïm. Perelman, *The Idea of Justice and the Problem of Argument*, London: Routledge and Kegan Paul, 1963.

Charies J. Tabb, Ralph Brubaker, *Bankruptcy Law: Principles, Policies, and Practice*, 3rd Edition. , New Providence, NJ: LexisNexis, 2010.

Christopher Mallon, Shai Y. Waisman, *The Law and Practice of Restructuring in the UK and US*, New York: Oxford University Press, 2011.

David G. Epstein, Steve H. Nickles, *Principles of Bankruptcy Law*, St. Paul, MN: Thomson/West, 2007.

Eddy Wymeersch, Klaus J. Hopt, Guido Ferrarini, *Financial Regulation and Supervision: A Post-Crisis Analysis*, Oxford: Oxford University Press, 2011.

E. P. Ellinger, E. Lomnicka, C. V. M. Hare, *Ellinger's Modern Banking Law*, 5th Edition, New York: Oxford University Press, 2011.

Fred Block, Margaret R. Somers, *The Power of Market Foudamentalism: Karl Polanyi's Ctitique*, Boston: Harvard University Press, 2014.

Gabriel Moss, Bob Wessels, *EU Banking and Insurance Insolvency*, Oxford: Oxford University Press, 2006.

Gerard McCormack, *Corporate Rescue Law—An Anglo-American Perspective*,

Massachusetts: Edward Elgar Publishing, Inc. , 2008.

Gerald P. Dwyer, Jr. & R. Alton Gilbert, *Bank Runs and Private Remedies*, Review, Federal Reserve Bank of St. Louis, May/June 1989.

George R. Catlett, Norman O. Olson, *Accounting for goodwill*, New York: American Institute of Certified Public Accountants, 1968.

Herman Edward Krooss, *Documentary History of Banking and Currency in the United States*, Vol. 2, New York: Chelsea House Publishers, 1977.

James J. White, *Bankruptcy and Creditor's Rights: Cases and Materials*, St. Paul, Minn. : West Pub. Co. , 1985.

Jean-Charles Rochet, *Why are There So Many Banking Crises: The Politics and Policy of Bank Regulation*, Princeton: Princeton University Press, 2008.

Jerald E. Pinto, Elaine Henry, Thomas R. Robinson, John D. Stowe, *Aquity Asset Evaluation*, 2nd Edition, New Jersey: John Wiley & Sons, Inc. , 2010.

Litan, R. E. , and Rauch, J. , *American Finance for the 21st Century*, Washington, D. C. : Brookings Institution Press, 1997.

Kenneth E. Scott, John B. Taylor, *Bankruptcy not Bailout—A Special Chapter 14*, Stanford: Hoover Institution Press Publication, 2012.

Larisa Dragomir, *European Prudential Banking Regulation and Supervision*, New York: Routledge, 2010.

Lewis William Seidman, *Full Faith and Credit: The Great S & L Debacle and Other Washington Sagas*, Washington, D. C. : Bread Books, 2000.

Mark S. Scarberry, Kenneth N. Klee, Grant W. Newton & Steve H. Nickles, *Business Reorganization in Bankruptcy: Cases and Materials*, 4th Edition, St Paul: Thomson Reuters, 2012.

Matej Marinč, Razvan Vlahu, *The Economics of Bank Bankruptcy Law*, Springer Heidelberg, 2012.

Oliver Wendell Holmes, *The Common Law*, Boston: Little, Brown and Co. , 1881.

Richard Scott Carnell, Jonathan R. Macey, Geoffrey P. Miller, *The Law of Banking and Financial Institutions*, 5th Edition, Austin: Wolters Kluwer Law

& Business，c2009.

Robert Pozen，*Too Big to Save? How to Fix the U. S. Financial System*，Hoboken，New Jersey：John Wiley & Sons，Inc. ，2010.

Ross Cranston，*Principles of Banking Law*，2nd Edition，New York：Oxford University Press，1999.

Rosa M. Lastra，Henry N. Schiffman，*Bank Failures and Bank Insolvency Law in Economics in Transition*，London：Kluwer Law International Ltd，1999.

Ross P. Budkley，Douglas W. Arner，*From Crisis to Crisis：The Global Financial System and Regulatory Failure*，Netherlands：Kluwer Law International，2011.

Rodrigo Olivares-Caminal，John Douglas，Randall Guynn，*Debt Restructuring*，New York：Oxford University Press，2011.

Roy Goode，*Principles of Corporate Insolvency Law*，4th Edition，London：Sweet & Maxwell，2001.

Thomas H. Jackson，*The Logic and Limits of Bankruptcy Law*，Washington，D. C. ：Beard Books，2001.

William F. Kroener，*Expanding FDIC-Style Resolution Authority*，*in Ending Government Bailouts as We Know Them*，Kansas：Hoover Institution Press Publication，2010.

Walter Bagehot，*Lombard Street：A Description of Money Market*，London：Henry S. King and Co. ，1873.

W. S. Weerasooria，*Banking Law and the Financial System in Australia*，Sydney：Butterworths，2000.

二　期刊、学术论文及报告

（一）中文期刊

安迎方：《商业银行破产中监管机构的法律定位》，《山西大学学报》（社会科学版）2011 年第 38 卷。

巴曙松、陈华良：《银行的政府救助对监管声誉的影响》，《证券市场导报》2005 年第 3 期。

包全永：《银行系统性风险的传染模型研究》，《金融研究》2005 年第

8 期。

陈文成:《金融控股公司对附属金融机构责任加重制度研究》,《上海金融》2009 年第 8 期。

陈咏晖、王晟:《政府救助与银行破产:政府救助政策的动态不一致分析》,《武汉金融》2007 年第 9 期。

曹俊、李长健:《我国商业银行破产法律制度的困境与发展研究》,《北京交通大学学报》(社会科学版)2010 年第 1 期。

段小华、黄海:《我国危机银行救助重组的法学思考》,《江西金融职工大学学报》2006 年第 5 期。

樊殿华、王双红、张玉洁:《二十年纠结 存款保险从起点再出发》,《南方周末》2013 年 8 月 16 日。

冯果、李安安:《问题券商市场退出法律机制之审思——在资本市场法治化的拷问之下》,《证券法苑》2010 年第 2 期。

冯珍珍:《浅议我国金融控股公司加重责任制度的构建》,《公民与法》(法学版)2014 年第 6 期。

管斌、张东昌:《我国商业银行接管制度的立法评析与完善》,《经济法研究》2013 年第 1 期。

郭向军、董宇:《中国商业银行破产标准的制度设计与构建》,《金融论坛》2009 年第 1 期。

韩冰:《救助问题银行的成本收益分析》,《金融研究》2006 年第 5 期。

韩长印:《企业破产立法目标的争论及其评价》,《河南社会科学》2004 年第 1 期。

韩伟:《政府参与风险化解的社会效率:泰安市城市信用合作社合并重组个案》,《金融研究》2003 年第 1 期。

何平、李静婷:《论美国联邦存款保险公司的功能和作用——以 2008 年金融危机前后的政策转换为中心》,《教学与研究》2014 年第 1 期。

何勤华:《法的移植与法的本土化》,《中国法学》2006 年第 2 期。

贾剑非、杜青国:《及时校正制度解析——兼论银行破产重整机制》,《理论界》2008 年第 4 期。

贾林青、钟欣:《企业重整制度与破产和解制度比较研究》,《法律适用》2005 年第 1 期。

姜立文：《美国金融控股公司加重责任制度研究与启示》，《环球法律评论》2006 年第 6 期。

卡塔琳娜·皮斯托、许成钢：《不完备法律（上）——一种概念性分析框架及其在金融市场监管发展中的应用》，选自吴敬琏《比较》，中信出版社 2002 年版。

李凤雨、翁敏：《英国金融监管体制改革立法及对我国的借鉴》，《金融与法律》2014 年第 11 期。

李良雄：《论商业银行接管的法律内涵》，《福建金融管理干部学院学报》2005 年第 2 期。

李曙光：《金融机构破产的制度设计》，《财经》2006 年第 19 期。

李文泓、吴祖鸿：《自救安排及其在我国的应用》，《中国金融》2011 年第 6 期。

李霞：《银行市场退出机制与存款保险制度》，《价格月刊》2007 年第 9 期。

李艳丽、田鑫：《建立商业银行破产制度与金融监管的协调机制》，《上海金融》2006 年第 11 期。

李永军：《重申破产法的私法精神》，《政法论坛（中国政法大学学报）》2002 年第 3 期。

厉以宁：《企业托管出活棋》，《亚太经济时报》1996 年 12 月 8 日。

刘华、许可：《不完备法律理论框架下的金融机构破产立法模式》，《金融与法》2007 年第 10 期。

刘沫茹：《商业银行破产法律制度的比较研究》，《汉江论坛》2005 年第 11 期。

刘瑞：《日本银行破产处理》，《日本问题研究》2010 年第 1 期。

刘涛：《处置高风险银行的有效路径》，《西南金融》2007 年第 10 期。

刘文宇：《破产重整制度中各方主体的角色定位》，《行政与法》2005 年第 12 期。

楼建波：《破产金融机构处置：商事审判权与行政权的平衡》，《中国商法年刊》2013 年。

卢伟：《论我国银行接管法律制度的完善》，《学术论坛》2007 年第 11 期。

鹿朋：《银行破产立法中的重整思考：以银行为例》，《宁波广播电视大学学报》2008 年第 2 期。

罗滢：《信托业的基础》，《资本市场》2002 年第 1 期。

马宁、周泽新：《我国存款保险人的职能定位——兼论我国银行破产立法模式与破产程序控制权配置》，《甘肃政法学院学报》2013 年第 9 期。

马雪彬、赵晶晶：《地方政府之于地方性金融机构监管职责的角色》，《哈尔滨商业大学学报》（社会科学版）2012 年第 5 期。

马玉珍：《公共资金经济效益审计的相关问题研究》，《广东商学院学报》2006 年第 6 期。

莫丽梅：《英国银行破产法律制度及启示》，《中国金融》1999 年第 3 期。

倪浩嫣：《论危机证券公司托管》，《东岳论丛》2006 年第 2 期。

潘西华：《当代国外学者关于社会建设理论研究综述》，《思想理论教育导刊》2006 年第 10 期。

裴桂芬：《美日监管当局处理银行危机方式的比较》，《世界经济与政治》2000 年第 7 期。

皮天雷、汪燕：《转型经济中法律与金融的发展》，《财经科学》2007 年第 7 期。

齐树洁：《大陆新破产法之重整制度述评》，《法令月刊》2006 年第 11 期。

商菁菁：《试论银行重整的法律模式选择——银行法中的银行重整与普通破产法中的银行重整之比较》，《湖南工业》2008 年第 2 期。

苏洁澈：《英美银行破产法述评——以银行特殊破产制度为中心》，《环球法律评论》2013 年第 2 期。

孙珺：《德国〈信贷机构重整与有序清算法〉介评》，《德国研究》2012 年第 4 期。

孙立明：《美国财产保险公司的破产成本分析与启示》，《金融研究》2002 年第 10 期。

孙笑侠、郭春镇：《法律父爱主义在中国的适用》，《中国社会科学》2006 年第 1 期。

覃晓丹：《存款保险法律制度利弊之研究》，《税务与经济》2004 年第 1 期。

唐建邦、周文彪:《过渡银行在解决破产银行中的作用及启示》,《农村金融研究》1999 年第 3 期。

田田、龚华生:《建立中国金融控股公司的加重责任制度》,《法学论坛》2005 年第 11 期。

汪鑫:《论基本银行服务排斥及其治理》,《法学评论》2009 年第 4 期。

汪鑫:《银行即时矫正制度初论》,《暨南学报》(哲学社会科学版)2005 年第 4 期。

王新欣:《重整制度理论与实务新论》,《法律适用》2012 年第 11 期。

王志勤:《银行破产法律制度中的安全与效率研究》,《华东师范大学学报》(哲学社会科学版)2008 年第 3 期。

王希军:《对高风险金融机构的托管与接管》,《金融时报》2005 年 6 月 13 日。

王文晶、高洋:《社会冲突的根源与功能探讨》,《长春理工大学学报》(社会科学版)2006 年第 5 期。

王斐民、陈婧:《论商业银行破产的申请权人》,《政治与法律》2008 年第 9 期。

王婷、徐畅:《银行业银行破产条例将遵循四原则》,《中国证券报》2009 年 6 月 22 日第 A5 版。

王玉:《20 年来我国哲学价值的研究》,《中国社会科学》1999 年第 4 期。

王玉梅:《法国困境企业重整制度的改革及其启示》,《法商研究》2004 年第 5 期。

王浩:《民营资本进入银行业壁垒研究》,《探索争鸣》2013 年第 5 期(上)。

吴敏:《银行破产中的权力结构分析——行政权与司法权在银行破产中的均衡》,《财贸研究》2006 年第 3 期。

吴晴:《全球金融危机下银行破产立法重整问题研究——以银行业为例》,《南阳师范学院学报》2009 年第 4 期。

吴丹波:《构建我国金融控股公司加重责任制度的法律思考》,《企业经济》2006 年第 7 期。

吴忠民:《中国现阶段社会矛盾演变的特征》,《决策》2010 年第 9 期。

夏和平、郭华江:《我国银行破产重整制度的构建》,《苏州教育学院学报》2010 年第 1 期。

徐孟洲、郑人玮：《我国银行危机救助法律制度的缺陷及其改进》，《中央财经大学学报》2004 年第 2 期。

杨春学、谢志刚：《国际金融危机与凯恩斯主义》，《经济研究》2009 年第 11 期。

杨宇茜：《建设性模棱两可标准的探讨》，《中国外汇管理》2003 年第 1 期。

杨松、宋怡林：《英国 2009 年银行法的发展与评价》，《武汉大学国际法评论》2011 年第 2 期。

杨宇茜：《建设性模棱两可标准的探讨》，《中国外汇管理》2003 年第 1 期。

闫海：《我国问题金融机构接管制度的梳理与重构》，《北方论丛》2009 年第 5 期。

叶克林、蒋影明：《现代社会冲突论：从米尔斯到达伦多夫和科瑟尔——三论美国发展社会学的主要理论流派》，《江苏社会科学》1998 年第 4 期。

尹亭：《商业银行自救债的法律问题：理念、原则和要素》，《商业研究》2013 年第 12 期。

游江、耿涛、杨奇军：《对美日银行市场退出的比较和思考》，《新疆金融》2002 年第 12 期。

袁达松：《论新破产法实施后我国存款保险制度的协调建构——从推进金融危理法治角度展开的分析》，《法学评论》2007 年第 6 期。

袁曙宏：《论加强对行政权力的制约和监督》，《法学论坛》2003 年第 5 期。

余甬帆：《中西语"破产"一词之源流考》，《中南财经政法大学研究生学报》2007 年第 4 期。

余荣杰：《我国银行业存在的问题》，《科技经济市场》2007 年第 1 期。

张海征：《英国破产重整制度及其借鉴》，《政治与法律》2010 年第 9 期。

张永忠：《美国银行破产制度值得借鉴》，《经济纵横》2007 年第 8 期。

张继红：《美国银行若干法律问题探究及启示》，《国际金融研究》2006 年第 3 期。

张继红：《论银行接管法律的域外经验及我国的制度构建——兼析 2010 年〈华尔街改革和消费者保护法案〉有序清算机制》，《求索》2013 年第 1 期。

张希军、王悦：《甘肃省启动民间资本参与全面小康社会建设的新思路》，《甘肃金融》2003 年第 10 期。

张亚雄：《民营银行迷局》，《小康·财智》2013 年第 11 期。

张焰：《论我国商业银行破产法律制度的构建》，《湖北社会科学》2004 年第 1 期。

中国人民银行广州分行课题组：《银行市场退出的法律比较》，《南方金融》2000 年第 2 期。

中国社会科学院"国际金融危机与经济学理论反思课题组"：《国际金融危机与凯恩斯主义》，《经济研究》2009 年第 11 期。

郑晖：《我国问题银行法律处置措施完善研究》，《上海金融》2006 年第 8 期。

曾刚：《存款保险后金融业迎四大深刻变革》，《当代金融家》2015 年第 1 期。

周昌凌：《美国企业破产制度与银行破产制度比较》，《重庆社会科学》2009 年第 10 期。

周泽新：《危机与应对——英国银行破产制度的重大变革及其启示》，《西部法学评论》2011 年第 1 期。

周泽新：《存款保险制度在银行重整中的适用及其制度价值》，《金融评论》2011 年第 10 期。

卓泽渊：《论法的价值》，《中国法学》2000 年第 6 期。

朱锡庆、黄权国：《银行商誉评估的计量经济模型》，《求索》2004 年第 6 期

［德］马丁·阿伦斯：《〈信贷机构重组法〉规制下的德国银行的整顿与重组》，郝慧译，《中德法学论坛》2013 年第 10 辑。

［挪威］托斯坦·埃克霍夫：《冲突解决中的调解人、法官和行政管理人》，喻中胜、徐昀译，《司法》第 1 辑（2006）。

（二）外文期刊

Adam J. Levitin, "Bankrupt Politics and the Politics of Bankruptcy", *George-*

town Public Law Research Paper, No. 11 – 117, *Georgetown Law and Economics Research Paper*, No. 11 – 19.

Adrian Walters, Anton Smith, "'Bankruptcy Tourism' under the EC Regulation on Insolvency Proceedings: A View from England and Wales", ICLRG Working Paper Series, available at http://ssrn.com/abstract = 1630890.

Alain Pietrancosta, Sophie Vermeille, "A Critical Appraisal of French Bankruptcy Law Through the Lens of the Law and Economics Movement: A Solution for the Future", *Revue Trimestrielle de Droit Financier*, No. 1, 2010.

Amira Annabi, Michèle Breton, Pascal François, "Resolution of Financial Distress under Chapter 11", *Journal of Economic Dynamics and Control*, Vol. 36, Issue 12, December 2012.

Angélique M., Poret-Kahn, "France Reforms Its Banking Sector", September 2013, http://www.bakermckenzie.com/ALNAFranceReformsBankingSep13/.

Anupam Chander, Randall Costa, "Clearing Credit Default Swaps: A Case Study in Global Legal Convergence", UC Davis Legal Studies Research Paper No. 211, *Chicago Journal of International Law*, Vol. 10, No. 639, 2010.

Arthur E. Wilmarth, Jr. , "Reforming Financial Regulation to Address the Too-Big-To-Fail Problem", *GWU Legal Studies Research Paper*, No. 509, GWU Law School Public Law Research Paper, No. 509, *Brooklyn Journal of International Law*, Vol. 35, 2010.

Arthur E. Wilmarth J. R. , "The Dodd-Frank Act: A Flawed and Inadequate Response to the Too-Big-to-Fail Problem", *Oregon Law Review*, Vol. 89, No. 3.

Ashraf A. Mahate, "Contagion Effects of Three Late Nineteenth Century British Bank Failures", *Business and Economic History*, Vol. 23, No. 1, 1994.

Benjamin Iverson, "Get in Line: Chapter 11 Restructuring in Crowded Bankruptcy Courts", working paper, available at http://papers.ssrn.com/sol3/papers.cfm? abstract_id = 2156045.

Brian M Hunt, Rish Handa, "A Critical Comparison between Australian and Canadian Creditor Protection Regimes: Voluntary Administration and CCAA", working paper, available at http://papers.ssrn.com/sol3/papers. cfm? abstract_id = 888411.

Beim, David U. , "Why Are Banks Dying?", *The Columbia Journal of World Business*, Spring 1992.

Bourne J. H, "Goodwill", The Account, September 22, 1888, p. 604.

Brunnermeier, M. K. , "Deciphering the 2007 – 08 Liquidity and Credit Crunch", Journal of Economic Perspectives, Vol. 23, No. 1, 2009.

Carmen M. Reinhart, Vincent R. Reinhart, "After the Fall", *NBER Working Paper*, No. 16334, 2010, available at http: //www. nber. org/papers/w16334.

Charles Adams, "An Economic Justification for Corporate Reorganizations", *Hofstra Law Review*, Vol. 20, Issue 1, Article 3, 1991.

Charles D. Booth, "A History of the Transnational Aspects of United States Bankruptcy Law Prior to the Bankruptcy Reform Act of 1978 ", *Boston University International Law Journal*, Vol. 9, No. 1.

Charles J. Jacklin, Sudipto Bhattacharya, "Distinguishing Panics and Information-based Bank Runs: Welfare and Policy Implications", *Journal of Political Economy*, Vol. 96, No. 3, Jun 1988.

Citigroup Inc. , "Citi and Wachovia Reach Agreement-in-Principle for Citi to Acquire Wachovia's Banking Operations in An FDIC-Assisted Transaction", http: //www. citigroup. com/citi/press/2008/080929a. htm.

David H. Carpenter, "M. Maureen Murphy, Financial Institution Insolvency: Federal Authority over Fannie Mae, Freddie Mac, and Depository Institutions", CRS Report for Congress, available at fpc. state. gov/documents/organization/110098. pdf.

Dirk Schoenmaker, "Contagion Risk in Banking", *Conference Paper*, The Second Joint Central Bank Research Conference on Risk Measurement and Systemic Risk toward a Better Understanding of Market Dynamics during Periods of Stress, http: //www. imes. boj. or. jp/english/cbrc. html.

Glas Wihlborg, "Shubhashis Gangopadhyay, Infrastructure Requirements in the Area of Bankruptcy Law", *Financial Institutions Center of University of Pennsylvania Working Paper*, No. 01 – 09.

Douglas G. Baird, "The Uneasy Case for Corporate Reorganizations", *The Journal of Legal Studies*, Vol. 15, No. 1, January 1986.

Douglas G. Baird, Robert K. Rasmussen, "The End of Bankruptcy", *Stanford Law Review*, Vol. 55, 2002.

Douglas G. Baird, Robert K. Rasmussen, "Chapter 11 at Twilight", *Stanford Law Review*, Vol. 56, 2003.

Douglas G. Baird, Edward R. Morrison, "Dodd-Frank for Bankruptcy Lawyers, Columbia Law and Economics", Working Paper No. 401, available at http: // papers. ssrn. com/sol3/papers. cfm? abstract_id = 1895692.

Edward Glaeser, Andrei Shleifer, "Legal Origins", *Quarterly Journal of Economics*, Vol. 117, No. 4, 2002, 117 (4) .

Hideyuki Sakai, "Overview of the Japanese Legal Framework to Resolve a Systemically Important Financial Institution in Insolvency Proceedings in Japan", International Insolvency Institute 12th Annual International Insolvency Conference Paper, Paris, France, June 21 - 22, 2012, available at http: // www. iiiglobal. org/component/jdownloads/finish/152/5963. html.

Howell E. Jackson, "the Expanding Obligations of Financial Holding Companies", *Harvard Law Review*, Vol. 107, No. 3, 1994.

Ian Fletcher, "Bankruptcy Law Reform: The Interim Report of the Cork Committee, and the Department of Trade Green Paper", *The Modern Law Review*, Vol. 44, No. 1, 1981.

J. Van der Vossen, "Supervisory Standards and Sanctions", *Banking and EC Law Commentary*, 1992, 32 (Martijn van Empeled.) .

Jay Lawrence Westbrook, "An Empirical Study of the Implementation in the United States of the Model Law on Cross Border Insolvency", UT of Texas Law, Law and Econ Research Paper, No. 247.

John Armour, Simon Deakin, Viviana Mollica, Mathias Siems, "Law and Financial Development: What We Are Learning from Time-Series Evidence", European Corporate Governance Institute Working Paper, No. 148/2010, http: //ssrn. com/abstract = 1580120.

John Thibaut, Laurens Walker, "A Theory of Procedure", *California Law Re-*

view, Vol. 66, Issue 3, Article 2, 1978.

Jonathan R. Macey, "The Political Science of Regulating Bank Risk", *Ohio State Law Journal*, Vol. 49, 1989.

Luc Laeven, Fabian Valencia, "Resolution of Banking Crises: The Good, the Bad, and the Ugly", IMF Working Paper, No. WPIEA2010146, 2010, available at http://www.imf.org/external/pubs/ft/wp/2010/wp10146.pdf, last visit at 2015.03.25.

Kenneth Ayotte, David A. Skeel Jr., "Bankruptcy or Bailouts", *Journal of Corporation Law*, Vol. 35, 2010.

Kenneth M. Ayotte, Edith S. Hotchkiss, Karin S. Thorbum, "Governance in Financial Distress and Bankruptcy", *Oxford Handbook of Corporate Governance*, Forthcoming, at http://papers.ssrn.com/sol3/papers.cfm?abstract_id=2176316.

Kenneth Scott, "A Guide to the Resolution of Failed Financial Institutions: Dodd-Frank Title II and Proposed Chapter 14", available at: http://ssrn.com/abstract=2018035.

Mark Glick, "A history of Corporate Bankruptcy", University of Utah, Working Paper, 1989, http://www.econ.utah.edu/les/.

Martin Chaka, Erlend Nier, "The Need for Special Resolution Regimes for Financial Institutions—The Case of the European Union", IMF Working Paper No. 09/2000, available at http://papers.ssrn.com/sol3/papers.cfm?abstract_id=1486518.

Martin Čihák, Aslı Demirgüç-Kunt, María Soledad Martínez Pería, "Bank Regulation and Supervision around the World—A Crisis Update", The World Bank Policy Research Working Paper, No. WPS6286, December 5th, 2012.

Matej Marinc, Razvan Vlahu, "The Economic Perspective of Bank Bankruptcy Law", Research Paper for FED Cleveland Conference on Resolving Insolvent Large and Complex Financial Institutions, April 2011, available at http://papers.ssrn.com/sol3/papers.cfm?abstract_id=1822682.

Michael H. Krimminger, "Deposit Insurance and Bank Insolvency in a Changing

World: Synergies and Challenges", U. S. Federal Deposit Insurance Corporation Working Paper, May 28, 2004.

R. H. Coase, "The Problem of Social Cost", *Journal of Law and Economics*, Vol. 3, October 1960.

Rafael La Porta, Florencio Lopez-de-Silanes, Andrei Shleifer and Robert W. Vishny, "Law and Finance", *Journal of Political Economy*, No. 106, 1998.

Ralph Brubaker, "A Summary Statutory and Constitutional Theory of Bankruptcy Judges' Core Jurisdiction After Stern v. Marshall", Illinois Program in Law, Behavior and Social Science Research Paper No. LBSS13 – 08, available at http: //papers. ssrn. com/pape. tar? abstract_id =2174645.

Randy Schultz, "Travelers, Citicorp to unite", CNN Money, April 6, 1998, http: //money. cnn. com/1998/04/06/deals/travelers/.

Reg S. Gynther, "Some 'Conceptualizing' on Goodwill", *The Accounting Review*, Vol. 44, No. 2, April 1969.

Regis Blazy, Jocelyn Martel, Nirjhar Nigam, "The Choice Between Informal and Formal Restructuring: The Case of French Banks Facing Distressed SMEs", Working Paper Series, International Conference of the French Finance Association (AFFI), May 11 – 13, 2011.

Régis Blazy, Joël Petey, Laurent Weill, "Can Bankruptcy Codes Create Value? Evidence from Creditors' Recoveries in France, Germany, and the United Kingdom", Working Paper, at http: //papers. ssrn. com/sol3/papers. cfm? abstract_id = 1628814.

Robert DeYoung, Michal Kowalik, Jack Reidhill, "A Theory of Failed Bank Resolution: Technological Change and Political Economics", Working Paper, available at http: //ssrn. com/abstract = 2165527.

Robert R. Bliss, George G. Kaufman, "Resolving Large Complex Financial Institutions: The Case for Reorganization", Research Paper, available at www. clevelandfed. org/research/···4···/Bliss_kaufman. pdf.

Robert R. Bliss, George G. Kaufman, "U. S. Corporate and Bank Insolvency Regimes: An Economic Comparison and Evaluation", FRB of Chicago Working Paper No. 2006 – 01, http: //papers. ssrn. com/sol3/papers. cfm? abstract_id = 878355.

Roman Tomasic, "Between a Rock and a Hard Place—A Post-Northern Rock Regime for the Rescue of Failing Banks", *Corporate Rescue and Insolvency*, Vol. 1, No. 5, 2008.

Ronald Ma, Roger Hopkins, "Goodwill-An Example of Puzzle-Solving in Accounting", Abacus, Vol. 24, No. 1, 1988.

Rosalind L. Bennett, Haluk Unal, "Understanding the Components of Bank Failure Resolution Costs", Federal Deposit Insurance Corporation and Center for Financial Research Working Paper, April 2014, available at https://www. FDIC. gov/bank/analytical/CFR/2014/wp2014/workingpapers _ 2014. html#04.

Peter Cartwright, Andrew Campbell, "Bank Insolvency Issues", *Insolvency Lawyer*, Vol. 6, No. 10, 2002.

Philip F. Bartholomew, "The Cost of Forbearance during the Thrift Crisis", Congressional Budget Office Staff Memorandum Report, 1991, available at http://www. cbo. gov/publication/20417.

Sreeja VN, "French Government to Borrow $6B To Settle Debts From Credit Lyonnais Bankruptcy This Year", *International Business Times*, No. 11, 2013.

Stephen J. Lubben, "Credit Derivatives & the Future of Chapter 11", Seton Hall Public Law Research Paper No. 906613, Am. Bankr. L. J., Vol. 84, No. 4, 2007.

Stephen Labaton, "U. S. Is Taking over a Group of Banks to Head off a Run", *The New York Times*, January 7, 1991, available at http://www. nytimes. com/1991/01/07/business/us-is-taking-over-a-group-of-banks-to-head-off-a-run. html, last visit at 2015. 03. 25.

Stijn Claessens and M. Ayhan Kose, "Financial Crises Explanations, Types, and Implications", IMF Working Paper, No. WPIEA2013028, 2013, available at https://www. imf. org/external/pubs/cat/longres. aspx? sk = 40283. 0.

Timothy Curry, Lynn Shibut, "The Cost of the Savings and Loan Crisis: Truth and

Consequences, FDIC", *Banking Review*, Vol. 13, No. 2, 2000, available at http://FDIC. gov/bank/analytical/banking/2000dec.

The Economist, Northern Rock, "Lessons of the Fall, How a financial darling fell from grace, and why regulators didn't catch it", available at http://www. economist. com/node/9988865, 18 October 2007.

ThomasH. Jackson and David A. Skeel, "Bankruptcy, Banks, and Nonbank Financial Institutions", Wharton Fin. Inst. Cent. Workshop, Feb. 8, 2010.

Urs Pulver, Thomas Sprecher, "Insolvency of Banks and Other Financial Institutions in Switzerland", *Restructuring and Insolvency*, No. 11, 2011.

Wihelm Aubert, "Competition and Dissensus: Two Types of Conflict and Conflict Resolution", *Journal of Conflict Resolution*, Vol. 7, 1963.

三 学位论文类

步巍：《商业银行接管原因研究》，硕士学位论文，中国政法大学，2010 年。

戴丽霞：《问题银行市场退出机制的法律研究》，硕士学位论文，西南财经大学，2005 年。

翟金林：《银行系统性风险研究》，博士学位论文，南开大学，2001 年。

乐宜仁：《银行危机的社会学解释》，博士学位论文，中国社会科学院研究生院，2002 年。

刘宏：《经济转轨、企业重组与公司治理——我国企业重组模式研究》，博士学位论文，厦门大学，2001 年。

刘建新：《银行接管及破产法律制度研究》，博士学位论文，武汉大学，2004 年。

卢阳春：《转型期中国民间资本进入银行业的制度变迁研究》，博士学位论文，西南财经大学，2005 年。

罗明忠：《商业银行人力资源供给与需求及其均衡研究》，博士学位论文，暨南大学，2004 年。

穆林：《中国西部地区非正规金融发展：模式选择、制度设计与政策建议》，博士学位论文，西北大学，2009 年。

孙明明：《我国证券公司风险处置中的重组模式选择》，博士学位论文，复旦大学，2007年。

谭辉雄：《银行市场退出问题研究》，博士学位论文，湖南大学，2010年。

檀江来：《中国有问题银行风险处置研究》，博士学位论文，复旦大学，2008年。

王云川：《问题银行处置特殊机制法律问题研究》，博士学位论文，北京大学，2009年。

王勇：《问题银行公共资金救助法律制度研究》，博士学位论文，辽宁大学，2011年。

徐安良：《我国证券公司风险处置问题研究》，博士学位论文，南开大学，2006年。

肖璞：《后危机时代中国有效金融监管问题研究》，博士学位论文，湖南大学，2013年。

谢众：《我国支付体系风险研究》，博士学位论文，西南财经大学，2008年。

阎维杰：《银行市场退出研究》，博士学位论文，北京交通大学，2005年。

杨宏芹：《证券公司退出机制的法律研究》，博士学位论文，华东政法学院，2007年。

郁方：《中国银行业垄断与规制研究》，博士学位论文，华南理工大学，2010年。

张磊：《行政接管制度研究——以银行接管为视角》，硕士学位论文，西南政法大学，2007年。

章于芳：《后危机时代我国银行接管法律制度研究》，博士学位论文，华东政法大学，2010年。

赵廷军：《商业银行破产制度设计研究》，博士学位论文，中国政法大学，2007年。

周文彬：《中国企业重组问题研究》，硕士学位论文，陕西师范大学，2002年。

四 国际组织、政府部门的报告

保监会：《2014年保险业经营情况表》（http：//www. iachina. cn/content_b88ea392 – a58d – 11e4 – 9dc4 – f5f7f8f2d34a. html）。

银监会:《2014 年度中国银行业运行报告》（http：//www. cbrc. gov. cn/chi-nese/home/docView/58ACEC7E5A834DF295766B009417F4A2. html）。

证监会:《2014 年度证券公司经营数据》（http：//www. sac. net. cn/hysj/zqgsjysj/201501/t20150120_116331. html）。

中国人民银行金融稳定分析小组:《中国金融稳定报告 2006—2012》（ht-tp：//www. pbc. gov. cn/publish/jinrongwendingju/370/index. html）。

中国人民银行: 《2014 年社会融资规模统计数据报告》 （http：//www. pbc. gov. cn/publish/goutongjiaoliu/524/2015/20150115091508168 618293/20150115091508168618293_. html）。

FCA&PRA, "Memorandum of Understanding (MoU) between the Financial Con-duct Authority (FCA) and the Prudential Regulation Authority (PRA)", Section 23, 43, available at http：//www. bankofengland. co. uk/about/Pages/mous/mous2. asp.

FDIC, "Resolution Handbook, Chapter 3: Purchase and Assumption Transactions", April 2003, available at http：//www. FDIC. gov/bank/historical/reshandbook/index. html.

FSB, "Thematic Review on Resolution Regimes-Peer Review Report", ht-tp：//www. financialstabilityboard. org/2013/04/pr_130411/.

FSA, "A Regulatory Response to the Global Banking Crisis: Systemically Impor-tant Banks and Assessing the Cumulative Impact", Discussion Paper, No. 09/04, http：//www. fsa. gov. uk/pubs/discussion/dp09_04. pdf.

IMF, The World Bank, "An Overview of the Legal, Institutional, and Regula-tory Framework for Bank Insolvency", available at www. imf. org/external/np/pp/eng/2009/041709. pdf.

IMF, "Australia: Financial Safety Net and Crisis Management Framework—Technical Note", IMF Country Report No. 12/310.

Legal Department of theIMF, "Orderly & Effective Insolvency Procedures: Key Issues", 1999, available at http：//www. imf. org/external/pubs/ft/order-ly/.

World Bank, "Bank Regulation and Supervision around the World: A Crisis Update", available at http：//www-wds. worldbank. org.

World Bank, "Bank Regulation and Supervision Survey 2013 Datase", available at http：//econ. worldbank. org/WBSITE/EXTERNAL/EXTDEC/ EXTGLOBALFINREPORT/0, contentMDK：23267421 ~ pagePK：64168 182 ~ piPK：64168060 ~ theSitePK：8816097, 00. html.

World Bank, "Lessons from World Bank Research on Financial Crises", available at http：//www-wds. worldbank. org.

United Nations Commission of International Trade Law, "Legislative Guide on Insolvency Law", available at http：//www. uncitral. org/pdf/english/texts/ insolven/05 – 80722_Ebook. pdf.

Bank of England, "The Prudential Regulation Authority's approach to banking supervision", June 2014, available at http：//www. bankofengland. co. uk/ pra/Pages/supervision/approach/default. aspx.

Bank of England, PRA, "Implementing the Bank Recovery and Resolution Directive", Consultation Paper CP13/14, July, 2014.

HM Treasury, Bank of England and the Financial Services Authority, "Memorandum of Understanding Establishes a Framework for Co-operation between HM Treasury, the Bank of England and the Financial Services Authority", available at http：//www. bankofengland. co. uk/financialstability/Documents/mou. pdf.

Board of Governors of the Federal Reserve System, "Study on the Resolution of Financial Companies under the Bankruptcy Code", www. federalreserve. gov/boarddocs/rptcongress/default. htm.

United States Government Accountability Office, "Complex Financial Institutions and International Coordination Pose Challenges", Report to Congressional Committees, Highlights of GAO – 11 – 707.

后　记

时光荏苒，一如白驹过隙，博士入学考试时的紧张与开学典礼时的兴奋还历历在目，忙碌而又充实的博士求学生涯却已然画上了一个句号。作为一名土生土长的法大人，我在军都山下和小月河畔度过了人生中最美丽同时也是最难忘的十一年，本书便是在我的博士论文的基础上修改完成的。回首如歌岁月，有太多的人值得我一一感谢。

首先要感谢我的博士生导师、中国政法大学终身教授江平老师。在法大读博的四年里，我一直得到江老师在学业和生活上无微不至的关心与指导，学生所取得的点滴进步无不凝聚着江老师的心血。从选题时的一波三折，到写作过程中遭遇体系瓶颈难以突破的困扰，每每踟蹰难前之际，江老师的悉心点拨总能使我有豁然开朗、茅塞顿开之感。为了收集国外银行重整立法的最新文献资料，我向学校申请了延期毕业，以访问学者的身份前往美国得州大学法学院进行学习交流。此次访学能够最终成行，正是因为得到了江老师的大力支持。毕业工作以后，江老师仍然时常督促我对论文进行修改和完善，以便早日成书。得知本书即将出版，江老师以近九旬的高龄之躯认真阅读了全部书稿并亲笔作序，学生受宠若惊之余亦深感惭愧，自知资质驽钝，又生性怠懒，倘若没有老师的鼓励和鞭策，本书不知何时才能付梓。

我要感谢我的硕士生导师、中国政法大学民商经济法学院教授王涌老师。王老师创办的企鹅读书会不仅磨砺和训练了我的思维方式，更重要的是，老师以读书对抗碎片化时间侵蚀的坚持，对我的学习、工作和生活产生了深远的影响。我对金融法以及跨学科和经验研究的兴趣，以及申请到美国的法学院进行访学，与企鹅读书会上，王老师带领大家广泛阅读西方经典著作和判例具有密切的联系。

在美国得州大学法学院访学期间，Jay Lawrence Westbrook 教授作为外方导师，给予了我热情的帮助和细心的指导。我旁听了他在法学院教授的破产法和商法课程，并在他的指导下对英美两国的银行破产法律制度进行了系统而深入的学习，为论文写作中比较法部分的研究奠定了坚实的基础。在他的邀请下，我还参加了得州大学法学院举办的破产法国际论坛和专题讲座，极大地开阔了自己的学术视野，在此谨对 Westbrook 教授表示真诚的感谢！另外，得州大学 Tarlon 法律图书馆的 Matthew R. Steinke 先生在我收集、整理文献资料期间，为我提供了许多帮助，在此一并表示感谢。

同时，我还要感谢中国政法大学的王卫国老师、费安玲老师、李显东老师和夏吟兰老师，正是由于有了诸位老师在开题和预答辩阶段提出的中肯的批评意见，我才能顺利地完成论文写作。特别是夏吟兰老师，专门牺牲周末宝贵的休息时间，邀请我到家中与庞继英老师进行面对面的交流，庞老师从我国银行风险处置实践的角度给我的论文写作提出了很多富有建设性的意见。在正式答辩阶段，赵旭东老师、刘俊海老师、朱慈蕴老师、王玉梅老师和李建伟老师提出的意见和建议，同样使我受益匪浅。

本书从确定选题至完成书稿历时近五年，毕业后在四川省社会科学院工作期间，周友苏老师对书稿的修改工作给予了极大的鼓励和支持。此外，众多同门与同学亦对本书的写作提供了热心帮助，特别感谢崔汕汕、张弛月在我收集国内立法资料遇到困难时雪中送炭，还要感谢陈爱碧师妹提出的意见和问题，使我能够从不同的角度来审视和完善自己的书稿。

同时，我想向我的父母和我的先生说一声"辛苦了"！子曰："父母在，不远游，游必有方。"身为家中独女，承欢膝下，彩衣娱亲，本应是我义不容辞的责任；但是从我考上大学，离开家的那一刻起，父母的生活里就多了两个东西：一个是想念，另一个是孤独。想念，是父母给我的。隔三岔五，母亲总要和我联系一下，父亲虽然很少主动联系我，但却总是躲在一旁"偷听"我们母女的对话。转眼间十八载岁月匆匆过去，通信手段早已从简陋的公共电话一路升级至手机视频，但是内容却几乎分毫不差，无外乎吃得好不好、睡得香不香、工作学习累不累这样琐碎而细致的问答。孤独，却是我给父母的。两位花甲老人对我多年以来在外地求学工作的选择总是竭尽全力地支持。在本书写作期间，父亲和母亲都曾先后卧病在床，但每次我准备返家之时，他们总能找出诸多理由再三劝阻，反复强调无须来回奔波，只要把自己的事情做好即可。谁言寸草心，报得三春晖！对父母的感恩之情着实难以言表。另一位需要特别致谢的是我的先生杨泉，携手已逾十载，因为我的缘故，总是两地分隔，聚少离多；但无论是当年汶川地震中的不离不弃，还是我出国求学后的独自等待，幸赖另一半坚定不移的守候与扶持，才令我能够无畏纷扰，安心学术。有夫如此，人生幸哉！

最后，本书得益于四川省社会科学院建院 60 周年学术著作出版的资助，四川省社会科学院学术委员会、科研处和院所各级领导对此给予了宝贵的支持与帮助，中国社会科学出版社为本书的出版付出了巨大的努力，在此真诚致谢！

方芸

2018 年 8 月